Éditorial

La littérature anglaise contemporaine n'est connue en France que par les œuvres de quelques grands écrivains, largement traduits et diffusés. Mais les éditeurs français importants négligent le reste d'une très vaste production, diverse et créative, très familière aux lecteurs anglais. C'est cet univers que nous vous invitons à découvrir dans ce dossier consacré à la littérature contemporaine de nos voisins anglais. Notre ambition est de compléter et d'enrichir la connaissance que les Français peuvent en avoir. Cela est encore plus vrai pour la poésie. S'il en est de même pour la poésie française contemporaine, en Angleterre la poésie a un statut très différent. L'ensemble des textes (prose et poésie) proposés ici s'accompagne de *guides de lecture* qui permettront de retrouver les auteurs traduits et publiés en français et ainsi de poursuivre le plaisir de la découverte.

Le dossier *Hors cadre* présente – justement – un poète français incontournable de notre modernité, **Lionel Ray**. Son œuvre, centrée sur les questions d'identité, d'éphémère et de fragilité, est révélatrice des interrogations de notre temps. Le dossier réunit les contributions d'universitaires au colloque de la Sorbonne de mai 2011. Une bibliographie très complète accompagne l'ensemble.

Dans le dernier dossier, auteurs français et étrangers abordent le thème de **la foule**. Cet ensemble et les chroniques accueillent aussi un regard de grande actualité sur les révolutions en Tunisie (Cécile Oumhani et Moncef Ouahibi) et en Libye (Khaled Mattawa). Quand la foule devient le peuple.

On trouvera dans ce numéro des gravures de **Gustave Doré** qui illustrent *La ballade du vieux marin,* du grand poète anglais Coleridge. Un romantisme fantastique par le maître de la gravure du XIXe siècle. Enfin, un daguerréotype de 1838, de **Daguerre** lui-même, représentant le boulevard du Temple, introduit le dossier *La Foule.*

Siècle 21

Sommaire

LA LITTÉRATURE ANGLAISE CONTEMPORAINE

CHRONIQUES

HORS CADRE

LIONEL RAY : LE LYRISME BIEN TEMPÉRÉ

CHRONIQUES

LA FOULE

Gustave Doré *est un des plus grands graveurs du* XIX*e siècle. Il a illustré en particulier : Rabelais, Dante, La Fontaine, Balzac, la Bible, Cervantès, Hugo, Milton, et* La ballade du vieux marin *de Samuel Taylor Coleridge. Les gravures qui illustrent ce numéro sont tirées d'une édition anglaise de 1876.*

La littérature anglaise contemporaine

Dossier conçu et coordonné par Vanessa Guignery et Marilyn Hacker

Les patries imaginaires du roman britannique

Vanessa Guignery

Les visages de la littérature britannique contemporaine sont si multiples et bigarrés, tant par l'identité de ses auteurs que par l'hétérogénéité des thèmes abordés, qu'on peut se demander s'il est encore possible d'en parler au singulier ou s'il ne serait pas temps d'opter pour le pluriel, comme l'on parle des nouvelles littératures. Tous les dix ans, le magazine littéraire *Granta* propose une sélection des meilleurs jeunes romanciers britanniques qui peut donner une première idée (nécessairement subjective et partielle) du paysage littéraire en Grande-Bretagne. En 1983, les grands noms étaient essentiellement ceux d'auteurs nés sur le sol britannique (Martin Amis, Pat Barker, Julian Barnes, William Boyd, Ian McEwan, Graham Swift...) même si Kazuo Ishiguro (né au Japon), Salman Rushdie (originaire de Bombay) et Buchi Emecheta (née au Nigeria) venaient les rejoindre. En 1993, aux côtés de Iain Banks, Louis de Bernières, Alan Hollinghurst, Will Self, Helen Simpson et Jeanette Winterson, figuraient de nouveau Kazuo Ishiguro mais aussi Hanif Kureishi (de père pakistanais), Ben Okri (auteur nigérian) et Caryl Phillips (originaire des Antilles). En 2003, des écrivains comme A. L. Kennedy, Toby Litt, David Mitchell, Adam Thirlwell ou Sarah Waters côtoyaient certaines des figures actuelles de la littérature multiculturelle telles que Monica Ali (d'origine bangladaise), Zadie Smith (de mère jamaïcaine) et Hari Kunzru (de père indien). Le prestigieux Booker Prize lui-même sut ces dernières décennies récompenser des écrivains britanniques déjà bien établis tels que Ian McEwan ou Julian Barnes (primé en 2011 pour *The Sense of an Ending*), mais aussi de jeunes romanciers indiens en début de carrière comme Kiran Desai ou Aravind Adiga. Une telle diversité vient confirmer la difficulté d'une délimitation stricte du terme de « britannique » à une époque où l'idée même de nation fait l'objet de débats et où les écrivains adhèrent peut-être davantage à l'hypothèse de patries imaginaires formulée par Salman Rushdie.

Ce tableau multicolore trouve un reflet dans les thèmes choisis par leurs auteurs : un grand pan de la littérature actuelle s'intéresse aux questions multiethniques et multiculturelles qui brassent des notions telles qu'intégration, exil, identité, altérité, racisme, fondamentalisme religieux…, autant de sujets qu'abordent les romans et nouvelles de Salman Rushdie (*Les Versets sataniques*), Hanif Kureishi (*Le Bouddha de banlieue*), Zadie Smith (*Sourires de loup*), Monica Ali (*Sept mers et treize rivières*) ou encore Andrea Levy (*Hortense et Queenie*), pour ne citer que quelques noms et œuvres majeures, mais aussi dans le présent recueil « Deux vieux amis par un après-midi de tempête » d'Aamer Hussein (né au Pakistan). Dans ce qu'on appelle parfois la fiction noire britannique, Londres occupe une place de choix en tant que capitale multiculturelle qui fait l'objet de sentiments conflictuels selon qu'on la considère comme un lieu de racisme, de nationalisme et d'exclusion, ou bien comme une métropole polymorphe que les migrants peuvent s'approprier et redessiner. Chez des écrivains tels que Peter Ackroyd, Iain Sinclair ou Will Self, la capitale devient un personnage à part entière où présent et passé, modernité et tradition se rencontrent en un ensemble souvent hétéroclite et chaotique.

Un autre thème majeur est celui de l'anglicité, évoqué par des écrivains comme Peter Ackroyd, Alan Hollinghurst, Kazuo Ishiguro dans *Les Vestiges du jour*, Ian McEwan dans *Expiation* ou Julian Barnes dans *England, England* (même si ce dernier est aussi très francophile, comme le rappelle l'essai inclus dans le présent recueil, « Le chapeau melon et le perroquet »). Sous des formes diverses, ces romanciers proposent une réflexion sur les traditions et l'héritage culturels et littéraires de la Grande-Bretagne et déploient des stratégies telles que le pastiche ou la parodie qui disent combien le rapport au canon est un équilibre subtil entre célébration et mise à distance. Dans la même lignée, la littérature britannique contemporaine a vu l'émergence de nombreux romans dits « néovictoriens » ou « néo-édouardiens » (dont les intrigues se passent à ces périodes ou bien qui opèrent un va-et-vient entre passé et présent) où se laisse percevoir une tendance nostalgique sous forme d'hommage ou sur un mode plus subversif. L'époque victorienne fascine ainsi des écrivains tels que A.S. Byatt, Jane Rogers, Sarah Waters, Graham Swift ou Peter Ackroyd, peut-être parce qu'elle offre une vision du monde où la stabilité, certes déjà lézardée, n'est pas encore totalement mise en péril. D'autre part, un certain nombre d'ouvrages proposent un dialogue avec les œuvres phares du modernisme, comme s'il fallait aussi se situer par rapport aux monuments de la littérature du proche passé : *De la beauté* de Zadie Smith est un hommage contemporain à *Howards End* de E.M. Forster tandis qu'*Expiation* et *Samedi* d'Ian McEwan résonnent d'échos woolfiens.

Parallèlement à cet intérêt pour les notions de tradition et d'héritage culturel, l'engouement des écrivains pour les romans historiographiques qui interrogent la frontière entre histoire et fiction et sondent les profondeurs troubles du passé collectif ne se dément pas. Il s'est accompagné d'une vague de romans biographiques qui mêlent personnages authentiques et constructions imaginaires. David Lodge et Colm Tóibín se sont ainsi emparés de la figure de Henry James, respectivement dans *L'Auteur ! L'auteur !* et *Le Maître*, tandis que Julian Barnes, après le célèbre *Perroquet de Flaubert*, s'est intéressé à Arthur Conan Doyle dans *Arthur & George*. Peter Ackroyd a pour sa part rédigé des biographies monumentales de Dickens, Blake, Eliot et Shakespeare où il n'hésite pas à recourir parfois à des stratégies fictionnelles.

Au cœur de cette écriture ou récriture de l'histoire et du passé, les écrivains mettent en place des processus de remémoration, de commémoration et d'exorcisation des meurtrissures de la mémoire individuelle et collective. L'écriture du trauma fait par conséquent son apparition dans l'œuvre d'un grand nombre d'auteurs, que ce soit pour explorer le traumatisme des guerres mondiales (Pat Barker, Sebastian Faulks, Adam Thorpe, Louis de Bernières), de la décolonisation et de l'exil (V.S. Naipaul, Caryl Phillips, Andrea Levy), ou des traumatismes plus personnels comme le fléau du cancer dans *Écrit sur le corps* de Jeanette Winterson, les ravages de la démence dégénérative dans « À battre les arbres avec des bâtons », texte de Jane Rogers inclus dans ce volume, ou la hantise d'une trahison dans *Expiation* de McEwan. En une démarche d'ordre éthique, les écrivains contemporains abordent des questions de l'ordre de la culpabilité et du remords. Ils mettent au jour des processus d'amnésie délibérée ou inconsciente mais aussi de répression de la parole de l'autre et s'appliquent à exhumer des tragédies enfouies et à mettre des mots sur les non-dits. Les romans de Kazuo Ishiguro et de Graham Swift mais aussi des ouvrages récents tels que *Sur la plage de Chesil* de McEwan ou *The Sense of an Ending* de Julian Barnes participent de cette esthétique de la réticence et de l'indirection pour aborder des sujets douloureux sur le mode de la confession.

En dépit de cette forte propension à tourner le regard vers le passé, les préoccupations sociales et politiques n'ont pas totalement disparu de l'horizon littéraire : les années Thatcher mais aussi celles de Tony Blair ont inspiré les satires sociales de Jonathan Coe (*Testament à l'anglaise*, *Bienvenue au club*, *Le Cercle fermé*), Zadie Smith, Will Self ou Alan Hollinghurst. Ce dernier, lauréat du Booker Prize pour *La Ligne de beauté*, préconise en outre un processus d'« homosexualisation du roman » qui suppose de dépasser les normes morales établies et de réconcilier esthéticisme et homo-érotisme, démarche que partage Jeanette Winterson dont la nouvelle « Ce que je sais de Gertrude Stein » est proposée ici. Des romanciers tels que Winterson, Kureishi, Irvine Welsh ou Will Self abordent sans tabou la question de l'identité sexuelle, de ses flottements et des multiples formes de la sexualité. Les littératures britanniques s'intéressent en outre à des questions spécifiques au nouveau millénaire telles que les débats éthiques que posent les avancées de la science comme le phénomène du clonage (*Auprès de moi toujours* d'Ishiguro) ou la cybernétique (*Cartographie des nuages* de David Mitchell, *The Stone Gods* de Winterson...), et envisagent parfois des mondes postapocalyptiques (*Le Livre de Dave* de Will Self...) ou dystopiques, comme dans la nouvelle d'Helen Simpson incluse dans le présent volume, « Journal d'une année intéressante », située en 2040. La catastrophe du 11 Septembre et les mouvements intégristes ont également suscité un certain nombre de créations littéraires, comme *Samedi* de McEwan, *L'Intégriste malgré lui* de l'écrivain pakistanais Mohsin Hamid ou, dans la présente revue, le monologue « Level 42 » du dramaturge d'origine irakienne Hassan Abdulrazzak. Ce numéro de *Siècle 21* inclut également un extrait du prochain roman de Carl Shuker, *Anti-Lebanon*, à propos de la situation actuelle au Liban.

D'un point de vue formel, le mélange des genres et l'abolition de la hiérarchie entre formes dites populaires (roman policier, science-fiction, *romance*...) et formes dites nobles demeurent une donnée essentielle de la production contemporaine, qui permet aux auteurs de repenser les contours du roman et d'en exploiter l'élasticité. Des ouvrages comme *Testament à l'anglaise* de Jonathan Coe, *Les Versets sataniques* de Salman Rushdie ou *Cartographie des nuages* de David Mitchell se libèrent de structures génériques strictes, célèbrent le décloisonnement et déjouent sans cesse l'horizon d'attente du lecteur. Par ce biais, ils repoussent les frontières du roman, élargissent le spectre littéraire et multiplient les moyens et modes de dire la complexité du monde. Loin d'atteindre une unité globalisante, ces ouvrages revendiquent le disparate, le composite à l'image de l'esthétique fragmentée de l'époque contemporaine.

L'une des tendances du roman contemporain qui tend en revanche à s'estomper est la dimension métafictionnelle et expérimentale. Il semble que les écrivains aient dépassé une phase du postmodernisme qui reposait sur des prouesses pyrotechniques pour revenir à une écriture peut-être plus traditionnelle ou qui répond du moins au vœu de certains critiques et lecteurs d'un « retour aux histoires ». Loin de signifier l'avènement d'un néoréalisme, ce virage permet aux auteurs de redécouvrir les bonheurs de la narration et de l'intrigue dans des ouvrages qui empruntent au fantastique, à l'allégorie (par exemple dans les œuvres de Romesh Gunesekera dont le texte « Encre rouge » est proposé dans ce dossier), au réalisme magique ou à la science-fiction, autant qu'à des modes plus strictement mimétiques. C'est à la découverte de quelques-uns de ces modes que *Siècle 21* convie ses lecteurs, à travers une sélection de textes inédits en France de quelques écrivains britanniques contemporains, reconnus ou prometteurs.

***Vanessa Guignery** est professeur de littérature britannique et de nouvelles littératures à l'École normale supérieure de Lyon. Elle est l'auteur de plusieurs livres et articles sur l'œuvre de Julian Barnes, et a publié des essais sur l'œuvre de divers romanciers britanniques et indiens contemporains (Jeanette Winterson, David Lodge, Jonathan Coe, Alain de Botton, Michèle Roberts, Arundhati Roy, Anita Desai...), ainsi qu'une monographie sur B. S. Johnson dont elle a également traduit la biographie par Jonathan Coe.*

Guide de lecture

Les titres traduits en français cités dans l'introduction correspondent à des œuvres disponibles en français dont on trouvera la liste ci-dessous.

Salman Rushdie, *Les Enfants de minuit,* traduction Jean Guiloineau, Stock, 1983 ; Plon, 1997. *Les Versets sataniques,* traduction A. Nasier, Christian Bourgois, 1989 ; Plon, 1999. *Patries imaginaires,* traduction Aline Chatelin, Christian Bourgois, 2003.
Hanif Kureishi, *Le Bouddha de banlieue,* traduction Michel Courtoy-Fourcy, Christian Bourgois, 1993.
Zadie Smith, *Sourires de loup,* traduction Claude Demanuelli, Gallimard, 2001. *De la beauté,* traduction Philippe Aronson, Gallimard, 2005.
Monica Ali, *Sept mers et treize rivières,* traduction Isabelle Maillet, 10-18, 2011.
Adrea Levy, *Hortense & Queenie,* traduction Frédéric Faure, Folio, 2006.
Kazuo Ishiguro, *Les Vestiges du jour,* traduction Sophie Mayoux, Gallimard, 2003. *Auprès de moi,* traduction Anne Rabinovitch, Éd. des Deux Terres, 2006.
Ian McEwan, *Expiation,* traduction Guillemette Belleteste, Gallimard, 2003. *Samedi,* traduction France Camus-Pichon, Gallimard, 2006. *Sur la plage de Chesil,* traduction France Camus-Pichon, Gallimard, 2008. *L'Innocent,* traduction de Jean Guiloineau, Seuil, 1990.
Julian Barnes, *Le Perroquet de Flaubert,* traduction Jean Guiloineau, Stock 1986. *Arthur & George,* traduction Jean-Pierre Aoustin, Mercure de France, 2007.
David Lodge, *L'Auteur ! L'auteur !,* traduction Suzanne V. Mayoux, Rivages, 2007.
Colm Tóibín, *Le Maître,* traduction Anna Gibson, Robert Laffont, 2005.
Jeanette Winterson, *Écrit sur le corps,* traduction Suzanne V. Mayoux, Plon, 1993.
Jonathan Coe, *Testament à l'anglaise,* traduction Jean Pavans, Gallimard, 1995. *Bienvenue au club,* traduction Jamila et Serge Chauvin, Gallimard, 2003. *Le Cercle fermé,* traduction Jamila et Serge Chauvin, Gallimard, 2006.
Alan Hollinghurst, *La Ligne de beauté,* traduction Jean Guiloineau, Fayard, 2005.
David Mitchell, *Cartographie des nuages,* traduction Manuel Berri, L'Olivier, 2007.
Will Self, *Le Livre de Dave,* traduction Robert Davreu, L'Olivier, 2010.
Moshin Hamid, *L'Intégriste malgré lui,* traduction Bernard Cohen, Denoël, 2007.

Le poète est un écrivain comme les autres

Marilyn Hacker

Traduit de l'anglais par Jean Guiloineau

Un lecteur français ou un lecteur qui vit en France remarquera en lisant un journal anglais du week-end, contenant une rubrique consacrée à la littérature, ou un hebdomadaire comme *Times Literary Supplement*, qu'en Angleterre (et en Irlande) la poésie est toujours présente dans les querelles autour de la littérature contemporaine. On écrit sur la poésie (de façon régulière) en termes et en tropes semblables à ceux utilisés lorsqu'on traite de fiction. On y discute de voix, de personnages et de décors et même d'intrigues autant que de formes. Les critiques supposent que le lecteur de leurs articles aura une certaine familiarité avec la poésie contemporaine moderne et classique, mais que cette relation n'est pas plus ésotérique que l'espoir qu'un lecteur de Zadie Smith peut aussi avoir lu Henry James. Il existe plusieurs prix annuels pour de nouveaux recueils de poésie publiés en Angleterre dont la sélection entraîne chaque année autant de discussions que celle des prix destinés aux romans. Parmi les lauréats, on trouve des poètes irlandais, australiens et américains, ainsi que des premiers livres. Il existe non seulement des « écoles de poésie », mais aussi des niveaux, comme pour la fiction, qui vont de ce qui est facilement accessible (et même drôle) jusqu'à des œuvres intellectuellement plus ardues et obscures. Il y a de la place pour Wendy Cope aussi bien que pour Geoffrey Hill. L'existence d'une poésie accessible et même « populaire » n'est pas ressentie comme une insulte pour les poètes qui représentent un défi pour leurs lecteurs. (T.S. Eliot lui-même a écrit son *Book of Pradical Cats.*) Parmi les poètes, ce que les poids légers et les poids lourds ont souvent en commun c'est l'importance et la force de la narration. Dans la poésie anglaise (et anglophone) la narration n'a pas été abandonnée au roman, aux mémoires et à la biographie. Qu'un poète choisisse des formes de strophes présentes dans la langue pendant des siècles ou un vers libre qui imite la langue parlée (souvent régionale, de classe ou ethniquement marquée), cela raconte souvent une histoire devant laquelle le poète ne regimbera pas : un poème qui rappelle les histoires de ma mère qui travaillait comme caissière à Londres pendant le Blitz ; des épisodes de la vie de Charles Darwin ; le monologue intérieur d'un enfant noir, serviteur, dans un portrait du XVIe siècle ; je me souviens de la cour intérieure de la maison de ma grand-mère à Téhéran…

Bien que Londres ait été un des lieux du modernisme littéraire dans la poésie anglaise, en grande partie grâce aux Américains expatriés, T.S. Eliot, Ezra Pound et H.D., la rupture introduite, acceptée et décrétée en approches formelles n'a jamais été aussi définitive en Grande Bretagne (et en Irlande) qu'aux États-Unis et encore moins qu'en France. Il existe bien sûr une poésie britannique d'« avant-garde » qui se relie aux objectivistes américains et à la *LANGUAGE poetry*, mais elle est plus issue des innovations puissantes de poètes anglais comme Basil Bunting et David Jones : certains de ses contemporains les plus intéressants sont J. H. Prynne, le regretté Douglas Oliver, Denise Riley et l'incontrôlable Caroline Bergvall, dont les expériences comprennent un pastiche d'anglais chaucérien [1] (à nouveau dans la narration) dans les parodies des *Contes.*

Parallèlement, il existe un intérêt continu pour les possibilités de formes fondées sur le mètre, qui n'étaient jamais spécialement associées aux forces de la réaction artistique ou politique, à cause de l'œuvre iconoclaste et originale de W. H. Auden, de l'Anglo-Irlandais Louis MacNeice et du Gallois Dylan Thomas. Dans les années 1950 et 1960, un groupe de poètes, qui comprenait Philip Larkin, Kingsley Amis (qui deviendra célèbre comme romancier), Ted Hughes et Thom Gunn, ont affirmé leur détermination à éviter à la fois les excès stylistiques de Dylan Thomas et les fragmentations de modernisation littéraire. Larkin adhérera à ces principes toute sa vie. Mais le surréalisme, le romantisme et le macabre sont devenus essentiels à l'œuvre de Ted Hughes. Thom Gunn, qui a émigré en Californie, était un poète magnifique, aux excès physiques et verbaux, et un chroniqueur d'un classicisme antique des ravages de l'épidémie du sida dans les années 1980.

Lorsqu'on pense aux carrières de Gunn et de Hughes (qui a épousé Sylvia Path, la poète américaine émigrée), on se rappelle à quel point les frontières entre les poésies américaine et britannique ont parfois été poreuses. La vie d'Eliot, en tant que poète, s'est déroulée essentiellement en Angleterre. H.D. était américaine, mais *Trilogie*, son chef-d'œuvre, a été écrit à Londres pendant le Blitz, et la ville bombardée est au centre du livre [2]. À la veille de sa trentième année, Auden a émigré à New York, comme l'a fait plus tard Gunn à San Francisco.

En tant qu'anglophone non britannique, et ancienne Londonienne, il me semble qu'il y a moins de distance entre les membres de différentes écoles poétiques au Royaume Uni et en Irlande qu'aux États-Unis. Aux États-Unis, les gens ont tendance à moins lire ce qui ne correspond pas à leur esthétique particulière, qu'il s'agisse des ancêtres ou de nouveaux ouvrages, ou encore les dernières livraisons des revues littéraires. Peut-être y a-t-il trop de poètes, de revues, de tendances et d'écoles aux États-Unis pour qu'ils restent ensemble. En France, peut-être parce que la plupart des poètes français contemporains (je ne parle pas des poètes francophones hors métropole) – avec quelques exceptions notables dont Franck Venaille, Marie Étienne, William Cliff, Guy Goffette, Jacques Roubaud, Valérie Rouzeau, Vénus Khoury-Ghata) – ont tendance à fuir toute spécificité narrative, ils considèrent tout intérêt pour les formes versifiées comme désespérément rétrograde ou comme un amusement oulipien, et si l'on connaît une poésie anglophone, c'est la poésie américaine et une seule chapelle de la poésie américaine : la poésie d'une « avant-garde » dans la lignée d'Olson, des objectivistes et la LANGUAGE School – ou inversement la poésie de la Beat Generation qui ressemble peut-être à ce que devrait être la poésie américaine pour les Français (une poésie qui a influencé un grand nombre de poètes britanniques dans les années 1960 et 1970).

La poésie britannique, comme la fiction britannique contemporaine, s'est élargie et colorée d'un large spectre de voix nouvelles. Le nombre de femmes – aux origines extrêmement différentes – parmi les poètes britanniques les plus appréciés et les plus

lus s'est accru de façon exponentielle depuis les années 1960. (En Grande-Bretagne, le mouvement féministe comprenait surtout les arts et en particulier la littérature, et se montrait moins sectaire que son homologue français.) Tout comme l'expérience et les voix de la classe ouvrière, la narration régionaliste, à la fois rurale et urbaine, et les textes des Britanniques aux origines nombreuses – Antilles, Asie du Sud, Europe de l'Est et Moyen-Orient – sont devenus nécessaires et caractéristiques de la fiction britannique contemporaine, ils sont aussi irremplaçables dans la poésie contemporaine, dont le penchant obstiné pour la narration a facilité l'intégration et en a fait une force dans le renouveau de cette poésie.

En fait, un nombre significatif de ces poètes britanniques qui ont choisi de travailler avec des formes régulières, fixes ou inventées, sont des outsiders ethniques, de classe ou de sexe/genre. Pour Tony Harrison, le sujet principal a toujours été le langage et la classe sociale ; ses poèmes contiennent un dialogue explicite entre le dialecte local (Leeds) et de classe ouvrière, parlé par ses parents et lui-même quand il était enfant, et la langue des « hommes cultivés » qui ont fait de lui un poète. George Szirtes est arrivé en Angleterre à l'âge de huit ans, venant de Hongrie, avec ses parents et son frère, et a décrit l'expérience de l'émigration, une histoire à la fois souvenir et imagination qui remonte à la Seconde Guerre mondiale, dans des sonnets et autres formes régulières. Mimi Khalvati a été envoyée de Téhéran dans une pension anglaise à l'âge de six ans alors qu'elle ne parlait que le farsi qu'elle a rapidement remplacé par l'anglais. Avec des influences aussi disparates que celles de Cixous et de Rumi, elle est devenue une virtuose des formes européennes et libres, et a joué un rôle de « passeur » du ghazal farsi/ourdou en anglais. Patience Agbabi est une Nigériane élevée en Grande-Bretagne qui combine la « langue parlée » et le travail scénique avec virtuosité dans des formes poétiques européennes, souvent à travers des monologues théâtraux qui traitent différentes formes de transgression sociale ou sexuelle. Dans *Look We Have Coming to Dover* du Britannique punjabi Dajlit Nagra, de multiples personnages observent la Grande-Bretagne contemporaine, dans un anglais plein d'esprit et mélangé de dialecte. Paul Farley, plus jeune d'une génération que Tony Harrison, intègre le paysage et la langue de Liverpool dans ses poèmes. Le territoire de l'autofiction, tout comme celui de Yourcenar dans son extension du « moi » aux générations qui l'ont produit, est ouvert aux poètes britanniques : à Londres, à Manchester, Patrick Modiano et Nina Bouraoui écriraient peut-être des poèmes.

La sélection qu'on trouvera dans ce numéro est à la fois représentative et aléatoire : des poètes qui ont répondu à nos demandes ; des poètes sur lesquels nos collègues traducteurs travaillaient déjà. Cependant, je crois que l'ensemble donne une idée de l'étendue et de la virtuosité d'une poésie géographiquement et historiquement proche de la poésie française, et cependant d'une différence fascinante. Rares sont les poètes anglais contemporains dont un recueil ou un choix de poèmes a été traduit en français. Peut-être que cette sélection fera naître assez d'intérêt pour changer cette situation.

W.H. Auden, *Poésies choisies*, traduction de Jean Lambert, Paris, Gallimard, coll. « Du monde entier », 1976 ; Paris, Gallimard, coll. « Poésie », 2005, avec une préface de Guy Goffette. *Dis-moi la vérité sur l'amour*, Paris, Christian Bourgois, 1995.
Stephen Spender, *Un regard, sélection de poèmes*, traduction de Jean Migrenne, Éd. Orphée/La Différence, 1990.
Philip Larkin, *La Vie avec un trou dedans*, choix de poèmes en édition bilingue, précédés du *Principe de plaisir* et suivis d'un entretien à *The Observer*, traduction de Guy Le Gaufey, avec la collaboration de Denis Hirson, Éd. Thierry Marchaisse, 2011.
Basil Bunting, *Briggflatts et autres poèmes*, traduction de Jacques DarrasIn'hui/Tois Cailloux, 1987.
Kathleen Raine, *La Présence*, édition bilingue, traduit de l'anglais par Philippe Giraudon, Verdier, 2003.
Ted Hughes, *Choix de poèmes*, traduction de Jacques Darras et Valérie Rouzeau, Gallimard, 2009.
Tony Harrison, *V Le Cri,* traduction de Jacques Darras, Maison de la poésie de Paris, 2008.
Geoffrey Hill, *Le Triomphe de l'amour*, traduction de René Gallet en collaboration avec Michael Edwards, édition bilingue, Cheyne, 2007.

1) Geoffroy Chaucer (1340-1400), *Les Contes de Canterbury.*
2) Voir *Siècle 21* n°14, 2009, pour la traduction d'une partie de la séquence de H.D. par Auxeméry, ainsi qu'une introduction à l'œuvre.

Deux poèmes

Carol Rumens

Traduit de l'anglais par Chantal Bizzini

Pierre de Londres

Ils étaient jeunes, la guerre était neuve, c'étaient les bas nylon,
le rouge, et les verres aux frais de la maison
sur le Strand, en un lieu nommé le Trou à Charbon.

Ils buvaient du *Gin and It* jusqu'au tournis,
et le guerrier, essuyant son baiser
de ses jointures rouges et moites, courait

sur les pavés ronds jusqu'à la gare de Charing Cross
où des soldats grondaient comme le charbon
qui descend le vieux gosier sale du Trou à Charbon,

et la femme du guerrier décantait
sa boisson dans le pot du palmier et vacillait
dans l'aube, déjà embrasée comme une nouvelle

épousée, pour gagner la nouvelle guerre,
à un jet de pierre d'où étaient les pauvres,
où ça battait le pavé des grand-rues, toujours affamé.

Londres, tu ne peux avoir oublié.
Tes livres n'ont-ils pas de pages –
ou as-tu simplement déchiré les pages

qui disent ce que les bombes font dans les cratères,
le joli petit renard dans son terrier,
et le héros qui hurle depuis le trou de l'enfer.

Le barman, en retard de soixante ans, n'était pas encore né
bien qu'il connaisse le mot, Blitz – c'est un cocktail,
et tout le monde a soixante ans de retard, n'est pas né

et nous allons avec le courant dans le Trou à Charbon,
où rien n'a changé depuis les Tudor
et l'histoire n'est qu'une putain sans cœur

dans son boudoir de cuivre et d'acajou,
qui rend les pauvres hères plus pauvres encore.
Où donc est la sortie ? Et le trou,

Le trou où nous descendons, et quand vient-il,
le train, le train qui nous mène chez nous
après que nous avons commencé le caillassage ?

La pierre est le moyen, je vais te montrer.
Pierre, où nulle pierre il n'y avait.
Pierre coulant des doseurs et des fontaines,

pierre pour les promeneurs et les dormeurs,
pierre pour les grévistes, pareil pour les pigeons,
pierre pour que leurs corps s'y dissolvent,

pierre pour y construire le mythe.
Pierre pour qu'y tombent les flocons de suie
une fois que toute la pierre est tombée.

Une couchette pour l'expéditionnaire

Comme j'allais sur le pont de Londres
Très tôt par un matin brumeux,
J'étais parmi ces millions à moudre le shilling
Et faire tourner le treuil.

Mais où est-il allé, avec son hochement de tête timide,
Son regard ironique, plein d'espoir ? Où est-il amarré ?
Billeter Street, un hamac secret tendu
de rive à quai, s'enroule et rêve de lui.
Plein d'espoir, ironique, je l'évoque par-delà
Une mer de facteurs à vélo. Il disparaît et le trafic
Chante *vide tisse tisse, vide tisse tisse.*

En haut des marches de Dock House, il ajuste son sourire, sa cravate,
S'élance comme un jeune homme. Dock House ? À Port-Soudan
Ou à Surrey, il est un esprit errant qui fait tourner
Sa mappemonde, l'empire y fume et dégouline,
Comme la crème rose (magique !) des cuisiniers sur la bouffe de la cantine.

Là, flotte Dock House, au large, distinctement brumeuse.
Elle était la Venise victorienne. Un vrai music-hall.

Un bâtiment peut-il être un fantôme ? Allume le gaz
Sous le pavé, qu'il détonne et tremble,
Lueur marine sur les écrans brun Tamise
Où les traders tapotent et cliquent les mots digitaux –
Ports, documents, fenêtres – ombres de leur être analogue.
Puff Daddy dans la salle de gym en sous-sol y va de ses *ombre*
Ombre, ombre, ombre, ombre.
Les tapis roulants broient plus fin la jeune fibre musculaire,
Mais le gratte-papier à son bureau répète
(« Chers messieurs, nous avons le regret de vous informer »)
Son *vide tisse tisse* et son *salut oomer oomer.*

Dock House a été bombardée, la compagnie de fret s'est faite
Transporteur de passagers, elle a sombré – quelques rues blanches plus loin.
Mais tant qu'il était en vie, j'ai cru en cette adresse.
À trente ans, j'aurais pu m'élancer en haut des escaliers éboulés
Pour le trouver là, à griffonner en attendant la retraite.
Plic ploc ploc, plic ploc ploc, voilà la pluie
Qu'elle plique ploque, qu'elle plique ploque, qu'importe la pluie.

Le père type – mort avant qu'on se rencontre.
Dans Fenchchurch Street je le rattrape à la gare
(Ses tramways, les trains les moins bruyants de Londres)
Et me jette sur lui. Je défie son fantôme. « Tu te souviens le bloc de papier ministre
Que t'as piqué pour moi – et la machine à écrire allemande ?
J'ai jamais pris ma retraite. » Et on a plongé dans Books, Etc.
Pour négocier un lien minime dans cette ville de et cetera.

Quelques Penguin et Faber voguaient dans les hauts-fonds.
Birthday Letters, bien sûr. « Une fantastique histoire d'amour »,
Disait d'un bic prudent la carte indiquant le choix du personnel.
Brunis comme les vieux bancs des bateaux à vapeur, les pubs où déjeuner
Mettaient en panne quand on a refait surface, le non publié
Et l'épuisé.
Oh gratte-papiers poètes, oh prétendus chanteurs et danseurs,
Qui dira que vous étiez moins que des lauréats
Et que, dans vos amours secrètes – oui, fantastiques, eux aussi –,
Et vos moments de doute extrême, vous n'avez rien fait advenir ?
Comme nous nous fanons vite, sans amour, même en travaillant.
Et quand on nous aime aussi, nous travaillons et nous nous fanons. Un petit verre ?

Ainsi on a tourné, descendu Lime Street Passage dans les ombres liquides
Que le verre distille à la lumière, deux danseurs de shuffle — *il*
Va tous les réparer
Avec, comme il dit,
Un machintruc
Dans les voix douces de Bud Flanagan. Des affréteurs sectaires,
Se payant notre tête ont crié, « T'auras quoi, Bill ?
Malay, Khartoum, le Nil blanc, ou le bleu ? »

« Quelque chose qui y ressemble », dit-il, avec l'air aussi distant
Que le samedi du lundi.

Ce fut alors que
Ma main se perdit dans la sienne, comme toutes deux avaient presque disparu.
Il y avait un bus et on l'a pris,
traversant le pont de Londres, vers le Sud sordide,
Vers les gazoliers et la peluche visqueuse et les cendriers,
Vers l'hippodrome de Lewisham : samedi sans fin
Pour les employés qui ne sont jamais remontés de dessous les pavés,
Descendus du tapis roulant – sinon en bouffées de chanson.
Vide tisse tisse, vide tisse tisse
Vide pauvre de moi
J'étais parmi ces millions à moudre le shilling
Jour après jour,
Chantonnant ces refrains, je m'agrippais comme la Tamise à son travail,
Et avec « parapluies, des parapluies » faisais passer le temps.

Carol Rumens *est née à Forest Hill, au sud de Londres. Elle enseigne à l'université de Hull. Elle est l'auteur d'un roman :* Plato Park *(1987) et l'éditrice de* New Women Poets *(1990). Ses livres de poèmes les plus récents sont* Blind Spots *(2008) et* De Chirico's Threads *(2010).*

Chantal Bizzini, poète et traductrice, enseigne les lettres classiques à Paris. Elle a publié des poèmes ainsi que des traductions de poésie anglo-saxonne (Ezra Pound, Hart Crane, W.H. Auden, Adrienne Rich, Denise Levertov) et italienne.

Le chapeau melon et le perroquet
(1987)

Julian Barnes

Traduit de l'anglais par Jean Guiloineau

« Il y a trois sortes de mensonges, écrit Mark Twain, les mensonges, les vilains mensonges et les statistiques. » C'est en général un principe très sain pour remettre en cause les fausses certitudes que nous offrent les analyses statistiques de la société ; mais parfois, un ensemble de chiffres prend soudain un sens, s'adresse à vous avec la franchise d'un aphorisme. Il y a environ un an, les gouvernements français et britannique ont décidé de creuser le tunnel sous la Manche. La vitesse à laquelle la décision a été prise – après un siècle d'indifférence – était presque comique : pourquoi ont-ils pensé qu'un tel projet devait être décidé en si peu de temps, de préférence en consultant le moins possible ceux qui allaient véritablement l'utiliser ? Borges a défini la guerre des Malouines de façon mémorable : « Deux chauves qui se battent pour un peigne. » La décision de creuser le tunnel était comme deux hommes sans pantalon qui s'entendent pour s'acheter un chapeau à deux.

Parmi l'immense quantité de faits avancés pendant la discussion du projet, il y a eu la statistique suivante : sur 100 passagers qui traversent la Manche entre la France et l'Angleterre, 95 sont britanniques et 5 seulement sont français. Pendant ces vingt-cinq dernières années, j'ai traversé la Manche deux ou trois fois par an et jusqu'alors je n'avais jamais pensé à cette répartition de mes compagnons de voyage. Voici deux grands pays, côte à côte, séparés par un étroit bras de mer, en relation depuis mille ans par la guerre, la politique, l'art, les mariages et les vacances ; aussi j'avais cru que vous veniez nous rendre visite à peu près aussi souvent que nous. Deux amants qui tiennent des statistiques sur leurs relations – qui téléphone le plus souvent, qui écrit le plus de lettres, qui fait le plus de cadeaux – finiront inévitablement par se séparer ; et je dois avouer que je me suis senti blessé en découvrant cette statistique. C'est donc tout le cas que vous faites de nous ? Voyez comme nous vous aimons : pourquoi ne nous aimez-vous pas un peu plus ? Ou votre amour est-il d'une autre nature ? Peut-être préférez-vous nous aimer sans nous voir – peut-être êtes-vous plus platoniques dans vos sentiments. Je me souviens de Flaubert et de Louise Colet. Il lui écrivit une fois que le véritable amour pouvait survivre au fait que les amants ne se voient pas pendant dix ans. Comme on peut s'y attendre, cette remarque n'a pas enchanté Louise. Peut-être jouons-nous le rôle de l'importune Louise pour votre glacial Flaubert.

Mais ceci est sans doute trop fantaisiste. Un second coup d'œil sur la carte nous montre la pauvreté de la géographie anglaise. Vous êtes notre seul voisin, alors que vous en avez quatre grands. Pourquoi devrions-nous espérer atteindre un niveau plus élevé dans votre vie émotionnelle que l'Allemagne, l'Italie ou l'Espagne ? En outre, en face de votre côte Sud, il y a l'Afrique. Quel équivalent avons-nous à proposer ? En face de notre côte Nord, il y a l'Antarctique.

Aussi, vous pouvez vous permettre d'être un peu plus distants, un peu moins curieux envers nous, de rester assis et d'attendre que nous venions vous donner des impressions, vous pouvez vous permettre de tirer votre culture anglo-saxonne de l'Amérique plutôt que de l'Angleterre, si c'est ce que vous préférez. Mais nous avons une position différente. Vous êtes les premiers à qui nous pensons quand nous disons « l'étranger ». Vous êtes là où commence l'exotisme. Il n'est donc pas étonnant que nous pensions à vous plus souvent que vous ne pensez à nous.

Et que pensons-nous l'un de l'autre ? Des choses très particulières. Au XVIIIe siècle, les Français considéraient l'Angleterre comme le pays du suicide (y a-t-il des statistiques pour le prouver ?). Montesquieu en accusait le climat ; Mme de Staël attribuait cela au caractère anglais – sous notre réserve célèbre, elle sentait une nature ardente et impétueuse ; nous nous faisions du mauvais sang devant chaque déception et chaque ennui ; l'abbé Prévost, de façon plus agréable, accusait la prédominance des feux de charbon, la consommation de bœuf saignant et l'indulgence excessive envers les choses de la chair.

Aujourd'hui, les Britanniques pensent que la France est le pays où l'on mange le bœuf saignant et où on a une indulgence excessive à l'égard du sexe : il ne vous manque plus que les feux de charbon pour vérifier l'hypothèse de l'abbé Prévost.

Si j'étais français, que penserais-je de l'Angleterre ? Pas comme au pays du suicide (nous faisons de notre mieux, mais comme pour l'Empire et le cricket, nous ne sommes plus aussi bons que nous l'avons été) ; je verrais sans doute l'Angleterre comme un endroit triste et sombre, livré à des explosions de violence (la guerre des Malouines, les supporters de football) causées en partie par une fureur devant la perte de notre puissance. Une nation capable d'inventer des choses mais qui manque souvent de volonté ou de technologie pour y prêter attention. Un endroit où survivent les bonnes manières, où fleurissent les arts, et où stagne la société. Un pays qui conserve de grandes maisons anciennes avec la plus extrême attention tout en détruisant des villes entières selon une planification centralisée. Une nation qui ne cesse d'analyser ce qui ne va pas en elle et qui ne se corrige jamais.

Est-ce ainsi que vous nous voyez ? J'en doute. Vous préférez peut-être des termes moins abstraits, vous préférez penser à la garde de la Tour de Londres et aux chapeaux melon, aux pull-overs de chez Marks & Spencer, à une télévision manifestement moins contrôlée par le gouvernement, à la confiture d'orange et à des jeunes filles en jupe de tweed qui promènent de grands chiens mouillés. De telles images sont plus fortes et sans doute plus vraies. Quand je pense à la France, je commence à établir une liste d'images semblables. Dans mon roman *Le Perroquet de Flaubert*, mon narrateur, Geoffrey Braithwaite, attaque cette tendance : il se moque de Roland Barthes et de son catalogue d'images intitulé *Ce que j'aime*, en déclarant cela « vain et sentimental ». Pourtant, à quoi sert d'être écrivain si l'on ne peut pas ignorer les préjugés des personnages que l'on crée ? Je veux vous donner ma liste personnelle d'images françaises, ma « certaine idée de la France », et si Geoffrey Braithwaite n'aime pas cela, il peut toujours aller chercher un autre romancier.

Comme la plupart des Anglais qui voyagent régulièrement dans votre pays en voiture, le bruit et le spectacle de la France qui est au plus profond de moi, c'est une route bordée de platanes, avec leur écorce qui se décolle comme du papier sur un mur, et les troncs éclairés par un soleil oblique. Quand on passe, les troncs font chlaa-chlaa. De temps en temps, les autorités de votre pays suggèrent que l'on abatte ces alignées de platanes. Ce serait absurde : ce ne sont pas les arbres qui représentent un danger pour les conducteurs, ce sont les conducteurs qui représentent un danger pour les arbres.

Ensuite, j'aime vos grands hôtels de province délabrés, où le papier des murs se décolle comme l'écorce des platanes, où les planchers craquent, où des coups sourds résonnent toute la nuit dans les gros radiateurs, où les volets grincent, où les waters sont à un demi-kilomètre de votre chambre et où il n'y a personne d'autre que vous parce que vingt ans plus tôt un horrible assassinat a été commis dans la chambre d'à côté. Je m'imagine, écrivain âgé, atteint de mélancolie, prenant pension dans un hôtel semblable pour y écrire mes Mémoires et les détruisant ensuite.

Vos assassinats ont toujours l'air plus intéressants que les nôtres. Vos assassinats sont dramatiques, les nôtres sont sordides. Vos assassinats ont du panache, ce mot français qui n'a pas d'équivalent en anglais.

[...]

Votre littérature, ce qui va sans dire, mais aussi votre culture populaire. Pourquoi vos chanteurs meurent-ils si jeunes ? Vian (mort à 39 ans), Brel (mort à 49 ans), Brassens (mort à 59 ans).

La vie de vos villages. Le marché où une vieille paysanne vend un lapin, deux pots de confiture, vingt œufs et quelques fromages de chèvre de sa fabrication. Le silence à l'heure du déjeuner, quand l'horloge de l'église a sonné les douze coups. Les maisons de la presse où l'on emmagasine fidèlement les derniers épanchements qui viennent de Paris. (Dans la vallée du Rhône, l'été dernier, je suis entré dans une librairie et j'ai vu trois exemplaires du *Perroquet de Flaubert.* J'en ai pris un et je suis allé au comptoir où, sans en avoir l'air, j'ai demandé s'ils en avaient déjà vendu beaucoup. La dame m'a répondu poliment : « Non, monsieur, nous n'en avons pas encore vendu un seul. »)

Toujours dans la vallée du Rhône : la façon dont la voie ferrée fait le tour de Tain-L'Hermitage. On regarde par la fenêtre et les vignes sont tout près, sur la pente escarpée qui monte vers la chapelle au sommet. On pourrait presque cueillir les grappes depuis le train, mais il faudrait attendre vingt ans avant de boire le vin.

Les cartes Michelin jaunes que l'on peut lire un jour de pluie en Angleterre, en imaginant exactement le paysage que l'on traverse. Les petits pois à l'étuvée. Le fait que vous ayez des écrivains, des peintres et des compositeurs sur vos billets de banque (nous avons Isaac Newton, Wellington, Florence Nightingale et, seulement sur le billet de vingt livres que personne n'a jamais, William Shakespeare).

Le fait que vous soyez aussi bons à la guerre que les Allemands (c'est un signe de maturité, pas de décadence, bien sûr). Le fait que vous sachiez apparaître comme ayant réussi même quand vous avez échoué (c'est une technique que l'Angleterre devrait acquérir). L'esprit de clocher de vos journaux locaux qui réorientent les touristes anglais en leur apprenant que le prix de la betterave sucrière est, pendant une semaine ou deux, plus important qu'une grève de mineurs chez eux.

Au cas où vous commenceriez à devenir satisfaits de vous-mêmes, il y a un certain nombre de choses que je n'aime pas : parmi les images que j'ai rapportées de France, je garde en mémoire un petit film où des enfants jouent dans un village tranquille. Leur jeu consistait à attacher une ficelle à la patte d'un poulet et, au bout de quelques secondes, à tirer dessus pour faire tomber la pauvre bête. Le jeu ne comportait rien d'autre et aucun adulte ne trouvait rien à redire. Il y a aussi des choses que je n'arriverai jamais à comprendre (depuis le fonctionnement de votre système scolaire jusqu'au fait que vous aimiez boire du vin nouveau à tel point que le tannin vous enlève le plombage des dents). Mais peut-être êtes-vous un peu perdus. Peut-être trouvez-vous mes promenades sentimentales, mes images de la France aussi réalistes et accessibles que le domaine perdu du Grand Meaulnes ? Cela ne m'étonne pas. La conception que j'ai de la France, je la tire de la littérature, de vacances et d'avoir vécu une seule année parmi vous ; c'est nécessairement partial. Ce que nous voyons en vous, c'est ce qui nous manque. Autrefois, vous n'aviez qu'une seule religion et plusieurs centaines de fromages, alors que nous avions plusieurs centaines de religions et un seul fromage. Aujourd'hui, nous avons moins de religions et plus de fromages, et on ne vous envie plus autant vos fromages.

Je viens en France chaque année passer deux semaines de vacances. J'évite les villes, j'évite les côtes. Je vais dans des régions comme l'Ardèche, la Drôme, le Cantal. J'essaie d'éviter les Anglais, mais c'est très difficile : vous découvrez un petit restaurant dans un village inconnu, avec l'aide du guide Michelin, et qu'est-ce que vous trouvez ? Une file de plaques GB à l'extérieur et, à l'intérieur, des rangées d'Anglais tout contents d'avoir découvert ce petit restaurant, dans ce village inconnu, avec l'aide de leur guide Michelin. (À Paris, les restaurants importants opèrent un système de quotas sur les étrangers, en particulier sur les Américains. Peut-être que cela va se répandre en province. Peut-être verrons-nous des panneaux à la porte des restaurants disant : « Interdit aux chiens et aux Anglais ».) Comme beaucoup d'Anglais francophiles, je rêve vaguement de me retirer un jour en France : dans ce village médiéval d'une centaine d'âmes, isolé en haut des collines, dans l'Hérault, un village en équilibre au-dessus d'une rivière, avec une population âgée et beaucoup de calme ; un village sans boutiques, où le camion de l'épicier passe trois fois par semaine et où le marchand qui vend les bonbonnes de gaz est membre du Parti communiste, ce qui fait que la moitié du village préfère faire plusieurs kilomètres en voiture pour aller chez un autre marchand… Vous pensez que c'est le fruit de mon imagination ? Non ; j'y suis allé il y a quelques années. Mais y vivre ? L'imagination devrait peut-être rester imagination.

Il existe un autre genre d'imagination. Dans *Bouvard et Pécuchet*, il y a une scène dans laquelle Pécuchet, qui s'est transformé en géologue, explique à son ami ce qui se passerait s'il y avait un tremblement de terre sous la Manche. L'eau, affirme-t-il, se déverserait dans l'Atlantique et les deux côtes glisseraient l'une vers l'autre pour se réunir et l'Angleterre se joindrait à nouveau au bloc continental. En entendant cette prophétie, Bouvard se sauve terrorisé – il ne réagit pas tant, c'est ainsi qu'on est invité à conclure, à l'idée du cataclysme qu'à celle du rapprochement de l'Angleterre.

[…]

Je ne suis pas un partisan de l'insularité britannique, mais [depuis la construction du tunnel sous la Manche], je crois fermement que, malgré les trente minutes gagnées sur le voyage, nous perdons quelque chose de plus important : la sensation de traverser la Manche. Depuis qu'en 1958 j'ai traversé pour la première fois de Newhaven à Dieppe, j'ai refait très très souvent le voyage, mais la sensation de calme étonnement, qui m'a pénétré lors de cette première occasion, demeure : depuis le bruit de saxophone que fait le bateau quand il part, les chocs latéraux quand il dépasse la jetée, jusqu'au spectacle des falaises anglaises qui disparaissent, puis le milieu du passage quand les deux côtes sont invisibles et que la qualité de la lumière change, jusqu'au moment où l'on aperçoit une bande de sable, une église au sommet d'une falaise, des pêcheurs sur la jetée française qui regardent d'un air maussade le sillage du bateau qui vient déranger leurs lignes ; alors on imagine la première odeur française – en général, un mélange de café et de désinfectant pour sol. Ce que nous raterons quand les compagnies de ferries qui traversent la Manche auront fait faillite et que nous serons obligés de faire la traversée sous terre, comme des taupes, ce n'est pas seulement une agréable couleur locale, mais quelque chose de plus important : le sens de la transition. Nous avons besoin de quelque chose qui nous fasse nous souvenir, nous avons besoin de la poussée de l'eau pour nous dire : regarde, là-bas, c'est de là que tu viens et c'est ce que tu quittes, tandis que là-bas, là où tu vas, c'est quelque part d'où tu ne viens pas et où les choses sont différentes. Au lieu de prières pour une bonne traversée, il devrait y avoir une méditation sur la nature de notre destination. La façon que nous avons de nous connaître mieux, c'est de penser à ce que vous avez de différent. Nous en avons besoin, ainsi que d'embruns sur le visage et de mouettes qui poussent des cris devant une côte anglaise qui s'éloigne.

Julian Barnes, *écrivain anglais, a publié entre autres* Le Perroquet de Flaubert *(prix Médicis),* Le Soleil en face, L'Histoire du monde en dix chapitres et demi, Arthur et George.

Jean Guiloineau est membre du comité de rédaction.

Level 42

Hassan Abdulrazzak

Traduit de l'anglais par Nisha Kirpalani

Sajid (la trentaine, une barbe de deux jours et des lunettes cerclées d'or) s'adresse au public. Sa chemise pourrait être rentrée dans son pantalon. Il a l'air sincère mais un brin insolent.

Bon, ça reste entre nous, mais avoir été détenu quarante-deux jours, c'est sans doute ce qui a pu m'arriver de mieux dans ma vie.

Quand j'ai été libéré, tous mes potes sont passés me voir. C'était terrible.

Vous voyez, je m'étais habitué au silence de ma cellule. Vraiment habitué. Et voilà que je me retrouvais chez mes parents, avec ma mère qui me lâchait plus, mon père qui n'arrêtait pas de dire : « Maintenant tu es un homme, mon fils », comme s'il avait soudain perdu Allah et trouvé Rudyard Kipling. Et pour couronner le tout, tous mes potes qui fonçaient chez moi comme... eh bien, comme un troupeau de bisons. Faut croire que c'est pour ça que les Européens ont tué tous les bisons quand ils sont arrivés en Amérique : ils ont pas supporté le bruit qu'ils faisaient.

Si je m'écarte du sujet, faut me le signaler, ça m'arrive parfois. Il suffit de dire : « Sajid, tu t'écartes du sujet, mon pote. » Vous n'êtes pas obligés de rajouter « mon pote » si vous ne voulez pas. Vous savez, si vous trouvez ça indigne de vous. Je comprends. Moi aussi j'ai tendance à penser que ce n'est pas assez digne de moi, enfin maintenant que je suis sur le point de devenir un auteur publié, je pense ça. Avant, ça ne me dérangeait pas... Désolé, ça recommence. Allez, tous ensemble : « Sajid, tu t'écartes du sujet, mon pote. »

Il parvient à le faire répéter par le public.

Il se marre.

J'ai réussi à vous faire dire « mon pote ». Je sais qu'au fond, vous les classes moyennes, vous détestez ça. C'est bon, vous pourrez rentrer chez vous, prendre une douche et oublier l'avoir jamais dit.

Bon, donc j'avais neuf ans quand mes parents ont déménagé du Pakistan en Arabie saoudite. Au Pakistan on vivait à Lahore et j'adorais. Même si à certains endroits c'était très pauvre, il y avait de la culture là-bas. En Arabie saoudite, tout ce qu'on avait c'était des mosquées et des visites en famille à d'autres familles pakistanaises. Et ça s'arrêtait là.

N'empêche, j'ai appris l'arabe, j'ai appris le Coran et j'ai appris à détester les Juifs. Dans son genre, c'était une enfance assez fun.

Puis mon père s'est mis en tête de prendre l'argent qu'il avait gagné en Arabie saoudite et de l'investir dans un restaurant pakistanais à Londres. « Pourquoi les hindous devraient-ils avoir tout le monopole ? » demandait-il. À plus d'un titre, c'était l'idée la plus bête qu'il ait jamais eue.

Je venais d'avoir douze ans et me surprenais à penser aux derrières des messieurs… quand ils se penchaient en avant… à la mosquée… pendant les prières.

Long silence.

Bizarrement je voulais juste leur donner un bon coup de pied dans le…

Silence.

Je voulais voir les hommes tomber les uns sur les autres comme des dominos à la queue leu leu. Je suis sûr que si on était restés plus longtemps en Arabie saoudite, j'aurais fini par devenir très violent… ou très homosexuel…

Silence.

Peut-être les deux. Donc pour plein de raisons, j'étais bien content de quitter cet abominable enfer désertique.

C'est pas que ça ait été bien mieux en Angleterre, au début.

D'abord, ici tout le monde écoutait Nirvana à l'époque.

Silence.

À ce jour, il y a quelque chose chez Kurt Cobain qui me rappelle Ben Laden. J'arrive pas trop à voir pourquoi.

Silence.

Malgré des recherches approfondies, je n'ai pas réussi à prouver de façon formelle que Cobain a été influencé par le wahhabisme. Comme vous devez tous le savoir – de nos jours, c'est sûr –, le wahhabisme a été inventé pour purger l'islam des innovations et des pratiques considérées comme impies, de la même manière que Nirvana a essayé de purger le monde du rock de l'image de marque qu'il s'était faite dans les années 1980. En se débarrassant de groupes comme…

Aucun ne lui vient à l'esprit puis finalement il trouve la solution :

Level 42.

En riant : Et dire que mon directeur de mémoire à l'université South Bank pensait que c'était une hypothèse de merde.

Silence.

Pour un mémoire de fin d'études, je veux dire. Bien entendu, vous, vous êtes bien plus futés. Vous savez reconnaître à quel point elle est brillante.

Désolé, ça me reprend. Bon, tous ensemble : « Sajid, tu t'écartes du sujet, mon pote. »

Il parvient à le faire répéter au public.

Eh bien, pas tant que ça, en fait. Vous voyez, après le 11 Septembre, j'ai commencé à réfléchir au wahhabisme et à Ben Laden et au terrorisme et à tout ça. J'avais vingt-deux ans et à l'époque ça semblait un truc fun auquel réfléchir. Tout le monde faisait pareil.

J'ai commencé à passer en revue mon enfance en Arabie saoudite. Est-ce qu'il y avait eu des signes avant-coureurs ? Est-ce que j'aurais pu voir venir les avions, pour ainsi dire ?

Content de lui : Elle est pas bonne ? Venir les avions ! J'sais pas comment je fais pour les sortir !

J'ai décidé que oui, j'aurais pu – rétrospectivement, avec le recul, en regardant dans le rétroviseur, pour ainsi dire –, j'aurais pu repérer les signes, oui. Donc, pour faire connaître ma toute nouvelle découverte sur le terrorisme, quoi de mieux que d'écrire un roman sur ce sujet !

Silence.

J'étais déterminé à devenir le Zadie Smith d'East Acton.

Silence.

Ben quoi ?

Mais c'était impossible, juste impossible de m'y mettre. Vous voyez, au début, quand on a emménagé ici, mon père n'arrêtait pas de me fourrer un livre après l'autre dans les pattes afin d'améliorer mon anglais. Il les achetait pour quelques pennies à la bibliothèque du coin et dans les grandes caisses vertes qu'ils mettent juste devant Oxfam. Il savait pas ce qu'il achetait. Parfois, c'étaient des trucs bien comme Dickens ou Hardy, mais pas toujours. Dans les premiers temps j'ai lu plus de Jeffrey Archer qu'un ado ne devrait avoir à supporter. Bref, avec toutes ces lectures, j'étais sous la fausse impression qu'en termes d'écriture, je savais ce que je faisais. J'avais mis au point tous les personnages, les repères chronologiques, tout, dans ma tête. J'avais même retiré tous les posters au-dessus de mon bureau Argos et les avais remplacés par des Post-It jaunes avec des notes sur mes personnages. Même mon poster préféré et pratiquement introuvable d'Anthony Quinn chevauchant sa monture vers un champ de bataille dans le film *The Message*. Tony jouait le rôle d'Hamza, l'oncle du prophète Mahomet.

D'un ton contemplatif, comme s'il se repassait le film et formulait un jugement : Il avait vraiment fière allure.

Silence.

D'ailleurs, le réalisateur du film, Moustapha Akkad, a par la suite produit presque tous les films d'horreur sur Halloween. C'est vrai, je le jure. Je trouve qu'il y a là une parabole quelque part…

Silence.

… mais j'arrive pas à voir exactement où. À moins que ce ne soit une métaphore ? Je confonds toujours les deux.

« Sajid, tu t'écartes du sujet, mon pote. »

Il parvient à le faire répéter par le public.

Donc, pourquoi est-ce que je n'arrivais pas à écrire ce roman malgré mes capacités d'organisation incroyables ? Eh bien, parce que je partageais une chambre avec mes frères : Atif, Akram et Ahmad. Après ma naissance, mon père est devenu paresseux et n'a choisi que des prénoms commençant par A.

Silence.

Mes cinq sœurs ont eu plus de chance parce que c'est ma mère qui les a nommées et que, malgré son peu d'éducation, elle a plus d'imagination que mon père.

« Une maison mitoyenne derrière Wormwood Scrubs, c'est pas un endroit pour élever une famille de neuf enfants. » Mon père avait dit ça, une fois, comme si c'était une réflexion profonde sur la vie au lieu d'être une conclusion à laquelle n'importe quel idiot pouvait arriver. Parfois je me demande comment ça marche dans la tête de mon père. C'est comme après la naissance de ma sœur Latifa, son cinquième enfant, ne voilà-t-il pas qu'il dit : « Je crois que cette maison pourrait en contenir encore quatre. »

Donc, pendant longtemps le roman est resté à l'état de notes éparses, il n'allait nulle part. Ce n'est qu'après avoir fini la fac et commencé le chômage que j'ai trouvé le temps de le terminer.

Silence.

Sajid Abdul Abdul, c'est juste trop ridicule comme nom pour beaucoup d'employeurs.

S'approchant du public : Pour un romancier, c'est parfait. Tes livres sont sûrs de se retrouver tout près de l'entrée, dans les librairies. Comme ça, tu te récupères tous les clients paresseux. Bon, tu risques d'être en concurrence avec Martin Amis et Jane Austen, mais avec ces deux enfoirés ce sera toujours le cas. Par contre, je sais que j'ai ce qu'il faut pour battre les Peter Ackroyd, Monica Ali et consorts, ça, vous pouvez le parier.

Papa avait dit que je pouvais travailler pour lui à temps partiel comme chauffeur jusqu'à ce que je trouve quelque chose de mieux. Eh oui, le plan du restaurant n'avait pas marché parce qu'il n'avait pas été fichu de mettre au point un menu spécifiquement pakistanais. Chaque fois qu'il se rendait compte qu'un de ses plats figurait déjà au menu du Taj Mahal en bas de la rue, il entrait dans une colère noire. Un jour, après la prière du vendredi, il m'avait dit : « Fils, ça doit être la volonté d'Allah. À eux les restaus, à nous les taxis. »

Silence.

Puis il écorcha un verset du Coran et dit, haussant les épaules : « Ours not to reason why. »

Silence.

C'est incroyable à quel point le Coran, une fois passé par la bouche de mon père, ressemble à de la poésie anglaise du XIXe siècle.

J'ai décidé de mettre mon chômage à temps partiel à bon usage. Donc tous les jours, après que mes cinq sœurs étaient parties en cours et que mes trois frères avaient séché les leurs pour sniffer de la colle ou autre chose, je m'asseyais dans ma chambre afin d'écrire mon chef-d'œuvre, l'ultime roman post-11 Septembre, celui à l'aune duquel tous les autres seraient jugés. Et ce serait moi l'homme qui l'aurait écrit. Moi, Sajid Abdul Abdul Abdul.

Silence.

Je vous avais pas dit pour le troisième Abdul tout à l'heure parce que, franchement, j'étais gêné.

Bon, j'avais arrêté de me reposer entièrement sur mes souvenirs d'Arabie saoudite et commencé à faire de plus en plus de recherches sur l'état d'esprit d'un terroriste wahhabite. Comme je souffre de dyslexie, j'en ai appris bien plus sur le wasabi que quiconque en aurait besoin. Wahhabisme s'écrit avec deux « h », juste au cas où vous auriez besoin de le chercher sur Google un jour. Genre, en cas d'urgence.

Puis un jour, j'ai tapé ce mot magique auquel tout auteur débutant rêve de parvenir : « Fin ». J'étais tellement heureux que j'ai pleuré. J'ai cliqué sur « statistiques » et j'ai découvert que j'avais écrit cinq cent soixante et un mille mots. C'est-à-dire mille de plus que *Guerre et Paix*.

C'était une putain d'épopée !

Alors, qu'est-ce qu'on fait après avoir écrit l'ultime chef-d'œuvre post-11 Septembre ? Eh bien, dans toute mon excitation, j'avais pas pensé aussi loin.

Puis je me suis dit : « Bon Sajid, qu'est-ce que t'attends ? Envoie-le à un éditeur ! » Oui, mais lequel ? J'ai choisi Corgi, les éditeurs anglais de Dan Brown. J'avais juste le pressentiment qu'eux seraient plus cléments…

Quoi qu'il en soit, trois jours après, j'avais toujours pas de nouvelles.

Silence.

Je me suis dit : « C'est bizarre. » Enfin ! Je venais de leur envoyer l'ultime chef-d'œuvre post-11 Septembre, celui que tous les critiques des grands journaux n'arrêtent pas de réclamer, et ils ne m'ont même pas répondu, ne serait-ce qu'un texto !

Au septième jour, je bouillonnais de colère comme l'un des plats expérimentaux de mon père.

Silence.

C'est une chose que de se faire refuser un boulot de réceptionniste d'hôtel parce qu'on s'appelle Abdul Abdul Abdul, mais dans le monde artistique, tout de même, un homme doit pouvoir être jugé sur d'autres critères. Comme sa capacité à inventer, de façon plausible, une intrigue terroriste se déroulant en Angleterre, quelque chose d'infiniment supérieur aux attentats plutôt piteux et mal conçus du 7 juillet. Non mais, un mec qui passe six semaines à faire des recherches sur l'engrais à acheter en ligne pour construire une bombe et, une fois l'engrais livré, qui confectionne une bombe juste pour pouvoir décrire à quoi ressemblent les ongles d'un terroriste, eh bien il mérite quand même l'attention immédiate du monde de l'édition, non ? Sans blague !

Secouant la tête : Au quatorzième jour, j'ai pensé qu'il fallait un changement de plan radical. Je suis allé au CopyTop du coin et j'ai photocopié soixante-quinze exemplaires de mon roman. La fille derrière le comptoir m'a lancé un sale regard, mais je m'en fichais. Je me suis dit que dans six mois elle regretterait de ne pas m'avoir déclaré sa flamme quand elle en avait eu l'occasion. J'ai posté les exemplaires à toutes les grandes maisons d'édition et aussi à tous les grands critiques de tous les grands journaux et de toutes les grandes revues d'Angleterre. Et j'ai attendu.

Il fait une pause.

Je voudrais profiter de cette occasion pour dire que la police a été vraiment très gentille…

Silence.

… avec moi et avec ma famille.

Silence.

Je pensais que les menottes feraient plus mal que ça et les policiers ont même fait bien attention que je ne me cogne pas la tête quand ils m'ont aidé à rentrer à l'arrière de leur fourgonnette.

Bon, les vingt bergers allemands qu'ils ont ramenés à la maison, c'était sans doute un tantinet excessif, mais ça peut se comprendre quand on sait qu'ils ont pris mon roman au pied de la lettre. Qu'un des chiens pisse sur ses géraniums, ça, ça a un peu fâché ma maman. Mais à part ça, mon arrestation s'est passée en douceur – autant que possible pour une arrestation.

Vous êtes un public plein d'imagination, donc je ne vais pas vous ennuyer avec les détails. Il suffit de dire qu'ils ont passé en revue mon roman page par page en me posant des questions sur le complot que j'avais échafaudé. Pas sur l'intrigue de mon roman, non, ils n'avaient pas la prétention de porter un jugement littéraire là-dessus. En cela, ils n'ont pas abusé de leur pouvoir. Ils m'ont juste interrogé en détail sur le complot que j'avais soigneusement mis au point pour faire exploser de façon réaliste le London Eye.

Silence.

Apparemment ils ont trouvé tout ça un peu trop réaliste.

Le soir, de retour dans ma cellule, je repensais à l'interrogatoire de la journée et c'est au quinzième jour que j'ai compris ce qui n'allait pas dans mon roman. Ce n'était pas de l'art. Pas du tout.

Silence.

En fait, j'avais tout simplement mis au point un complot terroriste très plausible avec des personnages très réalistes qui parvenaient à le mettre en œuvre avec succès, mais il n'y avait pas de… de… de vision, pas d'envolées créatives. C'était de la pure réalité. Et la triste vérité, c'est que la réalité ce n'est pas de l'art. L'autre chose que j'ai découverte alors que nous nous échinions sur les cin cent soixante et un mille mots du roman, c'était qu'il était vraiment… vraiment ennuyeux, en fait.

Le vingtième jour de mon incarcération, j'ai demandé du papier et un stylo.

J'ai commencé à réécrire le roman, à la main, et j'ai su dès le premier mot que cette fois j'allais faire mieux. Ce ne serait peut-être pas un chef-d'œuvre… mais de toute façon ce n'était plus là mon but. Je voulais juste écrire quelque chose qui ferait se marrer de temps à autre mes interrogateurs que j'avais fini par plutôt bien connaître. C'est tout.

Les problèmes ont commencé avec le débarquement d'avocats et autres gauchistes au cœur sensible. Allah m'en est témoin, dès qu'ils ont su qu'un auteur musulman était dans une prison britannique, ce fut l'enfer. Je vous le jure, que de vin a coulé à Islington autour de discussions sur mon affaire…

Mon avocat autoproclamé, Geoffrey Bonachian – au fait ça s'écrit C, H, I, A, N et non pas C, H, I, A, N, T, ça peut prêter à confusion –, bref Geoff, ce cher Geoff, était livide. Aux médias il disait des choses du style : « Et dire qu'on est au XXIe siècle ! » et « On se croirait au temps de l'Inquisition ». Il disait qu'il avait, genre, des souvenirs personnels de l'Inquisition espagnole, et je parle pas des sketches des Monty Python, là. J'avais pas le droit de le voir durant l'incarcération, bien sûr, mais on est devenus de bons potes après. Un homme fort sympathique, qui serait encore plus sympathique s'il lâchait un peu la bouteille et se convertissait à l'islam, mais bon, on peut pas tout avoir.

Le pire, c'est quand les critiques ont commencé à parler de mon roman inédit ! C'était ridicule. Je suppose qu'une fois que l'affaire a commencé à faire du bruit, ils sont tous allés chercher au fond de leurs poubelles les exemplaires que je leur avais envoyés. Vous pouvez imaginer la gamme des avis. Ça allait de « merde illisible » – ce avec quoi j'étais d'accord, à ce stade – à « Sajid est l'héritier légitime de David Foster Wallace ». Et ça, c'était avant que le pauvre salaud ne se soit suicidé, en plus ! Et la comparaison, c'était juste parce que Wallace aussi avait écrit un pavé un jour. C'était scandaleux.

Le pire encore, c'est que la police était sur le point de me relâcher. Et j'en étais qu'au trentième jour. J'avais encore droit à douze jours de plus. À partir de là, ça a été la course contre la montre.

Alors j'ai décidé que j'avais besoin de deux histoires : le roman que j'étais en train d'écrire dans le nouveau style et une autre histoire dans le vieux style réaliste qui donnerait une raison suffisante à la police de me garder en prison aussi longtemps que j'y avais droit selon la loi.

Parce que je pouvais pas rentrer chez mes parents avec mes cinq hystériques de sœurs et mes trois branleurs de frères, je pouvais juste pas.

Silence.

Pas quand j'étais si près du but.

Alors j'ai continué à écrire les deux histoires. Celle que je racontais à la police le jour et celle que j'écrivais la nuit.

Au quarante-deuxième jour, j'ai pleuré. Malgré toutes les salades que j'avais inventées, la police n'avait pas de quoi me garder enfermé plus longtemps. Dieu sait pourtant qu'elle aurait bien voulu.

C'était pas assez long pour venir à bout de quelque chose d'aussi ambitieux – je parle du roman.

Silence.

Si seulement ces branleurs du Parlement avaient ratifié le truc des quatre-vingt-dix jours de détention. Quatre-vingt-dix jours, c'est trois putain de mois. Ça, c'est une vraie plage pour un écrivain.

S'approchant du public : C'est cruel de relâcher un auteur soupçonné de terrorisme avant ce délai parce que ça en prend du temps, pour se mettre en condition. Mais une fois que la muse commence à te chuchoter à l'oreille nuit après nuit, mes amis, c'est là que tu produis la plus grande fiction. Tu écartes tout ce qui entrave ta route, tu piétines la réalité comme Tony Blair et tu pars en guerre au galop sur ton destrier comme Anthony Quinn, ton stylo allant et venant tel le membre palpitant de Dieu – pardon, d'Allah – et tout ce à quoi tu peux penser, c'est comment tu vas chevaucher cette sombre maîtresse, l'Inspiration, lorsqu'elle viendra te rendre visite tard dans la nuit et qu'elle frottera son sexe humide contre ton visage et que tu sentiras sa…

Silence.

Désolé.

Très long silence.

En sortant de prison, j'ai décidé de me marier. Je sentais qu'il était temps.

J'ai été raisonnable. J'ai ignoré toutes ces fans allumées qui m'écrivaient des lettres d'amour. Des lettres qui venaient de partout : Birmingham, Leeds, Bradford, Mumbai, Lahore… même de La Mecque, putain.

Je les ai toutes ignorées.

Et au lieu de ça, j'ai demandé en mariage la fille d'un des chauffeurs de mon père. Aisha, du nom de l'épouse futée de notre Prophète. Mon Aisha à moi travaille comme notaire, alors je suppose qu'elle est suffisamment futée pour nous deux.

J'essaie de finir la nouvelle version du roman. Je vais m'inspirer du livre de Ian McEwan. Pas vraiment. Ce que je veux dire, c'est que je n'écrirai pas plus de deux cents pages, deux cent cinquante max. Plus, c'est juste ridicule. Enfin, sauf si on s'appelle Tolstoï.

Ça me manque la prison, vraiment, j'ai écrit certaines de mes meilleures pages là-bas.

Il soupire…

Quarante-deux jours, c'est juste pas assez.

Fin.

D'origine irakienne, **Hassan Abdulrazzak***, né à Prague en 1974, vit à Londres où il travaille comme biologiste à l'Imperial College. S'il est également traducteur et écrit des nouvelles et poèmes, c'est surtout un auteur dramatique. Son monologue* L'Amour au temps des barrières *a été publié dans le numéro 18 de* Siècle 21, *traduit par Nisha Kirpalani.*

D'origine franco-indienne, **Nisha Kirpalani** a fait des études de littérature et de psychologie clinique interculturelle à Paris, et de relations internationales à la LSE de Londres. Elle exerce comme psychologue et thérapeute familiale et traduit de l'anglais.

1) Level 42 est un groupe de rock (style pop-funk) anglais des années 1980. Le nombre 42 dans le nom du groupe renvoie à la « grande question sur la vie, l'univers et le reste » dans le *Guide du voyageur galactique, H2G2,* la saga de science-fiction de Douglas Adams. On peut penser qu'en intitulant ce texte « Level 42 », l'auteur fait lui aussi référence à cette grande question sur le sens de la vie.

À battre les arbres avec des bâtons

Jane Rogers

Traduit de l'anglais par Jean Migrenne

En rentrant de faire mes commissions, je passe devant une gamine qui bat un arbre. Je lui donne une dizaine d'années. Le bâton est costaud, fort probablement un manche à balai ; elle cogne sur le tronc avec application et sans relâche, comme si elle faisait ce qu'on lui a dit de faire. Un gamin est là, qui la regarde. L'arbre, c'est un *Prunus subhirtella*, un cerisier fleuri qui pousse dans le gazon entre le trottoir et la quatre-voies.

Je sais bien qu'à m'intéresser à ce genre de choses je m'aventure en terrain glissant. Sauf qu'à la regarder, je ressens comme une décharge, comme le déclic d'un diaphragme d'appareil photo, et je revois Henry vautré sur le capot de la vieille Ford verte en train de le défoncer avec une pierre. C'était du temps de la ferme. Il devait donc avoir neuf ans. Ce n'est pas tellement que me revient ce qu'il faisait (parce que je m'en souviens très bien), mais c'est le retour de mon indignation de grande sœur en colère.

Voir cette gamine aujourd'hui m'en bouche un coin. Il y a tellement de choses déconcertantes. La seule dont je sois sûre, c'est que je ne peux pas compter sur moi pour régler la question. Cette décharge de colère et d'indignation me court dans les veines comme une gorgée de cognac. Excellent. Ça me redonne du jus quand je marche. Taper sur des arbres avec un bâton me fait penser à ceux qui, des fois, donnent des déchets animaux à manger à des animaux de la même espèce : comme pour les cochons. Battre ce pauvre arbre avec du bois, c'est lui faire s'infliger une autocorrection. C'est contre nature ; l'insulte s'ajoute à la blessure. Mais peut-être bien que quelque chose m'échappe.

Quand je veux ouvrir ma porte d'entrée, je ne retrouve plus mes clefs. Je trouve un trousseau au fond de mon sac, mais ce ne sont pas les miennes. Les miennes ont deux billes de bois luisantes comme des marrons d'Inde attachées au porte-clefs ; une de buis, une d'if, une dorée, une rouge sang. Cela fait des années que je les ai. Elles viennent d'arbres qui ont été déracinés lors de l'ouragan. Il n'y a aucun étui : les clefs sont tout simplement attachées à un anneau bon marché. Je cherche dans mon porte-monnaie. J'ai bien perdu mes clefs – et celles-ci, les nouvelles, je ne les ai jamais vues de ma vie. Ça vaut le coup d'essayer puisque, à l'évidence, elles ne sont pas dans mon sac pour rien. Et, voyez-vous ça : elles ouvrent ma porte !

La seule chose qui me vienne à l'idée, c'est que Nathalie a dû les y mettre quand elle en a fait refaire un jeu. Elle a dû oublier et garder les vieilles par erreur. Ça me fait doucement rigoler vu qu'elle ne rate pas une occasion de me mettre le nez dans mes trous de mémoire.

Le facteur est passé pendant que j'étais sortie. Il y a un rappel de l'opticien et une lettre de la mairie. Oui, l'opticien est en face de la mairie, pas étonnant, donc. J'ai de la chance : mes vieilles lunettes sont restées sur la table. La mairie m'écrit à propos de l'amandier.

Votre arbre, planté à cinquante centimètres du jardin voisin, au 26 de Chapel Street, est vieux et malade ; il présente un danger car des branches peuvent tomber. Notre inspecteur n'est pas en mesure de préconiser sa survie. Un élagueur se présentera le 29 octobre pour procéder à l'abattage et enlever le bois. Nous vous remercions de votre coopération.

Leurs remerciements sont un peu prématurés, vu que je n'ai aucune intention de coopérer. Tout ça me paraît parfaitement extraordinaire. Au printemps dernier, l'amandier, *Prunus dulcis*, croulait sous les fleurs. Les pétales tapissaient le jardin d'une neige rose et épaisse. Je me dis qu'ils doivent faire erreur. Oui, c'est ça, ils se sont trompés, parce que personne n'est venu inspecter l'arbre. Je l'aurais su parce qu'il aurait fallu que je leur fasse traverser la maison pour aller dans le jardin.

Il reste quand même ce doute lancinant. Et je dois en remercier Nathalie car je sais qu'elle fait tout ça pour mon bien, même si ça vous sape le moral. C'est que ça vous le sape, au point que j'estime qu'il est plus prudent de lui parler le moins possible de mes affaires personnelles afin de m'épargner la honte et l'humiliation quand elle s'en mêle.

Je vais dans le jardin pour en avoir le cœur net. Le carré n'est plus aussi superbe qu'avant, mais il reste quelques roses qui sentent bon : des *Rosa Mundi* et des *Madame Alfred Carrière*. Et mes chers crocus d'automne au bord du gazon. C'est le dernier cadeau que m'a fait Neil. Ils refleurissent tous les ans ; leur mauve pâle sur le vert de la pelouse est toujours un ravissement, un étonnement. Ah ! l'amandier : il est vivant, ça ne fait pas de doute ; les feuilles jaunissent. Il y a bien une ou deux branches dénudées au-dessus du jardin des voisins, mais peut-être bien que les feuilles sont déjà tombées. Ce serait une bonne idée de vérifier. Je suis en train de rapprocher de la clôture l'un des fauteuils de jardin quand j'entends sonner à la porte. On insiste, comme si quelqu'un d'impatient poignardait la sonnette sans relâche. Il faut que je me dépêche. Je n'ai même pas le temps d'enlever mes chaussures pleines de terre. La sonnette ne va pas résister longtemps à un tel traitement.

À la porte, il y a une femme en jeans trop collants qui la font paraître trop jeune.

« Repas à domicile. La petite mamie faisait un somme ?

– Vous dites ?

– Repas à domicile. Ça fait dix minutes que je sonne.

– Vous devez vous tromper.

– Madame Célia Benson ?

– Oui.

– Je vous apporte ça à l'intérieur, ma petite mamie. Ça va être froid.

– Pas question.

– C'est à manger pour vous, ma petite mamie. Du parmentier.

– Il y a erreur. C'est peut-être pour le 26 ? Ils ne sont pas là, vous savez.

– Vous savez ce que vous faites : vous téléphonez à votre Nathalie. Elle vous le redira. Moi, je vous pose ça sur la table de la cuisine. »

Elle force le passage et pose le plateau. Derrière elle, la cuisine sent la cantine scolaire à plein nez. Est-ce que Nathalie m'aurait commandé des repas à domicile sans m'en parler ? Même pour elle, cela serait pousser le bouchon un peu loin. Qu'est-ce que je suis censée faire de ce truc ? Il doit y avoir une pauvre vieille dans la rue qui attend son repas tandis que ça refroidit devant moi. Il faudrait que je les appelle, à Repas à domicile, peut-être bien. Ça serait la meilleure façon de remettre les pendules à l'heure.

Lorsque je vais pour prendre le téléphone, il n'est plus sur son socle. Quelqu'un l'a mis ailleurs. À moins que je ne l'aie oublié dans mon lit. C'est fort possible. Je le monte pour la nuit et je ne suis pas cent pour cent certaine de le redescendre le lendemain matin. Vous voyez que je sais bien que j'ai parfois des trous de mémoire. Et que ça fait mal, vous pouvez le dire. En fait, c'est seulement en montant que je me souviens de la femme. De celle qui occupe la chambre du fond. J'ai l'impression qu'elle ne va pas très bien et je me demande comment elle a bien pu dormir avec tout ce raffut. Sa porte n'est pas tout à fait fermée : je peux jeter un coup d'œil sans la déranger. Elle est partie. Elle a dû filer pendant que j'étais dans le jardin. Oui, le lit est vide – elle l'a même fait et a remonté les couvertures avant de s'en aller. Ce n'est pas qu'elle soit gênante, celle-là, car elle est si soignée et fait si peu de bruit qu'on se demande même si elle est là. J'ai du mal à me souvenir de la dernière fois que je lui ai parlé. Mes jambes me jouent des tours, alors je m'assieds sur son lit et j'essaie de me rappeler ; essayer, c'est important. Comme le dit Nathalie, qui ne prend pas de gants : Tu t'en sers, ou tu la perds. Je me souviens d'avoir regardé dans la chambre juste avant de me coucher. Elle était endormie. J'ai vu ses cheveux bruns sur l'oreiller. Je n'aurais fait que regarder pour savoir si elle était rentrée, ce qui laisse penser, je crois bien, que c'était assez tard, après mon repas et pendant que je regardais la télé. Elle a dû monter sans faire de bruit sans que je m'en aperçoive. C'est le doute qui a dû m'amener à vérifier si elle était bien là.

Debout à sa fenêtre, je pose mon regard sur l'amandier. C'est la fin de la saison. Il y a des feuilles jaunes, et des rouges. Mais il y a une branche nue suspecte au-dessus de la clôture. J'espère que ce n'est pas la maladie. Quelqu'un a laissé un fauteuil de jardin à côté, en plein dans le massif de fleurs. Il va falloir que j'aille l'enlever après manger. Un sandwich salade-fromage me dirait bien, mais je n'en reviens pas quand je regarde dans la boîte à pain. Il n'y a pas de pain dedans, même pas un talon ! À la place, il y a un paquet bien emballé dans du papier marron. On dirait un colis de la poste : papier marron et scotch, bouts bien repliés. Mais le plus bizarre, c'est qu'il n'y a pas d'adresse. Il est bien trop petit pour qu'il y ait du pain dedans et alors, qu'est-ce qu'il fait dans la boîte à pain ? Je me demande si ce n'est pas une farce qu'on me fait. Ou alors – j'espère que je n'ai pas fait de bêtises. Comment cela a-t-il pu se produire ?

Quoi qu'il en soit, il ne faut pas que Nathalie le trouve ; c'est évidemment une autre façon qu'elle a de se rendre utile, et ça a l'effet contraire. Il faut que je trouve les ciseaux pour couper le scotch car c'est très bien emballé. Dans l'emballage marron, il y a une page de journal puis une feuille de plastique à bulles. Ça me rappelle le jeu du paquet. Je n'en reviens pas : dedans, il y a… mes clefs ! Les miennes, oui, avec leurs deux billes brillantes taillées dans l'if et le buis. Porte d'entrée : une Yale et une Chubb ; porte de derrière : une Chubb. Je suis très contente de les voir et je les mets tout de suite dans la poche de mon manteau pour ne pas les perdre. Je m'attable ensuite pour manger, mais ça a pas mal refroidi. Je mange la moitié du hachis sans toucher aux pois. Je n'ai jamais compris comment on pouvait aimer la purée de pois cassés. Je ne comprends pas pourquoi on m'en a donné, qui que ce soit qui ait préparé mon repas. Ils n'ont pas perdu de temps, je dois l'avouer. Et c'est bien propre. Je me demande si c'est celle d'en haut ? Je pourrais demander à Nathalie – ou peut-être même laisser un mot sur le gaz pour remercier ; ça serait peut-être mieux : directement du consommateur au producteur.

En mettant de l'eau à bouillir, je m'aperçois que le téléphone sonne. On a du mal à entendre quand ça bout à fond, alors j'éteins. C'est bien le téléphone qui sonne. Mais quand je vais pour décrocher, il n'est plus là. Je ne le trouve plus. Je regarde sur la table, le buffet, les bras du canapé. Il a bel et bien disparu. Quand il s'arrête de sonner, je rallume la bouilloire et voilà que ça se remet à sonner. Que c'est désagréable ! L'idée me vient tout d'un coup que quelqu'un l'a peut-être mis dans la boîte à pain. Mais non, elle est vide. Ce qui est bizarre en soi, parce que ce matin j'ai dû aller faire des commissions. Je m'assieds et essaie de penser à ce que j'ai rapporté. Du pain, c'est sûr, puisque je n'en avais plus. Et des fruits, très certainement, car la coupe est vide. J'ai probablement acheté un gentil petit bout de cabillaud ou de poulet pour manger. Où sont mes commissions ? Quelqu'un serait-il entré en douce pour les voler ? Je sais que c'est invraisemblable. En fait, c'est le genre de choses auxquelles je ne veux absolument pas penser, parce que c'est de la folie de la persécution. C'est une chose de perdre la mémoire, c'en est une tout autre d'être parano et de donner du tracas aux gens. Comme je l'ai dit à Nathalie : Si jamais je deviens comme grand-mère, flingue-moi.

Je n'ai qu'à faire un petit effort de logique : il est quasi certain que j'ai été dans les magasins puisque je le fais d'habitude et il est donc tout à fait probable que dans l'après-midi je vais retrouver mes commissions. Le téléphone se remet à sonner et je me rappelle que j'ai peut-être oublié de le descendre de mon lit. Je monte péniblement l'escalier pour aller voir, quand on sonne à la porte.

C'est Nathalie, portable vissé à l'oreille.

« Pourquoi est-ce que tu ne réponds pas au téléphone, maman ?

– Pourquoi tu me téléphones alors que tu es sur le pas de ma porte ?

– J'ai appelé de chez moi ce matin, et j'ai appelé du boulot. J'ai appelé toute la journée : tu ne réponds jamais. J'ai cru qu'il t'était arrivé quelque chose.

– J'étais sortie.

– Où ça ? » Elle me suit dans la cuisine.

« Aux commissions.

– Oui, mais ça fait des heures que tu dois être rentrée. Tu as mangé à midi ! Qu'est-ce que c'est que ça ? » Elle prend une lettre et se met à la lire. « Dieu merci, ils vont enfin s'occuper de ce sacré arbre.

– Qu'est-ce qu'ils racontent ?

– Tu n'as pas lu ?

– On dirait que non.

– Ils vont abattre le vieil amandier que les voisins insistent pour faire enlever. Tu devrais leur demander de ratiboiser un tas d'autres choses pendant qu'ils y sont : ce jardin est une vraie jungle. »

Je ne sais pas trop qui sont ces « ils » qui ont décidé d'abattre mon arbre, mais Nathalie est un peu soupe au lait et je vais attendre qu'elle soit partie pour lire la lettre, à tête reposée. Je lui demande si elle veut du thé, mais elle est pressée.

« Maman, il est où le téléphone ? Ça doit être pour ça que tu ne répondais pas.

– Je ne comprends pas ce que tu veux dire.

– Où est passé le téléphone ? » Elle appuie sur son portable et ça se met à sonner.

« Nathalie, s'il te plaît, ne fais pas ça. »

Nathalie monte et la sonnerie s'arrête au bout d'une minute. Elle redescend avec le téléphone.

« Il te faut un deuxième poste. Comme ça, tu n'auras pas besoin de le changer de place.

– Ça doit coûter les yeux de la tête !

– Maman, il faut que je vienne pour voir si tout va bien parce que tu ne réponds pas au téléphone parce que tu ne sais pas où il est. Si on peut arrêter ça en achetant un autre téléphone, ça nous faciliterait la vie à toutes les deux, tu ne crois pas ?

– Tu n'as pas vraiment besoin de venir voir si je vais bien, tu sais. »

Nathalie ouvre le frigo.

« Qu'est-ce que tu manges ce soir ?

– Des côtelettes.

– Où sont-elles ?

– Je n'ai pas encore vidé mon cabas. »

Elle s'assied à la table.

« Écoute, je m'inquiète pour toi. Tu oublies tout. Je sais que tu veux être indépendante, mais des fois…

– Qu'est-ce que tu veux que je fasse ?

– Paie-toi un deuxième téléphone. Je peux le faire pour toi. Tu me rembourseras. Ça marche ?

– Ça marche.

– Bien. Veux-tu que je vide ton cabas avant de partir ?

– Merci, ça va. Je peux faire ça toute seule.

– OK. Je repasse demain après mon travail. Au revoir, maman. »

Elle m'embrasse et sort. J'ai de la chance avec les commissions, mais il faut que je les trouve en moins de deux, sans ça je vais encore oublier. J'ai idée d'avoir mis ça dans la boîte à pain – mais non. Ce n'est pas non plus dans le frigo ou la cuisinière. Je me demande si ce n'est pas celle d'en haut qui a tout pris par erreur. Sauf que j'ai beau tout fouiller en haut : il n'y a rien. Il faut que je m'asseye sur son lit cinq minutes, je n'en peux plus.

Quand je redescends dans la cuisine, je vois qu'il y a une lettre de la mairie sur la table. Ils veulent abattre l'amandier ! Il était déjà là en 1951 quand nous avons, Neil et moi, acheté la maison. Il doit avoir presque mon âge. Ça me ferait de la peine de le voir partir. Mais il faut que je pense à ces commissions. J'ai pu les laisser dans le jardin. Mes jambes me font mal et j'ai l'impression que la journée ne me réserve plus rien de bon. Il vaudrait peut-être mieux que je me couche de bonne heure et que je ne m'embête pas à manger.

Non, ça ne serait pas raisonnable. Il faut absolument se faire une règle de vie. Sans ça, ou va-t-on ? À la dérive sur un vaste océan. Je sors dans le jardin. Le soir est tombé, l'air est un peu frais. Quelqu'un a laissé l'un des fauteuils de jardin dans les fleurs à côté de l'arbre. Je l'enlève et je cherche mes commissions dans les buissons. C'est là, ou alors c'est nulle part. Il va bien falloir que je me mette ça dans la tête : les commissions ont disparu. Je suis soulagée à l'idée de cette certitude. Au moins, je peux rester assise au chaud et cesser de me tracasser. Mais quand j'essaie de rentrer la porte refuse de bouger. Je suis sûre de ne pas l'avoir fermée à clef. Je fouille dans mes poches – pas de clefs. C'est bien ça. Mais elle est fermée pour de bon. Je m'assieds dans un fauteuil de jardin et tâche de prendre une décision. Qui m'a fermé la porte au nez ? Ce pourrait bien être un voleur. Qui pourrait en ce moment même être en train de fouiller dans mes affaires. Je scrute l'intérieur du salon, mais il fait trop noir pour y voir.

Bon, s'il y a un voleur, il n'a qu'à prendre ce qu'il veut et s'en aller. Ce qui m'importe, c'est que Nathalie n'apprenne pas ce qui m'est arrivé. Mais comment faire pour sortir du jardin ? Je ne vais tout de même pas rester là toute la nuit ! Je me demande si celle d'en haut est rentrée. Je frappe à la porte de derrière puis à la fenêtre du salon. Personne ne répond. Et voilà le téléphone qui se met à sonner. Je voudrais qu'elle réponde, mais ça sonne et ça sonne, plus de vingt fois. Qui est-ce qui peut bien m'appeler ? Nathalie. J'ai vraiment pas chaud. Je vais à tâtons dans l'obscurité qui remplit la cabane et finis par mettre la main sur la nappe de jardin dont je m'enveloppe les épaules. C'est une vieille couverture indienne, pas très chaude, mais au moins elle sent bon l'herbe coupée. Le balai de dehors tombe par terre, je le ramasse et m'en fais une canne. Je reviens à petits pas jusqu'à la fenêtre du salon où j'entends le téléphone qui sonne toujours. Je me dis qu'elle ne va pas tarder à venir voir. Elle va être en colère contre moi.

Je ne veux être une gêne pour personne, mais tout semble s'allier contre moi. Je vois bien que je gêne tout le monde. Peut-être que les voisins vont m'entendre. Mais quand je regarde leur maison, je me souviens qu'ils ne sont pas chez eux. Ils laissent la lumière dans la salle de bains pour tromper les voleurs, sauf que n'importe quel voleur digne de ce nom comprendrait bien vite que ça fait quinze jours qu'il y a de la lumière dans la salle de bains. Ils se moquent bien de gaspiller l'électricité. Ça doit être une ampoule de 200 watts. Sa lumière tombe droit sur mon amandier, comme s'il était la vedette sur scène. Cet arbre a toujours causé du tracas.

Lorsque Nathalie viendra, elle ne sera pas en colère seulement à cause du téléphone, elle m'en voudra aussi à propos de l'arbre. Ça fait des années qu'il est malade. S'il n'y avait pas eu cet arbre, je n'aurais jamais mis les pieds dans le jardin, pour commencer. Et tout le tintouin à cause de lui : les lettres, les coups de téléphone, tous ces gens qui viennent en rapport avec l'arbre, c'est extraordinaire. Pourquoi est-ce qu'ils ne l'abattent pas une bonne fois pour toutes ?

Je suis patiente. Je pense que oui. J'essaie d'avoir de la patience. Pas comme Henry. Il a toujours eu un sale caractère. Je le vois maintenant, qui cogne à tour de bras sur cette vieille Ford verte tout simplement parce qu'on n'a pas voulu qu'il monte sur le tracteur. Mais il faut que je demande où ça m'a menée. Regardez-moi aujourd'hui, bloquée dans mon propre jardin dans le froid et dans le noir. Mes jambes enflées me gênent beaucoup. Et il va falloir affronter Nathalie qui sera en colère contre moi encore une fois. Nathalie est en colère. C'est moi qui devrais l'être. D'abord grand-mère, et maintenant ça. Je me pose la question, vous savez : Elle, c'est moi ? Est-ce que je suis ma mère ?

Je me demande si je vais me mettre en colère. J'ai envie de sentir une décharge de rage brûlante me passer dans les veines comme une gorgée de cognac. Je crois bien que je suis en colère. Mais j'en ai vraiment marre de tout ça. J'en ai jusque-là. J'attrape le balai de jardin à pleines mains et je vais à grands pas vers ce fichu arbre. Il est grand temps que je lui donne une leçon. Je lève le balai et commence à le battre, à grands coups qui résonnent sur le tronc. Oui !

Ma colère me réchauffe de la tête aux pieds. Il est temps que ce vieil arbre sache que ça lui pendait au nez.

***Jane Rogers** est l'auteur de huit romans, dont* Island *(1999), et de plusieurs pièces pour la radio et la télévision. Elle a reçu diverses distinctions littéraires, dont le prix Somerset-Maugham pour son roman* Her Living Image *(1984).* Une île *vient de paraître en traduction française aux Presses universitaires Paris-Sorbonne. Elle enseigne en tant que Professor of Writing à l'université Sheffield Hallam.*

Jean Migrenne se consacre à la traduction de poésie depuis de nombreuses années. Il a aussi publié la première traduction française de *Démonologie* de Jacques Stuart (1597). En 2009, Pitkin Publishing Andover (Royaume-Uni), a publié ses *Poètes des temps de guerre.*

La résurrection des corps

Michael Schmidt

Traduit de l'anglais par Jean Migrenne

...Alors bain je serai pour laver leur corps dans mon sang...
Robert Southwell, *The Burning Babe*, 1595

La cave a été balayée. En larmes, passent autour de la paillasse,
Comme nuées d'ombres sous les flambeaux, des femmes
Pleureuses bientôt, douze, qui se découvrent,
Cheveux défaits. On crève de chaud dans cette antichambre de mort.
Elles connaissent leur affaire, savent ce qui va arriver :
Spasme, tremblement, mâchoire qui tombe, abandon.

Du jour aveuglant, là-haut, on a extrait Celui qui guérit.
Sa main levée fige le remous des femmes.
Tel un luminaire au fond d'une caverne, il apporte
L'agréable émanation d'un midi incandescent.
On dirait qu'il arrive du désert, tout constellé de rosée ;
Son regard, austère mais bon, ne voit pas les femmes,
Se pose sur la forme desséchée allongée sur la paillasse,
Humaine, qui ne souffre presque plus, mais adulte.
L'homme avait parlé d'enfant, alors que c'est presque une femme
Aux pieds délicats, longues jambes, duvet pubien,
Ventre plat et ferme, petits seins bien galbés,
Qui halète, halète, pas une enfant, même si pour son père, brisé,
C'est toujours une enfant. Il insiste et l'appelle : « Mon enfant. »

Elle vrille son regard sombre sur son étonnante pâleur,
Le percute de sa fièvre. Lèvres resserrées,
Elle cherche un drap, le suaire prêt à l'envelopper, pour se couvrir,
Mais il l'apaise, elle a compris, ses lèvres s'entrouvrent
Sous le charme, elle retient ce souffle qu'elle a retrouvé.
Elle le regarde, il se penche sur elle pour la soulever,
Sa tunique s'ouvre, elle discerne les futures plaies.

Qu'y a-t-il en lui lorsqu'il soulève de sa paillasse ce corps,
En feu, tout frissonnant, léger comme une plume, soyeux,
Dans l'odeur d'excréments et de sueur recuite, dans l'odeur
De ses cheveux, de son haleine si douce ? Il n'en revient pas.
La chair brûlante et douce, la merde et les fleurs, l'urine
Et quoi encore ; le duvet vaporeux sur ses bras

Jusqu'au coude, et puis, ténèbres tellement douces,
Substance d'ombre, sa chair, si douce, et le souffle
Ni las ni haletant qui habite maintenant ce corps inerte ;
Que se passe-t-il lorsqu'il voit son bras à lui, blanc, sous ses cheveux noirs,
Lorsqu'il sent ce qu'il tient et ce que cela lui fait dans les jambes,
Entre les jambes, dans les tripes, dans son cœur qui bat à tout rompre ?
Il la serre et sa poitrine, là où elle est pressée contre lui,
Est source d'une grâce hors du commun ancrée dans le muscle,
Qui monte de la moelle et de la lymphe, divine
Grâce d'homme que l'amour a métamorphosé en Dieu.
Amour de Dieu fait homme, dont la chair connaît sa créature.
Il la porte dans ses bras comme sa mère va bientôt le serrer.
Passion source de vie, ou bien d'amour ; compassion demain.

Et elle, que sent-elle ? Qui sait ce qu'elle sent ?
Ce que vous ou moi nous sentirions, serrés fort contre sa poitrine,
Sa peau fraîche, son odeur de voyageur poussiéreux,
De coins du feu, de vin, le contact de ses cheveux, du pain…

Que sent-elle ? Remplie d'amour, elle sent son désir
Qui la trouble, ce désir qui n'est pas envie, de celui qui la porte
Avec tendresse et dont les lèvres lui effleurent l'épaule et les cheveux.

Il la sort de la cave et l'offre à l'air libre
Qui disperse l'infection et au soleil qui la fond.
Une foule est là. Il la traverse, toujours porteur
De son léger fardeau. On regarde, on s'écarte, il fait peur :
Circulateur. On voit la jeune fille plonger son regard dans ses yeux.

Au puits, il la pose à terre. Elle est debout maintenant.
Au puits, elle est droite comme un roseau et Jésus la lave :
D'abord les cheveux. Il verse l'eau d'une calebasse.
Puis les oreilles, les yeux, les lèvres, le visage le cou,
Le cœur et les mains, le dos, le ventre, les longues cuisses.
Il lui lave les pieds comme si c'était une enfant.
La fièvre est tombée. Elle l'appelle « Père, Père »
Bien que son vrai père soit là, à côté de lui.
Elle l'appelle « Père ». Il l'enveloppe dans sa propre tunique.

Michael Schmidt *préside aux destinées de Carcanet Press à Manchester (Grande-Bretagne). Il est aussi directeur de la publication de la* PN Review *et titulaire de la chaire de poésie à l'université de Glasgow. Outre ses derniers recueils de poésie :* The Resurrection of the Body *(2008) et* Poèmes choisis *(2010), il est l'auteur de* Lives of the Poets *(1999) et de* Lives of the First Poets *(2005).*

Deux vieux amis par un après-midi de tempête

Aamer Hussein

Traduit de l'anglais par Jean Guiloineau

« T'as vu cette pluie, dit le docteur Kazi. Plus d'électricité depuis des heures. Une circulation d'enfer. Arriver ici sous ce déluge a été une épreuve. Encore un peu et on ne pourra pas déjeuner ensemble demain. »

Il fait tomber la cendre de sa cigarette sur le carrelage malgré le cendrier posé à côté de lui.

« Pas de filles en bikini aujourd'hui, dit le colonel Jami en regardant la piscine vide. Pas de soleil pour bronzer. Tu crois ça ? Ma nièce était ici en bikini la semaine dernière. Elle a dit qu'elle prenait un bain de soleil parce qu'elle était trop pâle ! Dans ma jeunesse, on aurait dit qu'elle avait la peau sombre et on lui aurait conseillé de rester à l'ombre !

– Je sais. J'étais là. Ils disent que la tempête vient par ici. »

À travers le rideau de pluie, on voit encore le jardin et, au-delà, la crête blanche des vagues. Une jeune femme, blonde et grande, passe en leur faisant un petit signe du bout des doigts. Elle a les épaules nues et son pantalon blanc et court laisse voir ses jambes presque jusqu'aux genoux.

« C'est la femme du vieux Burhan, dit Jami. Elle a l'air plus jeune chaque jour et elle est mariée depuis au moins dix ans. La semaine dernière, je l'ai vue en maillot de bain. Regarde ses vêtements. Et hier, elle a écrit une lettre au *Times* pour défendre le voile islamique…

– Tu as entendu ce que j'ai dit ? Ils pensent que la tempête va bientôt arriver sur nous.

– Une punition de Dieu, qu'ils disent.

– Tu crois que j'habite où ? J'ai regardé la télé toute la matinée et j'ai entendu ce que disent les fanatiques. Des idées reçues. Tu répètes toujours la même chose. Une punition pour quelle raison ? Je pensais que quelqu'un comme toi…

– Laisse-moi te dire quelque chose à propos de Burhan et de sa femme. Tu sais qu'il a un fils qui est presque de l'âge de sa femme ? Eh bien, un jour, il est rentré de voyage à l'étranger et il a trouvé les vêtements de son fils dans la chambre de sa femme. Il a pris son revolver et il a tiré une balle dans la jambe de son fils…

– Ce n'est pas ce qu'on m'a dit, répond Kazi. Le garçon a largement dix ans de moins qu'elle. Elle l'a élevé comme son propre fils. Elle l'a gâté. Il s'est battu avec son meilleur ami à cause d'une fille. Le père l'a immédiatement envoyé dans le Golfe avant qu'il ait d'autres problèmes. Tu regardes trop de feuilletons à la télé. Enfin, allons au buffet. Je veux des côtes d'agneau. La dernière fois que nous sommes venus ici, il n'y en avait plus quand nous sommes arrivés au buffet.

– Du biryani pour moi, dit le colonel. Tu devrais apprendre à apprécier la cuisine locale au lieu d'avoir toujours envie de cuisine étrangère…

– Et toi ? réplique le docteur en donnant un coup de coude à son compagnon. Reconnaissons-le, le monde dans lequel nous vivons toi et moi nous est devenu étranger. Des voitures. Des ventilateurs. Des téléphones portables. Des caisses enregistreuses. Des filles en bikini. Je ne sais pas combien de temps ça va durer, étant donné la vitesse à laquelle on file vers notre perdition. Ou, je devrais dire, le paradis. Quand est-ce que tu as arrêté de boire ton double whisky ? Après ton pèlerinage au lieu saint, près de Multan ? Karim – il fait signe à un garçon vêtu de blanc –, tu gardes un œil sur notre table ? »

Ils se rendent au buffet pour remplir leur assiette, puis ils reviennent s'asseoir dans la véranda qui donne sur le jardin. Au-delà du muret, la mer est grise et agitée. Un seul bateau se balance à la surface de l'eau ; il semble suspendu dans son mouvement, et sa voile rouge est assombrie par la pluie. Sur un écran placé en hauteur, trois hommes coiffés de bonnets brodés font appel à des dons pour les victimes de la tempête sur la côte. *Jeûnez, jeûnez, donnez à manger aux malheureux, rachetez-vous de vos péchés. Un colis de nourriture vous conduira à mi-chemin du paradis. Une tente vous fera faire toute la route.*

« Je peux te dire où va cet argent, dit Kazi. Dans la poche de quelqu'un et pas aux victimes qui…

– Ne sois pas cynique. Nous vivons dans un si beau pays.

– Avec les gens les plus affreux.

– Tu sais quel est ton problème ? Tu ne vois que le côté noir des choses. Nos jeunes ne parlent que de féodaux, de fondamentalistes et de terroristes. Regarde les progrès qu'a faits notre peuple. Des médecins. Des savants. Des sportifs. Les femmes vont de l'avant dans tous les domaines…

– Laisse-moi te dire quelque chose, je connais des gens qui se sont fait construire des maisons au bord de la Méditerranée avec l'argent des dons et des secours qu'ils ont volé. Tu vas me répondre que la démocratie apporte le chaos et que nous n'aurions jamais dû voter pour le départ du général, dit le docteur. Et il y a seulement quatre ans tu lui reprochais de permettre la corruption et de créer l'anarchie.

– Tu sais, j'ai quitté l'armée en 75, quand je suis revenu de ce camp indien de Bareilly où j'avais perdu presque quatre ans de ma vie. Je n'avais pas cinquante ans. Mais tu dois reconnaître qu'il y a à redire à propos de notre armée. À la grande époque d'Ayub, quand il est arrivé au pouvoir ; c'est ce que j'appelle la belle époque, on avait des valeurs ! Pour moi, c'était l'âge d'or… »

Ils ont fini de manger et, comme d'habitude, ils font signe au garçon pour lui demander le dessert du jour.

Un homme très corpulent, en salwar et kameez couleur crème, s'approche et les salue en portant la pointe de ses doigts à son front.

« Tu es au courant pour le fils d'Asad ? demande le colonel.

– Non.

– Tu sais qu'Asad avait une relation avec Pasha, la chanteuse de la publicité pour un shampoing, explique le colonel. Sa femme en devenait folle. Elle lui a dit qu'elle le quitterait s'il continuait à la voir. Et leur fils est revenu de Harvard. La première chose qu'on apprend c'est que Pasha est sortie de la vie d'Asad et qu'elle voit le fils. Et tu sais quoi ? Pasha n'est même pas une fille !

– Tu veux dire qu'elle cache son âge ?

– Pas son âge, répond le colonel. Pasha n'est pas une femme, c'est un homme déguisé. Tu te rends compte ? Pas de seins, pas de hanches…

– Mais c'est une vieille histoire. Quelqu'un a trouvé ça dans un roman. Un roman français. On me l'a déjà racontée. La vérité, c'est que Pasha a tourné un film porno et…

– Un film porno ? Tu as vu un film porno ?

– Allez vieux, je plaisante, et tu as raison. Pasha ressemble à un garçon. Et toi, mon ami, tu devrais écrire des scénarios de feuilletons. Tu as l'air de t'y connaître en intrigues. Réfléchis, avec les histoires, je peux te dire…

– J'ai publié un recueil de poèmes autrefois.

– Un opuscule à compte d'auteur pour ton cinquantième anniversaire.

– Non ! Pas ça. Ce n'était qu'un carton d'invitation. Un recueil de poèmes. En ourdou. Mais il y a tellement longtemps.

– Tu es entré dans l'armée. J'étais encore en pension à Dehra Dun », dit Kazi.

Karim, le garçon, vient prendre leurs assiettes.

« Thé ou café, messieurs ? »

Il le sait, mais il pose toujours la question. Café pour le colonel, thé pour le docteur. Autrefois, il y a longtemps – combien ? –, il travaillait dans la clinique chirurgicale que Kazi possède toujours, bien qu'il n'exerce plus depuis plusieurs années.

« Mais tu ne me connaissais pas vraiment à l'époque, dit Jami. Tu avais… combien ? Seize ans ? En parlant d'histoires, tu ne cesses de dire que tu vas me raconter ton dernier été à Wimbledon.

– Je t'ai sans doute déjà parlé de Londres. Et ça fait… combien ? Cinq ans. »

Jami allume un cigare, Kazi une cigarette à bout filtre. Pendant un instant, le bruit du vent semble moins fort.

« Cinq ans ? Alors raconte-moi. J'ai oublié.

– Pas grand-chose à raconter. Ali et Mandana étaient occupés toute la journée comme d'habitude, et je passais l'essentiel de mon temps à me promener. Puis je me suis tordu la cheville et j'ai dû rester à la maison. La voisine venait me voir quand Ali et Mandana étaient au travail et elle me racontait qu'autrefois elle avait été une chanteuse célèbre. Elle s'appelait Valentine Voss. Elle avait peut-être quatre-vingt-dix ans. Elle vivait toute seule dans un appartement sous les toits qu'elle avait meublé comme un écrin. De temps en temps, j'allais prendre un thé chez elle. Elle me disait : “Regardez ce pays, il y a des voleurs, des resquilleurs et des pique-assiettes au chômage. C'est étonnant que vous continuiez à venir ici pour avoir des restes ! Ce doit être si beau là où vous vivez, *sun, sea and sand*... Alors, quand est-ce que vous rentrez chez vous ? Et votre fils ? Nous avons trop de médecins étrangers ici ! On n'a pas besoin de jeunes médecins dans votre pays ? Vous n'avez pas envie de les voir rentrer chez eux et qu'ils s'occupent de vous ?" Puis ces gosses d'une ville du Nord ont fait sauter la moitié du métro de Londres et c'était le chaos en ville. Cette nuit-là, j'ai fait un rêve. J'ai rêvé que j'étais en prison depuis longtemps pour un crime que je n'avais pas commis. Quand on m'a libéré, je suis rentré à la maison et ma femme était couverte d'un voile blanc de la tête aux pieds. Et tous les autres aussi. Hommes et femmes.

– Des hommes voilés ?

– Non. Les hommes et les femmes étaient en blanc. J'ai pensé que quelqu'un était mort. Ils chantaient "Vive la révolution", et je ne savais pas de quelle révolution il s'agissait. "Grâce à Dieu, tu es libre", ont-ils dit. Grâce à Dieu, nous sommes tous libres. Je me suis réveillé et dans mon rêve je souhaitais être en train de rêver, ne plus revoir les gens en blanc...

– Encore du café, monsieur ? demande le garçon qui rôdait autour d'eux.

– Tu t'égares, dit le colonel. Reviens à ton histoire !

– Bon, un jour ou deux après les attentats, je suis descendu à la pharmacie pour acheter du Calpol, et qui je vois ? Mrs Voss qui se débattait avec deux énormes sacs à commissions. Elle m'a dit : "Bonjour, j'ai laissé mon Caddie à la maison". Je lui ai pris ses sacs. "Des visiteurs dans notre pays ! a-t-elle repris. Des étrangers qui abusent de notre hospitalité ! On aurait dû les renvoyer il y a trente ans, quand cet excellent homme qui s'appelait Powell a dit qu'ils allaient nous envahir si nous en laissions d'autres entrer. Et regardez aujourd'hui ! Des hommes, la barbe en broussaille. Des femmes voilées. Ils laissent leurs boutiques ouvertes toute la nuit et ils vendent des produits avariés. Ils vivent grâce à notre charité. Ils nous disent ce qu'on doit faire." Je pense qu'elle avait oublié d'où je venais. Alors je lui ai dit : "Vous avez des gens comme ma belle-fille iranienne et mon fils, ils travaillent tous les deux dans les hôpitaux publics alors qu'ils pourraient gagner beaucoup plus chez eux, avec un cabinet privé comme moi. Ils ont plus de cinquante ans tous les deux et ils travaillent quelque chose comme vingt-quatre heures sur vingt-quatre ! Je n'arrête pas de leur dire de rentrer au pays." Elle a dû comprendre qu'elle m'avait contrarié. "Mais, docteur, vous êtes l'un de nous. Ils ont besoin de quelqu'un comme vous pour leur apprendre à être comme nous." Je n'ai pas répondu. Mais cela m'a fait réfléchir. J'ai pensé à ces gosses qui tuaient des gens de façon injustifiée et qui se tuaient eux-mêmes. Que faisaient-ils ? Est-ce que c'était vraiment des djihadistes ? Croyaient-ils aux jeunes beautés et aux rivières de lait du paradis ? Je ne le pense pas, pas un seul instant. Est-ce qu'ils ne réagissaient pas par frustration devant le manque et le besoin ? Mandana travaillait dans la banlieue nord et elle disait que là-bas les jeunes vivaient en marge. Et j'ai pensé qu'ils devaient être très courageux pour se faire sauter, mais un courage déplacé, un vrai gâchis, et pourtant ils paralysaient le monde. Pour quel résultat ? Que faisaient-ils pour toi, pour moi ? Je devais attendre plusieurs mois avant d'obtenir un visa pour voir mon fils et, à mon âge, je ne voulais pas qu'on m'ennuie pour que je rentre. Quant à mon fils, il disait que s'il voulait aller quelque part dans le monde, il devait attendre des semaines.

– Il n'a pas encore la nationalité anglaise ?

– Il n'a fait la demande que cette année. Il est britannique maintenant, il dit que c'est un véritablement soulagement dans les aéroports, mais ils le font toujours sortir de la foule pour le fouiller, s'il n'y a personne d'autre – heureusement pour lui, aujourd'hui, ils préfèrent contrôler les plus jeunes.

– Monsieur, on dit que les routes sont coupées à cause de l'inondation. » Karim était revenu près d'eux. « Vous feriez mieux d'attendre que la tempête se calme.

– Il fait déjà sombre. Et si la pluie ne s'arrête pas de la nuit ? Il a fait clair presque toute la nuit en juin quand j'ai visité le Danemark. C'est aussi comme ça en Angleterre ? Mais parfois, tout me semble sombre. Tu te souviens de la femme sur laquelle ils ont tiré la semaine dernière ? Le docteur Masooma Usmani ? Qu'est-ce qu'elle avait fait ? Son bureau a dit qu'elle transportait des cartons de vêtements dans un orphelinat. Est-ce que c'était parce qu'elle appartenait au mauvais parti ? Ou à la mauvaise secte religieuse ? Quelqu'un a dit qu'elle transportait des explosifs. Ou des armes. Ou parce qu'ils pensaient qu'elle pouvait voler leur camionnette ? Je n'en sais rien. Elle est dans le coma et elle n'en sortira peut-être pas.

– Tu reconnais donc qu'il fait sombre ici.

– Il fait sombre partout. Parfois je repense à une histoire que j'ai entendue il y a longtemps. Un roi était tellement déprimé à cause d'une défaite qu'un jour, il a dit qu'il entendait les hiboux crier son nom et dire qu'il était un dirigeant injuste. Il s'est mis au lit ; il s'est couché face au mur en tournant le dos à ses sujets et a refusé de se lever. Son fils a pris les affaires de l'État en main, mais l'anarchie régnait dans les rues et la rébellion faisait rage sur les frontières. Brusquement, l'obscurité s'est abattue sur le pays et il n'y a plus eu de différence entre le jour et la nuit. Les saints hommes ont dit que si le roi ne remontait pas sur le trône, le soleil ne se lèverait plus jamais. Son fils a encore essayé de le réveiller mais le roi a ouvert les yeux et a hurlé : “Je ne vois plus rien. Je suis aveugle.” On a fait venir à son chevet les médecins, des hommes de toutes les fois et des charlatans, et tous ont dit que les yeux du roi étaient sains, et qu'il n'y avait aucune raison pour qu'il ne soit pas capable de voir comme eux ; il était aveugle parce qu'il avait perdu la raison et, s'il refusait de voir le pays, le peuple resterait plongé dans l'obscurité. Tu dors ? »

Jami regarde sa montre.

« C'est l'heure de la prière ! Je l'ai ratée depuis deux jours. »

Au-dehors, les vagues s'abattent violemment et le vent et la pluie gémissent comme la bande-son d'un film gothique. Jami se lève et se dirige vers la salle de prière.

Dans son fauteuil, les yeux clos, Kazi aimerait bien que la pluie s'arrête. Il aimerait que Mandana et Ali soient ici, au moins Ali.

Maintenant, Jami, l'homme qui n'avait pas de temps à perdre pour les choses de l'esprit, dit ses prières chaque jour. Autrefois, il buvait, blasphémait et s'il disait qu'il avait découvert la foi dans le camp de prisonniers, Kazi s'en souvient, il n'en avait pas moins méprisé les rituels. Il était progressivement devenu pieux après que sa femme avait perdu la vue à soixante-dix ans. Peut-être que sa foi l'avait accompagné au long de ses années de solitude, de rhumatismes, de goutte et de vide.

Kazi lui-même avait toujours parié sur l'éternité, s'il en avait été capable il aurait prié, mais il ne s'était montré bon que dans son travail, et maintenant, il voulait retourner au travail. Au cours des années passées devant la table d'opération, à enlever des tumeurs bénignes ou malignes, et à compter les jours qui restaient à vivre aux gens qu'il opérait, ou à leur dire que leur cancer était en phase terminale, il s'était souvent demandé si, quelque part, quelque chose pouvait exister. Aujourd'hui, à la retraite, il se pose encore la question. Et si une puissance existe, a-t-elle oublié sa création ?

Peut-être que, devenu gâteux, Jami a raison de s'en remettre au ciel, pense-t-il avec un petit pincement au cœur qui ressemble à de l'envie. Les dernières notes de l'appel du muezzin diminuent et s'éteignent. Je vais appeler Ali en rentrant à la maison, se dit-il. Je vais lui demander de revenir vite. Si la tempête s'aggrave. Il m'emmènera sur la côte pour aider. De toute façon, il est grand temps qu'il revienne.

***Aamer Hussein** est né à Karachi en 1955 et vit à Londres depuis 1970. Son premier recueil de nouvelles,* Miroir au soleil, *a été publié en 1993. Il a aussi publié deux romans dont* The Cloud Messenger *(2011). Il enseigne à l'université de Southampton.*

Le conte Franc (Deus Hic, 2)

Caroline Bergvall

*Traduit de l'anglais par Vincent Broqua, Abigail Lang,
Anne Portugal, avec Caroline Bergvall*

Après deusse deux alertes respiratoires
et la mise en situ place placide d'un tube
dans son œsophage, le papal Pape à Rome
prêcheur global ultra leader suprem
o n'était pas très en forme
quand les grains de la mort malmort
ont fini par éclore un à un en luy lui
déchirant pour de bon la gorge et la suture.

Pendant ce temps à la Taverne à Londres
ce cher brindezingue vinolent aviné
peintre portraiteur
avait toujours su qu'une fois foys
que du sainct béni Seigneur Père
le treu trou de la goule bouche
passerait du cry au criard au crado
s'élevant assis sombre en un cadre blanc
d'épaules pourpre dense inondées d'une pluie peinte d'or
il serait tens, il est temps
de creuser l'antre, de grossir la croûte
et de chercher la compaignie !

Une nouvelle idéologie du mauvais
mal malus malin menacie la société
qu'incarnent les joieux mariages noces gays,
l'avortement abomination et l'estude des cellules souches
a écrit lui le il papal dans son très saint best-seller,
Mémoire et identité.
La bouche gueulante du pape avait du klebs
et un menton faussement pensif.
Une fois les deux bien fermés enfin ad eternam
les gens d'armes gardes du pape vite ont été déployés.
On ne verra pas de liesse collective,
de gayetez festivités, de buvette beuverie,
de danses à danser sur les tabula tables,
on ne tortillera pas du derrière en large et en travers

on n'apportera pas le presenz le don
vénéneux maudit perfide de nostres maladies
ce malaise nécessaire aux pieds du pontif sans vie.
Un flot de pélerins endeuillés passe en sillance silence procession
devant le saint sainct cors corps carogne carcasse paré disposé
préparé sollempnellement en grande pompe.
Mais cette Mort mortelle a la vie courte.
Bientôt des cris s'élèvent de la place Seint Pierre :
Le Pape est mort ! Vive le Pape Rottweiler !

Caroline Bergvall *travaille au carrefour des langues dans une recherche poétique, artistique et critique de nouveaux modes d'écriture. Elle habite à Londres. Cet extrait du « Conte Franc (Deus Hic, 2) » est tiré de son dernier livre,* Meddle English *(Nightboat, 2010), en cours de traduction collective.*

Vincent Broqua et **Abigail Lang** sont enseignants-chercheurs, respectivement à l'université Paris-Est et Paris-Diderot. **Anne Portugal** est poète : son dernier livre, *La Formule flirt*, a paru en 2010 chez P.O.L.

Deux poèmes

Tony Lopez

Traduit de l'anglais par Chantal Bizzini

Expressionnisme abstrait

Le bâtiment sur la terre devient lumière
et les étoiles rêvent de s'abriter dans les arbres
quand la pluie silencieuse tombe sur ce qui est visible.

Les arbres deviennent visibles sur la terre,
ils n'abritent pas la lumière des rêves,
mais règnent dans le silence des étoiles.

La terre devient visible dans les arbres ;
ils ne rêvent pas de lumière d'étoiles ou de pluie
mais, entre les deux, bâtissent un abri silencieux.

Le nouvel État

Mais certains événements passés sont plus sombres et plus effrayants
que ces nuits sans lune que l'on passe furieux
dans la retraite d'un monastère et que l'on revoit
comme en surplomb à travers les arbres.
C'est trop une question d'accumulation et de routines
et les desseins n'aboutissent jamais tout à fait –
nous en étions contents, ou à demi contents, d'entendre les sons
des obus qui tombaient, indiquant que le gros de l'artillerie
devait se trouver près du nouveau bateau-prison.

Le motocycliste enfila son cuir ajusté
puis, démarrant sa moto, il fila
et longea rapidement l'étroite route glissante
qui conduisait tout en haut, jusqu'aux grilles de fer.

« Tu ne me sers à rien, à moi ni à personne. »

Le plan était de séparer l'ennemi en deux groupes
avec la clôture en fil de fer barbelé.

Dehors, le trafic s'était finalement résorbé
et il n'y avait plus alors que l'obscurité traversée,
à intervalles, par un feu rouge venant du bateau ancré au large.

Des embruns bondissaient à l'extrémité des petites vagues grises ;
nous l'emportions dans un grand conflit – nous voulions éteindre les haut-parleurs
à l'heure comme d'habitude. Il était tard et le crépuscule tombait à peine ;
de la neige brillait encore sur les montagnes. Comme l'Est réverbère la lumière !

Je l'ai rencontré à Londres environ vingt ans après :
nous descendions King's Road, en parlant de nos amis d'autrefois –
c'est alors qu'il traversa et s'en alla tout simplement
sans avoir l'air autrement troublé.

J'entendis une voix dire doucement, comme dans le silence d'une salle d'attente :
« Je peux continuer pendant des heures, tu sais. »

Tony Lopez *est l'auteur de vingt-cinq livres de poésie, fiction et critique, dont le recueil de sonnets* False Memory. *Son dernier recueil poétique est* Darwin *(Acts of Language, 2009). Il a reçu des prix de la Wingate Foundation, de la Society of Authors, de l'Arts and Humanities Research Council, et de l'Arts Council England.*

Trois poèmes

Mimi Khalvati

Traduit de l'anglais par Jean Migrenne

Nocturnes

J'entends mes mouvements
dans le noir. Mes pas
qui traînent dans l'escalier. Sans faire
de bruit, j'écoute la lumière
qui plaque des feuilles
claires sur la plante au tournant.

Bête dans la brousse, assez grande
pour assumer un froissement
ici, un bruit de pas là. Ooh.
Je suis belle dans mes bruits.
Je suis clair de lune et obscurité,
mort et habitat.

Je vibre aux sons qu'entend mon souvenir.
Sons produits dans ma vie,
ma vie entière – main d'enfant tendue
vers l'eau, tintement du verre
remplacé. Ils musardent
dans la maison, se servent tout seuls.

Vraiment. C'est le plein jour
dans le frigo ! On a du mal
à supporter l'intensité. Mais où me situer
entre un coup sourd
et le suivant ? Dans toutes les pièces
sur toutes les marches, lourde, animale,

de quoi inquiéter au déclic
d'une clenche et alors, par ici ou par là,
j'oublie que je suis. Tu as entendu ?
Quoi ? Rien, je n'entends rien.
Ce n'est que froissement d'oreiller,
souffle rauque, bronche qui siffle.

Sur un vers de Furough Farrokhzad

Ce jour-là il a plu. Le monde s'est paré
d'or, d'or pur, champ de blé, éteules et hauteur.
Comme si les monts sortaient de la palette d'un peintre
du dimanche, sauf que les monts étaient bien là.

La pluie a peint un village paille et citron,
tout ombre et angles, coq, chèvres et moutons.
Elle a dispersé leurs bruits et leurs bêlements,
levé un nuage et une jeep, un chien blanc aux trousses.

Elle a traversé ambre, ocre et poussière ;
poussière : avant-première de tout or,
poussière avant-goût de verdure. Verdure il y avait,
mais sous un soleil où feuille ne fait pas ombre.

Il a plu ce jour-là. C'était antérieur,
antérieur comme le vent à la graine. Ô graine folle,
la preuve est dans ces mots. Le vent nous emportera
bad mara khohad bord – et c'est ce qu'il a fait.

Tintinnabuli

Il regrettait sincèrement, Arvo Pärt,
d'avoir pris congé de son professeur
sans la remercier de lui avoir répondu

que le plus grand mystère en musique
tourne autour – il n'arrivait pas
à se souvenir des mots précis –

autour de l'art d'ouvrir la porte d'un son,
d'un seul, un peu comme son concierge,
lorsqu'il a voulu un dernier conseil

sur l'art de composer ; que le compositeur
doit aimer chaque son, chacun d'eux,
faire que chaque brin d'herbe soit,

ajoute Pärt, aussi important que la fleur

(que celui qui se penche pour cueillir
des mûres au détour du chemin, que la soprano

qui marque d'un trait de crayon vert
sur sa partition les reprises de souffle) ;
et que l'âme ait envie de le chanter sans cesse.

Cette note-là, ou cette pause, ou ce silence,
me rassure. Je pars à ras de terre –
de l'accord parfait, d'une seule tonalité spécifique.

Les notes de l'accord parfait tintent :
j'appelle cela tintinnabulement.
Tintinnabuli – c'est le bruit de l'herbe,

Des brins qui branlent comme des campanules,
Même si les tiges ne portent pas de fleurs,
Et qu'un souffle de vent dirige l'orchestre.

Mimi Khalvati *est née à Téhéran et vit en Angleterre depuis l'âge de six ans. Ayant perdu sa langue maternelle, le farsi, elle est devenue poète en langue anglaise. Elle est l'auteur de plusieurs recueils de poésie dont* The Meanest Flower *(Carcanet Press, 2007) et* The Chine *(Carcanet Press, 2002).* Child: New and Selected Poems *est paru en 2012.*

Poses pour la maîtresse

Seni Seneviratne

Traduit de l'anglais par Jean Migrenne

Portrait de Louise de Keroual, duchesse de Portsmouth, maîtresse française de Charles II, avec sa petite suivante noire (détail) : Pierre Mignard, 1682

Première séance

Merlette habite mon corps – Maîtresse le sait bien,
qui m'appelle sa « petite merlette », me dit
de ne pas me tracasser car sous ma peau noire
vit une âme aussi blanche que les perles
dont elle m'a enserré le cou, que j'avais trois ans
quand elle m'a lavée du démon et que si je ne
suis pas sage elle devra rogner mes ailes de merle.
Maîtresse m'a dit de me tenir tout près tandis que
Monsieur Mignard nous portraiture en couleurs,
que nous allons devenir une toile dans un cadre doré,
accrochée dans les salles du palais de Whitehall,
son blanc de céruse rehaussé par ma suie noire.
La tête se met à me tourner, Monsieur me lance :
Relève-moi ce menton ! Regarde ta maîtresse, pas moi !

Deuxième séance

Il y a des plumes partout. Tombées de mes côtes,
Je les balaie en petits tas, bien profond,
et souris comme Maîtresse me dit de faire. Son visage,
comme de pierre, ne sourit jamais. Des lèvres sèches
tendues sur des dents sans salive me tirent les joues.
Tout près, dans mon rêve, le visage pressait le mien
comme si nos joues allaient se dissoudre, il pleuvait des larmes
et la bouche offrait un baiser. Merlette se met à frémir
et les plumes s'envolent. J'en ai plein la gorge.
Lorsque je tousse pour les recracher, Maîtresse rit et dit
qu'on croirait entendre l'un des épagneuls du Roi :
Merlette aboie comme un chien ! Je compte
les nuages qui n'en finissent pas dans un ciel peint
derrière sa tête jusqu'à ce que Merlette s'endorme.

Troisième séance

Merlette dort tandis que Monsieur Mignard mélange
ses couleurs dans ses coupelles d'argile. Ma main est trop
petite pour tenir ce nautile rempli de perles.
Si je flanche, la coquille penche et les perles tombent :
Maîtresse sera en colère. Une pierre rouge,
deux pierres rouges, trois – pleurent sur sa robe.
Merlette se réveille. Maîtresse m'entoure
de son bras, si léger ; ça me chatouille
l'épaule. Un bras me touche, me soulève
par les jambes, une main me prend sous l'aisselle,
des doigts me pressent le dos. Merlette est en émoi.
Paupières lourdes ; le sommeil vient en comptant : une pierre,
deux pierres rouges – Maîtresse me pince l'épaule :
Regarde-moi et souris, Merlette ! Tu vas gâcher le tableau !

Quatrième séance

Merlette apprend à ne pas bouger, regarde
Monsieur Mignard qui me regarde aussi. Maîtresse
a des manches bleues drapées comme des tentures
et un tourbillon de feuilles sur sa robe mordorée.
Le corail rugueux m'irrite les doigts, comme la couverture
sous laquelle nous nous cachons dans ce lieu humide qui sent
la grande mer grise. La nuit je me fourre le poing
dans la bouche et me mords les phalanges jusqu'à
voir maman. C'est un sapin blanc. J'y plante
mes serres, essaie d'y trouver un appui
mais on l'emporte et, de plus en plus petite,
finit par disparaître. Merlette pleure,
ses ailes hurlent contre le treillis de la fenêtre.
Elle s'écrase au sol. Je retiens mon souffle, sans bouger.

Cinquième séance

Merlette veut m'apprendre à voler
sur les jardins du château. Des baies amères
se dissimulent sous le frou-frou du feuillage
près du cadran solaire doré : Maîtresse les appelle
mûres de ronce – les mots roulent
sur sa langue comme des perles. Sur son tabouret de velours,
elle me dit d'être *comme une statue.*

Merlette me picore la peau de l'intérieur et mes jambes
se mettent à trembler. Elle ouvre les ailes, m'écarte les côtes,
monte dans le ciel, pousse un cri déchirant.
Me boucher les oreilles ? j'ai les mains occupées,
les joues me piquent. Je perds Merlette de vue
avant de l'entendre appeler *maman, maman !*
Je crie : *Tu n'as pas de maman, tu es bien trop mauvaise.*

Seni Seneviratne *est poète et comédienne d'origine anglaise et sri lankaise. Elle a publié* Wild Cinnamon and Winter Skin *(Peepal Tree, 2007).* The Heart of It *va paraître en 2012.*

10,452

[Extrait de *Anti-Lebanon: a novel*]

Carl Shuker

Traduit de l'anglais par Jean Guiloineau

Personne ne portera plus votre nom dans cette partie du monde. C'est ce que nous ne pouvons tolérer, c'est insupportable : notre colère, notre humiliation. Nous n'avons peur de rien. Nous resterons toujours ici. Le Hezbollah a la Bekaa, le Sud, tout l'ouest de Beyrouth pendant les trois derniers jours et maintenant il fait des incursions dans la Chouf. Est-ce que vous accepteriez ça ? Des heurts avec les Druzes dans les fortifications de la guerre civile sur la cote 888. Une rumeur à propos de Dany Aoun et la mort d'une femme dans « un horrible accident de la circulation ». Beyrouth-Est est déstabilisé et aucune mention de coups de feu au cours de la manifestation. D'autres coups de feu à Tripoli et un touriste australien tué devant les bureaux du SSNP, et des *Future Partisans* ferment le passage en Syrie pour le quatrième jour. Nabih Berri qui discourt sur la détermination et l'unité. Si la Syrie entre au Liban, Israël en fera autant. Ici Light FM Liban. Nous diffusons les succès du Liban.

Aux premières lumières de l'aube, Léon a embrassé sa mère et il est descendu par les rues vides vers la gare Charles-Helou, muni d'un seul sac à dos et de ses papiers. Des bateaux quittaient enfin le port aujourd'hui, dans le vent froid et une brume couleur orange sanguine sur la Méditerranée. Le responsable de la sécurité de l'aéroport, Wafiq Shuqeir, réintégré, la première concession du gouvernement au Hezbollah. En ville, loin des boulevards extérieurs vides et sinistres, quelques ouvriers soudanais et yéménites en bleu de travail étaient allongés sur les pelouses impeccablement tondues, là où les plantes sont choisies pour le mélange spécifique de leurs parfums, où les banquiers et les avocats se promènent au milieu de ce qui se veut des impressions artistiques.

Il a descendu George-Haddad, traversé la rue Gouraud, est passé devant le café Paul où il n'y avait que des journalistes, devant le quartier général de la Phalange, et il a traversé l'avenue Charles-Helou entièrement vide, avant de prendre la rue dans laquelle est morte sa sœur. Le Makhlouf, *depuis 1969*, était ouvert et il s'est assis près des soldats LA de l'équipe de nuit, il a mangé une saucisse shawarma, en promotion, et a bu un café arabe en regardant au-dehors, derrière un réfrigérateur plein d'éclairs, de beignets, de confitures et de salades de fruits, Makhlouf *fils*, un homme dans la quarantaine, qui lavait et balayait la rue où elle avait été tuée, puis il a sorti les chaises et les tables en plastique. La radio diffusait des chansons occidentales.

Il a terminé son maigre repas et a chiffonné l'emballage, puis il a rapidement retourné sa tasse en plastique sur l'assiette. Un filet noir a coulé sur la céramique. Il a soulevé la tasse pour examiner le marc. Une pointe de sein parfaite et douce s'était formée, au centre.

« C'est bien, a dit le fils Makhlouf qui l'avait observé. C'est un signe de chance.

– Un signe de chance pour vous », a répondu Léon en partant.

Maklouf avait vu le sac à dos.

« Vous partez ? » Avec un demi-sourire, comme s'il souffrait. « En voyage ? »

Il a fait oui d'un signe de tête.

Makhlouf a haussé les épaules. Il avait vu mourir son propre père, et ses cousins émigrer.

« Bonne chance. » Une invocation, une observation, une question.

***

La gare Charles-Helou, un simple parking dans le réservoir de ciment sous l'autoroute, et un petit bureau rempli d'hommes. Pendant les troubles, le prix du voyage pour Damas était monté en flèche chaque jour : de 18 à 75 $ US pour un taxi collectif, multiplié par deux avec le prix du repas, une vieille Buick hors d'âge puant la lavande, avec des fenêtres fermées de rideaux fixés par des élastiques. Les conducteurs sur les nerfs et visiblement mécontents attendaient de partir, tous les jours, pendant des heures, jusqu'à ce que la voiture soit remplie de bagages, de courrier et de colis FedEx illégaux, attachés sur le toit – Daoud le chauffeur, un Druze moustachu et accablé, qui calculait la recette, se ferait de 700 à 800 $ US, et peut-être même plus, pour ce seul petit trajet.

Enfin, c'est arrivé, les passagers sont montés en voiture et se sont présentés : Hassan, un commerçant libanais rondelet et très sociable, originaire du Koweït, venu fermer sa boutique et qui s'était retrouvé coincé, un frère et une sœur adorables, pieux et presque muets, Iman et Abdullah, Iman assise sur les genoux d'Abdullah à l'avant sur le siège du passager, à l'écart des autres hommes par pudeur, serrée contre Abdullah, et Anders, un Danois blond d'un mètre quatre-vingts, venu rendre visite à sa petite amie étudiante, assis au milieu de la banquette arrière comme un héros, la tête posée sur l'épais velours américain, et Léon raide et coincé dans l'angle, sans pouvoir remuer les bras, qui observait Daoud choisir des CD sans pochette dans un dossier en plastique fixé au pare-soleil, en regardant par une petite fenêtre de la taille d'une brique au milieu du pare-brise alors qu'ils s'apprêtaient à fuir Beyrouth.

En fin d'après-midi, dans la vieille maison de la nuit précédente, sa mère était revenue de l'hôpital et avait accompli ses tâches domestiques avant de s'asseoir devant le canapé dans lequel son père lisait le journal comme d'habitude. Il y avait l'écho de ce vide sans attente – cette maison était tellement la sienne, elle était en lui avec ses habitudes, son Pepsi, ses jurons et son sentiment de ce qui était juste. *Dans mon cœur il y a l'amour.* Léon se souvenait de lui montrant fièrement et sans dire un mot le symbole aouniste qu'il avait collé dans son portefeuille. « Est-ce que ça signifie quelque chose, papa ? – *Bien sûr ! Bien sûr.* » L'orange d'Aoun, comme Nike, mais avec deux courbes, un petit examen : une ligne mal dessinée descendant vers la droite (« C'est ici que nous étions... »), son doigt suit la descente qui s'affine jusqu'au nadir (« c'est d'ici que les Syriens sont partis... »), puis elle s'élève du bas, solide et énergique, toujours plus haut, avant d'atteindre, épaisse et large, le zénith. (« De quoi, papa ? Qu'avons-nous maintenant ? Finalement, Aoun cherche à être président ? Quoi ? – *L'avenir*, Léon. Toujours *l'avenir.* ») Son père s'est appuyé au dossier, il a siroté son Pepsi, a réfléchi, avant de se pencher en avant en souriant.

« Tu vois, Léon, la Syrie, notre putain de sœur. Un vampire. Et nous l'avons invitée à entrer. C'était la nature de l'accord de Taëf pour mettre fin à la guerre. On pensait qu'on avait connu le pire, mais le pire restait à venir. C'était en 1989, Jumblatt, Hariri, Berri, Frangieh, ils sont tous allés à Taëf en Arabie saoudite, et ils ont signé pour inviter le vampire. Ils ont dit oui, votre salope de sœur est arabe. Ils ont dit, oh oui, votre salope de sœur déteste Israël. Ils ont dit oui, oui, oh oui, venez s'il vous plaît, sœur Syrie, et prenez bien soin de notre salaud de Liban fatigué et crasseux, il ne peut pas prendre soin de lui-même. Changez ses lois, pardonnez à qui vous voulez, emprisonnez qui vous voulez, prenez son argent et ses fermes, remplissez ses ministères avec vos larbins et dirigez sa maison comme vous voulez. Et il y avait de la musique douce, les narguilés faisaient des bulles, ils buvaient du café et sœur Syrie, *le plus terrible vampire*, a dit : "Je n'ai pas l'habitude d'aller où je ne suis pas invitée, mais puisque vous me le demandez avec tant de douceur et de faiblesse, je vais venir prendre soin de vous. Parce que vous êtes ma sœur, avec vos seins pour une minute et vos jambes pour des jours." Et elle est venue avec son terrible cortège et elle nous a baisés, elle a sucé notre sang et nous a prostitués pendant quinze ans, et elle nous a laissés baisés et sanglants sur la route de Damas.

« Ses soldats, tu t'en souviens ? »

Léon s'en souvenait. Il se souvenait, enfant, d'avoir été arrêté par des soldats syriens moustachus avec leurs casques russes, des hommes de vingt ans accroupis à l'ombre de leurs tanks dans l'épaisse chaleur de l'été, et ils l'avaient envoyé chercher de la bière, des sandwiches et des jus de fruits à Beyrouth-Ouest. Quand il était revenu la première fois, sans rien dans les mains, ils l'avaient obligé à rester assis au soleil pendant tout l'après-midi, puis ils l'avaient chassé d'un coup de pied au cul, alors qu'il avait quel âge ? Dix ans ? Les Israéliens ? Ils réparaient votre voiture si elle tombait en panne. Abu Keito avait l'air d'un fou quand il s'énervait et qu'il parlait politique. Les choses allaient mieux quand Junko se trouvait là pour le calmer. Il avançait des chiffres insensés – 70 000 tués par les Druzes dans la montagne en 1860, affirmait-il. Il se raidissait, il écarquillait des yeux qui devenaient vides, il avait toujours la même rage. Léon s'était rendu compte que son père était cinglé quand il avait combien ? Vingt-cinq ans ? Il l'avait même justifié avant la mort de sa fille tuée par le sirocco de sa guerre, comme ces anciennes lois qui pardonnaient les crimes passionnels dans le mistral de Provence.

« Tu te souviens ? Tu étais trop jeune. » Il avait semblé plus tendre pendant quelques instants. « Les lieutenants syriens attrapaient une jeune chrétienne, une vierge qui attendait un mari, ils la mettaient dans un tank avec six soldats, et elle partait comme ça… » et il avait fait un geste horrible comme un singe, en plaçant les mains sous son entrejambe. « Et elle devait aller à l'hôpital.

« Le général était le seul à dire non à ça, et c'est pour cela que je me suis battu pour Aoun. C'est un militaire. Il est maronite mais pas intransigeant et fou comme les hommes de la montagne. Il a dit : "Nous sommes libanais et nous n'abandonnerons pas notre pays. La salope a de l'orgueil. Nous n'abandonnerons pas notre souveraineté." Alors ils l'ont tué dans un attentat, la sœur Syrie, ils ont fait un attentat au palais présidentiel à Baabda, et tout le monde les a laissés faire ! Ils nous ont tués dans des attentats et la fin était inévitable. Il s'est sauvé de l'ambassade de France en pyjama ! Il nous a abandonnés, mais il était obligé de le faire. Il a eu de la chance, pas comme les garçons qui sont restés. Vaincus devant les soldats syriens, transportés blessés sur des épaules syriennes pour mourir. Des centaines, Léon. Exécutés, mutilés, disparus. Aujourd'hui, ils pourrissent dans les geôles de Damas pendant plus longtemps qu'ils n'avaient déjà vécu. Je me suis sauvé dans ma famille. Nous étions perdus et seuls.

« Alors, tu vois ? C'était Taëf. La Syrie est le vampire à notre porte, et tous ces imbéciles l'ont invitée à venir. Et elle attend toujours. À qui la faute ? Les États-Unis, avec leur guerre au Koweït, avaient besoin de la Syrie, ils se sont arrangés et ont regardé ailleurs et le Liban a été perdu. C'était facile – ils avaient déjà jeté un coup d'œil quand il y avait eu un attentat contre la base des Marines en 1983. Facile de faire la grimace et de détourner le regard. Les chrétiens ont été abandonnés. La salope a pu faire ce qu'elle voulait. Tu sais que les Israéliens pensaient que nous étions comme eux ? Certains le pensent encore. Nous sommes des Occidentaux. Ce sont des Occidentaux. Des gens cultivés, intelligents, qui croient à la démocratie, à la littérature, à l'art. C'est ce qu'on croyait. Et à cause de la faiblesse des États-Unis, nous ne sommes pas un état avec “un visage arabe”, ce que dit le Pacte national, mais avec “une identité arabe”, ce que dit Taëf. C'est pour cela que je soutiens le Hezbollah. Ils sont pour le peuple. Ils ne sont pas comme ceux qui ont braqué leurs fusils sur les Libanais. Leur cœur est plein d'amour pour les Libanais. Ils ont donné la fierté de la salope. Elle se dresse dans ses robes et ses parures, fière. Et quand nous sous sommes dressés et que nous avons chassé la Syrie à coups de pied, la sœur est partie avec notre sang et notre chair entre les dents. Et Israël en a eu assez de nous. Israël n'en avait rien à faire. »

Léon s'était rendu compte qu'il avait bu. Alors que les contradictions se multipliaient, sa pensée s'embourbait et seule restait la rage.

« Le Shi'a croit que c'est partout Karbala ! Ce sont des défaitistes incapables de construire quelque chose. »

Léon a dit : « Tout le monde est corrompu. Certains pays s'en tirent mieux que d'autres. » Abu Keiko l'a regardé avec pitié et effroi.

« Mon fils, tu es trop jeune pour réagir comme ça », a-t-il dit, puis il a ri en détournant le regard. En pensant à un verre. À Junko qui reniflait les bouteilles vides de Pepsi. Quand avaient-ils eu cette conversation ? Maintenant, le Hezbollah tuait des Libanais – c'était peut-être ça, la pression sur le leader chrétien, J'aj'a détournée, le sang du Hezbollah canalisé dans ses veines, le Mémorandum de compréhension d'Aoun avec le Parti, la complicité dans un infanticide qui avait brisé le cœur de Frankenstein d'Abu Keiko. Ou était-ce la vision d'un jour, ce jour-là, ses camarades, des vétérans, des frères chrétiens se présentant chez lui pour emmener son fils après avoir pris sa fille ? N'importe qui le ferait sans doute.

Ici, dans mon cœur, il y a de l'amour. Comme si la famille tressautait dans un film super-huit rayé ; une relique découverte dans une boîte puant la pourriture du vinaigre d'acétate dans les poubelles des marchés du dimanche.

Ils gravissaient le mont Liban sur la route en lacet après avoir traversé la rivière de Beyrouth, une petite route qui se dirigeait vers le nord-est en évitant la route de Tripoli et l'autoroute de Damas, partout où ils savaient qu'on pouvait les arrêter. Ils avaient quitté la banlieue et traversé les plateaux de développement dans le Metn, des appartements en béton armé et des résidences de vacances de Koweïtiens et de Saoudiens, restées inachevées dans des cicatrices de terrassements, vers Rabtie et Majdel Tarchich et toujours plus haut dans les collines chrétiennes. Une fois, Léon s'était retourné maladroitement, en s'excusant auprès du Danois, pour regarder par la petite fenêtre arrière et jeter un dernier coup d'œil sur le Liban méditerranéen, la pente abrupte, plus raide encore au levant, il le savait, jusqu'à 1 500 mètres dans le canyon Zahrani, et il n'a vu qu'un bref éclat d'acier, la mer et le ciel dans un ondoiement argenté, placide et sans fin. On dit que regarder ainsi, là où on ne voit rien, donne aux Libanais ce moment de paix, *un hamac dans l'annexe*, mais Léon a vu ce qu'il avait déjà vu, un magnifique grand-père lubrique, engendrant des bâtards pour le remplacer.

La crête couleur ivoire du mont Liban et le ciel laiteux, le soleil blanc au-dessus de la crête de calcaire noyée dans la broussaille ; des ravines et des abîmes profonds, des maisons de vacances à demi construites comme des bombes non explosées dans des cratères de terre nivelée, le flanc des collines dénudées, la route en zigzag qui gravissait la pente et traversait un village étendu et vide, la Méditerranée blanche dans l'éclat du soleil, dans la vitre de côté et derrière, Daoud heureux de conduire, allumant une cigarette, tout à sa tâche, faisant tomber un CD et choisissant la musique d'après la pochette du disque seul, Iman chuchotant à l'oreille d'Abdullah qui avait un bras posé sur le rebord de la portière et l'autre autour des épaules de sa sœur, un gros biceps bronzé, une force, un amour.

Beyrouth perdu, perdu. Là où des plateaux ventés couverts d'arbres éparpillés, avec des terrains de jeux, des affiches du Parti nationaliste social syrien clouées aux arbres, Léon pleurait, en se détournant pour que les autres passagers ne le voient pas.

***

Daoud a coupé la musique quand ils sont descendus dans la banlieue désolée de Zahle et en bas de la vallée de la Bekaa. Au-dehors, de chaque côté, apparaissaient des arroseuses, le grenier de Rome, recouvert de vignobles, de champs de laitues, de blé, de serres en plastique et de champs en contradiction, hachisch et Hezbollah, et des hommes en armes dans des bungalows. La route qui menait au nord, vers Baalbek et au-delà, vers la frontière syrienne, était large, droite, plate et vide, de chaque côté l'asphalte était bordé de gravier, deux lignes parallèles comme les restes d'innombrables convois d'empires morts, une herbe rase tachée d'huile, des pièces de moteur, des morceaux de rechapage de pneus. Des panneaux d'affichage y étaient plantés ainsi que des drapeaux de la taille d'un écran de drive-in, le jaune et le vert du Hezbollah et d'Amal, tous les cinquante mètres, comme une allée centrale menant dans le nouvel État. Daoud a accéléré et la vieille Buick a flotté sur sa suspension américaine, en filant vers le nord dans le crépuscule, Daoud était penché sur le volant, personne ne parlait, on passait parfois devant une maison couverte de papier goudronné, parfois devant une clôture faite d'épaves de voitures.

Au loin, à droite, le dos rond de l'Anti-Liban desséché, aride ; sa roche perméable traversait au nord dans une passe où les montagnes plongeaient dans la vallée avant Homs. Ils s'éloignaient de Damas pour rejoindre Damas. (Dans la rue, devant l'hôpital où se trouvait le père de Léon, et où son père lui avait dit qu'il devait partir, l'oncle de Léon, Joseph, lui avait glissé une enveloppe dans la main. Sur l'enveloppe, il y avait l'adresse d'un cousin habitant en ville. Léon en avait sorti les 500 $ US et les lui avait rendus, il avait replié l'enveloppe, l'avait glissée dans sa poche et l'avait laissée sur sa table de nuit, plus tard.)

Ils continuaient, 1 000 kilomètres à l'heure, flottant au-dessus des débris, et la jeune Iman elle-même ressentait la tension et l'attention des collines tout autour, la pression des canaux détruits qui ne drainaient plus rien mais gardaient l'eau de pluie et suçaient les humains, et les gens disaient, là, dans l'Anti-Liban, que des poches de l'OLP existaient encore, des vétérans de la guerre civile luttant toujours pour la révolution en haut des collines, décharnés et barbus, vivant des largesses syriennes. Léon regardait les champs, les canaux, comme le battement de la migraine dans sa tête. Ils ont traversé les faubourgs de Baalbek. Ils ont traversé Qaa et une autre ville frontalière horriblement effrayée. Ils sont arrivés là où la route change, des boutiques sont apparues, de la camelote, la frontière syrienne où un panneau publicitaire de Pepsi moussait et pétillait.

Hassan et le Danois ont cherché leurs papiers dans leurs poches. Abdullah et Iman se sont séparés de leur étreinte et de la voiture, ils se sont étirés en regardant autour d'eux en souriant comme s'il ne s'agissait que d'un endroit pour touristes un peu décevant mais obligatoire. Hassan et Daoud s'étaient consultés et Hassan avait l'air d'un prince ou d'un rustre – mais c'est lui que Léon a interrogé.

« On va avoir besoin de combien ?

– Oh, ho ho ! » a-t-il répondu avec un rire forcé, trop joyeux. Derrière lui, dans le bureau du poste-frontière, derrière un comptoir en fer à cheval, et sous un portrait d'Assad, les officiers du contrôle de la frontière, épais et couverts d'épaulettes, bombaient le torse en ricanant. « Je pense que ça va bien se passer », a répondu Hassan avec un grand sourire et un clin d'œil, et Léon s'est rendu compte que son numéro était destiné aux officiers des services d'immigration, il l'a regardé et l'a entendu dire : « Si vous me donnez vos papiers, je vais essayer de nous faire passer tous d'un seul coup. »

Le Danois, distant et un peu niais, n'avait pas très envie de s'exécuter, mais il a eu l'air de se rendre compte qu'il n'avait pas le choix. Léon a abandonné son nouveau passeport et ses derniers billets, et Hassan a conduit le groupe dans le bureau. Le plus gros garde, dont le poids indiquait le rang supérieur, est sorti d'un bureau du fond et s'est assis sur un haut fauteuil tournant, et sous le siège pendaient toujours, noirs de poussière et de vieillesse, des morceaux de l'emballage plastique qui n'avait pas été complètement ôté. Le garde a ignoré Hassan et a regardé le groupe jusqu'à ce que Hassan se penche sur le comptoir et murmure d'un ton respectueux de sale gosse, un acte moqueur pour inspirer une complicité, et l'officier a ri à propos de quelque chose en prenant les passeports et la liasse de dollars américains comme s'il s'agissait encore d'une tâche ennuyeuse. Puis ils sont tous sortis, ils se sont étirés, ils ont fumé en regardant une file de travailleurs syriens qui quittaient le Liban à pied, des douzaines qui traversaient sans encombre la frontière perméable – des fantômes, mouvants et indistincts

– en se dessinant sur les rochers perméables, avec à la main des sacs de supermarché contenant des chaussures, des chemises et des restes de repas.

On leur a rendu leurs passeports, ils sont remontés dans la Buick qui s'est avancée d'une quinzaine de mètres, jusqu'à un emplacement couvert de la douane. Pendant vingt minutes, Daoud, visiblement terrifié, a négocié avec des douaniers armés et un policier en tenue camouflée, jusqu'à ce qu'on appelle un supérieur fatigué qui fumait et buvait un café. On a dû tout sortir de la voiture. Daoud a reculé et leur a encore demandé de l'argent. « Pour l'essence. » Ils ont tous refusé. Il est ressorti, les yeux humides et sombres à cause de la défaite, et a dû laisser tous les paquets de FedEx au garde-frontière, puis ils sont repartis, au milieu des champs bien entretenus qui se détachaient dans le désert, la banlieue syrienne, ils ont à nouveau tourné au sud sur une autoroute parfaite, au milieu des camions et des panneaux routiers, des lampadaires allumés, un portrait d'Assad, *Je crois à la Syrie*, et Léon a remercié Hassan qui a haussé les épaules, puis il a regardé au-dehors, un long ruban qui se perdait jusqu'à la frontière, épuisé et commençant à prendre de la vitesse alors que le passage se rétrécissait, Léon s'est endormi comme s'il tombait dans une bouche d'égout, impuissant.

***Carl Shuker**, écrivain britannique, est auteur de romans :* The Method Actors *(2005),* The Lazy Boys *(2006), et d'un recueil de « novellas » :* Three Novellas for a Novel. *Son prochain livre,* Anti-Lebanon, *va paraître en 2012.*

Deux poèmes

Paul Farley

Traduit de l'anglais par Jean Migrenne

Mélasse

Drôle que ce soit encore dans le commerce !
Ça remonte au cirage ou aux clés à sardines.
Le couvercle se débloque dans un soupir
et l'histoire te saute à la figure. Je parle
de ce noir visqueux qu'il faut faire attention
de ne pas renverser, de cette espèce de mercure

qui serait sans reflets, qui se coulerait
dans le moindre interstice et ferait colle
entre les moellons de grès, entre les briques
de nos pinacothèques et musées.
Que ces bâtiments aujourd'hui décapés
de leur gangue et de toute leur crasse,

ne t'empêchent pas d'en soupeser la boîte,
d'y lire, signé d'un certain Abraham Lyle :
« De la force est issue la douceur »,
sous l'étonnant logo des abeilles
en halo sur la carcasse du lion.
Sens-moi cette odeur, qui a déserté nos rues

comme celle du crottin ou des fumées de charbon,
ces arômes bibliques, comme le miel,
ces ultimes lies du noir cloaque d'un empire.
Vois comme une cuillerée s'accroche à son passé,
passe à regret la lèvre de la boîte
quand tu t'en verses le contenu sur le corps

et t'en oins jusque dans le moindre pore.
Te voici entré dans l'histoire, explorateur au poteau
exposé aux insectes ; te voilà badigeonné,
tu sens que la chape durcit. Le restaurateur
fera ressurgir tes détails du noir :
à petits coups de pilon à caramel.

Google Earth

Je suis devenu main : je fais tourner le globe,
je trouve un pays ; à regarder de plus près,
me voici œil. Je suis météorite.

Balafres de zones d'activités ; blanc d'usines
d'argile ; parcs nationaux ; estuaires.
Bries et camemberts d'une raffinerie !

Et je redeviens main : je contrôle ma chute,
guidé par les étoiles sur le sol, les trous noirs
des retenues d'eau, le plan de vol des grands axes.

Me revoici œil : il n'y a jamais de nuages
parce que la galerne de l'Internet ramone
sans bruit les lignes de bus perdues, les rues natales,

souffle sur le toit de l'école toujours en mauvais état,
dans le jardin aux balançoires désert à cette heure,
qui n'est pas une heure. Je suis soleil de minuit,

je brille sur les lieux d'antan et délaissés.
Le sol se rapproche. Un champ se précise en blé.
Les arbres se vrillent en feuilles. Me voici goutte de pluie.

Me voici œil-ballon à la Redon.
Me voici accroché dans les fils électriques.
Il se pourrait que trop de prunelles tuent le soleil.

Au-dessus même des îlots lacustres de Lough Gill,
du tumulus démoli d'Adlestrop, d'une colline
au nord de Poughkeepsie, des yeux regardent

maintenant que l'esprit se parachute sur le monde entier.

Paul Farley *est né à Liverpool en 1965. C'est un des poètes les plus appréciés de la jeune génération anglaise. Il est l'auteur de trois recueils de poèmes et d'une anthologie personnelle, ainsi que d'un livre sur les espaces sauvages anglais,* Edgelands, *écrit avec* ***Michael Symmons Roberts****.*

Parcelles

George Szirtes

Traduit de l'anglais par Catherine Pierre-Bon

À la mémoire de Michael Murphy

Quand du train j'aperçois de petites parcelles
qui défilent, un rang serré de choux, de pommes de terre
ou de petits pois, je me dis qu'il y a des dieux
au-dessus des dieux, qui vivent dans les os
des hommes et des femmes, frémissant à leur contact ;
que lorsque tombe la pluie, il pleut des grêlons ;

que lorsque Bill Evans pose ses doigts
sur les touches, c'est la mort qui résonne
dans son oreille et celle du monde ;
dans le temps imparti, dans la coloration même de la peur,
dans chaque nuage qui approche drapé
de pluie, dans cet instant qui ne souffre aucun retard ;

que la structure de « l'abribus en Plexiglas
recyclé » en serre est une nouvelle Jérusalem
qui ressemble beaucoup à l'ancienne ; que chaque goutte de pluie
est à la fois une vie de tourments et une vie nouvelle
s'accrochant au bout de la feuille
tel un fou de l'asile[1] de Hogarth ;

que ce sont les jours ordinaires
que nous vivons et qui sont notre lot à tous, lovés
dans les grands, dans un cosmos qu'il nous est impossible
d'habiter ; que nous tombons comme la pluie chaque nuit ;
que ce sont les dieux qui sont heureux de nous fournir
nos petites parcelles, là où un homme

pose un rang de quelque chose d'« implicite
en ce qu'elle n'est pas » ; que la « machine à laver rouillée »
et ces landaus où manquent des roues, ces aveux
tacites, peuvent encore être utiles, ont encore
un avenir, possèdent encore une certaine volonté
de servir et non de pourrir et prendre la poussière.

Ce que nous apprenons un jour – que le caractère ordinaire de la vie est la chose la plus extraordinaire – nous colle à la peau
comme des mottes de terre coincées dans les rainures de nos chaussures.
Ce sont les sacs plastique et les paniers à provisions que nous trimballons
d'un endroit à un autre, ces sacs d'engrais, de compost et de détritus,
la croûte terriblement usée du mystère

qui va se perdre et finalement revient. Je pense
à Bill Evans, la tête penchée en avant, fixant,
dirait-on, ses pieds et non les touches. Espaces flous,
perdus entre la tête et les pieds, ce qui renferme la perte,
partage de ce qui ne se partage pas, prix que l'on oublie lorsque l'espace s'ouvre exactement là où nous sommes, au bord

de la musique ou de la terre, univers de rochers arides,
où chaque chose porte ses fruits, où rien ne porte ses fruits,
où le chant descend au plus profond,
une inflorescence
dans des accords non résolus, avec de longues rangées de patiences
et d'orties et de temps en temps le faible bourdonnement
de la mouche dans l'air, sa présence sombre et furtive,

s'enfuyant quelque part, d'elle-même, en elle-même.
Ces petites constructions, nos Éden miteux,
Ces jardins paradisiaques habités par des dieux,
très proches de nous : les livres sur les étagères,
les notes qui s'égrènent, l'étrange bric-à-brac
d'un univers qui réclame notre confiance,

ils nous tiennent aussi longtemps que peut tenir une chose.
Il est temps de partir. Il est temps d'emballer
le matériel qui nous est familier : la bêche et le plantoir,
et d'éteindre la musique qui continue de s'égrener
et ne s'arrêtera pas. Nous ne pouvons rester,
ni ici ni en aucun lieu où nous aurions pu rester.

Né à Budapest en 1948, ***George Szirtes*** *est arrivé en Angleterre en 1956. Après avoir étudié la peinture à l'École des beaux-arts de Leeds, il a publié son premier recueil en 1979. Il est l'auteur d'une dizaine de recueils de poèmes.* Reel *lui a valu le T. S. Eliot Prize en 2004.*

1) L'auteur fait référence à la série *La Carrière d'un roué*, de William Hogarth.

Encre rouge

Romesh Gunesekera

Traduit de l'anglais par Anita Kirpalani

Le jour de la bataille, le général Yu se réveilla avec un violent torticolis. Il s'était endormi en lisant au lit. Le livre – sur les frasques des marchands de coton de Shanghai, généreusement parsemé d'illustrations érotiques – était tombé sous son menton et l'avait immobilisé dans un rêve de pastèques pulpeuses et de concubines cabriolantes. Il agita la petite cloche posée sur la table de nuit et cria qu'on lui apporte son thé.

Les portes coulissantes s'ouvrirent et un petit homme chauve apparut, dont le vêtement indigo avait la teinte d'un œuf de cent ans.

Le général, qui avait des difficultés à tourner la tête, lui lança un regard furieux du coin des yeux.

« Où est mon thé ?

– Prêt, mon général, sur le balcon. »

Le général Yu s'ébroua et se leva. Il enveloppa sa chair flasque bouffie par le sommeil dans une robe de soie et sortit sur le balcon. Le salon de thé dominait de colossales collines rocheuses et un large fleuve au cours lent. Il avait été construit par le grand empereur de la dynastie des Han, qui aimait faire ses ablutions en regardant les mamelons célestes. On disait de ce paysage qu'il pouvait transformer même un âne en poète. L'air matinal était pur et frais. La brume s'élevait paresseusement au-dessus des arbres ; plus bas, le vert serpent aqueux était couché, léthargique et calme. Le général Yu se massa le cou, s'assit sur une chaise de bambou et attendit que son serviteur lui donne son thé.

« Je veux un œuf dur pour le petit déjeuner et un massage pour mon cou », exigea-t-il après avoir bu une gorgée.

Le serviteur s'en fut faire le nécessaire et le général tapota son bol de thé, pensif. Dans deux heures il avait prévu de déchaîner son armée contre l'ennemi afin de détruire tous les hommes, femmes et enfants, sans exception, qui vivaient de l'autre côté du fleuve. Sa technique d'anéantissement total en temps de guerre – sans merci, sans prisonniers, sans survivants – avait fait de lui le guerrier le plus craint et le plus impitoyable de son temps. Il se leva après avoir bu une autre gorgée de thé. C'était un homme d'action. Il se mit à arpenter le balcon, tendant ses muscles, subjuguant la douleur. Sur la terrasse du dessous, il aperçut le superintendant du salon de thé, Wu Li, en train de poncer une pierre à encre. Il en avait plusieurs, disposées avec leurs bols respectifs selon un ordre précis.

« Que faites-vous, monsieur Wu ? lança-t-il.

– Me prépare à peindre, mon général.

– Mais c'est aujourd'hui le jour de la bataille.

– C'est aussi le jour de l'équinoxe. Un moment d'équilibre parfait.

– Aujourd'hui, monsieur Wu, l'ennemi sera anéanti. Le royaume sera libéré de ce fléau. Si vous souhaitez peindre, ne devriez-vous point peindre notre bataille ?

Commémorer notre victoire ? Je trouve cela très étrange, monsieur Wu, que les murs de votre salon de thé soient couverts de peintures de montagnes et de ruisseaux, d'oiseaux et de fleurs, mais que nulle part l'on ne puisse voir la réalité de notre existence. La lutte entre les forces de votre monarque et ces éléments qui s'opposent à lui.

– Au contraire, mon général. Dans chaque peinture vous pouvez voir l'opposition entre la clarté et l'obscurité. L'enjeu de la lutte est l'équilibre.

– La guerre, monsieur Wu, est ce qui nous définit. Le sang ; pas une fade traînée d'encre. » Les veines de son cou se gonflèrent. Il fléchit le bras. « Que deviendrait ce royaume, monsieur Wu, si nous restions tous assis sur notre derrière à peindre de jolis rochers et nuages et à chanter des berceuses ?

– Je crois que dans ce cas mon salon de thé serait rempli d'artistes.

– Jusqu'à ce que les barbares vous transforment en cueilleurs de thé », répondit le général Yu en agitant un doigt menaçant. « Vous avez besoin de nous, monsieur Wu. Venez avec moi à dix heures et peignez donc une scène d'action et de bravoure. Le monde réel est un royaume de souffrance. Peignez-nous en chair et en sang.

– Les montagnes, les rochers, la rivière, c'est cela le monde réel, mon général, et ils seront là bien après que vous et moi serons partis. Vos actions, mon général, ne vivront que dans la tête de ceux qui y auront survécu. »

Le serviteur parut et dit au général qu'il n'y avait pas d'œufs – les poules étaient toutes mortes –, pire encore, la masseuse s'était enfuie.

Le général desserra sa robe et chercha quelque chose. Il trouva son épée et fit quelques passes dans le vide, la tête haute.

« Venez, monsieur Wu, assez de mots. Il est temps de manier l'épée. Cela revigorera votre coup de pinceau, fera circuler notre sang et soulagera la douleur de mon cou. »

Wu Li leva les yeux et vit le général grandir. Ses étendards étaient déployés et sa robe s'élevait en tourbillons derrière lui. Une gigantesque ombre s'abattit sur la terrasse inférieure. Wu li se tourna vers la feuille de papier tendue par un bloc de bois noir disposé à chaque coin. Il trempa son pinceau dans un bol d'encre et stabilisa son esprit. Comme le général bondissait sur son infortuné serviteur, Wu Li donna son premier coup de pinceau. Il dessina un serpent ondulant à travers l'étendue immaculée du papier. Un fleuve coagulé d'obscurité et de clarté.

L'encre était rouge.

Né au Sri Lanka en 1954, ***Romesh Gunesekera*** *a aussi vécu aux Philippines avant de s'installer en Angleterre, à Londres. Il est l'auteur de trois romans, dont un a été nommé pour le Booker Prize, et d'une anthologie de nouvelles. Son roman* Lisière du paradis *est paru en traduction française chez Gallimard en 2005.*

Deux poèmes

Jeremy Reed

Traduit de l'anglais par Chantal Bizzini

Dilemme du West End

Grondement, tonnerre dans un goulot.
Placé, déplacé dans la marée humaine,
Je me remets dans St Ann's Court,
répit loin du génome furieux,
et je lis le graffiti brouillé
que notre écriture fait sur le mur.
Un sortilège vaudou en majuscules disjointes.

Et parfois dans les rues de Soho,
Je m'attends à rencontrer William Blake
menant deux lions en laisse
et descendant Wardour Street. Le soleil monte

et filtre violet à travers la brume du trafic.
Un escort boy peint un ongle
dans un bar à cappuccinos.
Nous sommes maintenant et toujours dans le temps bref

qui nous est imparti pour vivre,
coup de dents dans l'immédiat. J'entends,
dans ma tête, mon sang en cascade,
mes hémoglobines, mon ADN.
C'est l'après-midi, l'heure où je pars en quête

de ce que je ne trouve jamais. Je demeure un moment
dans cette allée étroite entre les rues,
je me prépare, puis m'en retourne à la tension
sauvage et obsédante s'échafaudant vers le soleil.

Trop loin

La rumeur court qu'il est partout,
mais qu'on ne le voit jamais ou nulle part, noir sur noir ;
elle prolifère, se multiplie en un film
dont les prises énigmatiques reproduisent
soit ses changements d'apparence, ou bien la caméra ralentit

pour méditer sur une porte
baignée de lumière blanche, ou c'est un *jet* qui décolle,
de Kennedy Airport vers un coucher de soleil rouge ;
un cadre blanc ponctue ces trois plans
comme une possibilité abstraite, successive,

de lieux supposés. La limousine or
fut trouvée garée auprès du ressac, toutes portes ouvertes,
un chauffeur travesti mort au volant,
un lexique de roses écarlates répandu
sur le sable formait : « Nulle part où aller,

c'est quelque part dans l'univers. » Des cendres
avaient été renfermées dans une boîte à chaussures satinée
et posées sur le siège arrière, les empreintes
d'un hélicoptère striaient le sable.
L'océan était de trente nuances de bleu moyen.

Et, plus tard, il y eut des visions, on aperçut quelqu'un,
à Zurich, avec des lunettes noires ou accro à
l'anonymat, filer dans les rues,
l'air adamantin de novembre, voûté, dans
un pardessus au col relevé, avec une cravate

verte au vent, juste la touche qu'il faut de panache.
Le mystère demeure, bien de l'époque,
mythe de l'immortel : une voiture or
laissée devant la ligne des vagues, et une fiction née
des visages multiples d'une star.

Jeremy Reed *vit à Londres. Il a publié cinquante ouvrages en vingt-cinq ans, et a traduit Montale, Cocteau et Adonis. Il a reçu de nombreux prix poétiques. Il a également remporté le prix de traduction européenne de la Poetry Society. Ses* Selected Poems *sont publiés par Penguin Books. Son dernier roman paru est* The Grid.

Deux poèmes

Fiona Sampson

Traduit de l'anglais par Claire Malroux

Plongée

La grâce, c'est la loi du mouvement descendant.
Simone Weil

Un cri tout à coup comme un claquement d'ailes :

parmi éclats et rumeurs de la langue
ta voix va et vient.
Bribes depuis un lit d'hôpital.

Est-ce là notre destination ?
On parle de voyage,
mais tu n'es à la recherche de rien –
tu n'as pas envie d'arriver
ici
dans le box sombre
là-bas
au bout du couloir
qu'éclairent les veilleuses.

Le soir, une brume monte du fleuve.
La boule verte
du goutte-à-goutte
ne distille que peu
de liquide.

Nous nous rendons à l'extrême bord,
jusqu'à l'ombre
où les fenêtres font flotter leurs petits bateaux.

Ta maladie est une sorte de pacte ;
la supporter
est supporter même la mort
sous ce nom – *amour.*

Après minuit, je m'efface contre le mur
pour laisser passer un chariot.
Toujours le même visage exposé,
deux pommettes qui soulèvent la peau
comme des piquets de tente,
tes narines
        obscurcies
par la promesse de l'air.

Voici le fleuve qui hante nos rêves et nous fait trembler.

Un jour, nous avons vu un héron
attraper une anguille,
l'oiseau l'a bue
comme si elle était un fleuve noir.
Écoute –

ondulant sur le linoléum brillant, voici qu'elle vient,
la plaie
dans la gorge du couloir –
ton cri
déchire l'obscurité.

Sur ma langue l'écoute géante
enfle
                avec le bruit,
je parcours un couloir
comme s'il y avait quelque chose à compter,
si les carreaux du sol dispensaient des indices
                                ou des nombres :
en glissant ils s'éloignent
derrière moi.

Juste comme je raffermis ma prise
tu disparais.
Tel un télescope tu te replies dans ton centre noir.

C'est donc ça ?
                        Le grand festin d'amour,
ce goutte-à-goutte
salé ?

La solitude de ton corps nu
devant les médecins et leur équipement

me déshabille ;
sur ma peau je sens
le long froid du fleuve –

Tandis que tu deviens un inconnu
même pour toi,
que tu poursuis ta route tictaquant dans l'inconnu
où tu luttes ou cèdes, obéis –
que l'oxygène brûle tes poumons,
et le cathéter
draine ta vessie –
ou la noie.

Que reste-t-il de beau
au monde ?

Tu as passé la peur à mon doigt,
oiseau bagué du fleuve.

Tire le rideau.
Des lits s'emplissent, se vident et s'emplissent.
Quelle musique pourrait le justifier ?

Ramène-moi au fleuve du plein été
caché sous la broussaille –
ce filet de sens.

Ta peur
et la mienne
composent un poème sans réponse.

Genou, hanche, épaule :
dans le miroir de la fenêtre
regarde
le corps
émerger
à la surface de la nuit.

Le sacrement de l'arrosage

Elle est apparue entre les lilas.

) Blanc claquement d'ailes (

Tu savais qu'elle était là
à la qualité de lumineuse blancheur de l'espace
avant même qu'elle ne fût là

elle était là
indéfiniment
là aussi moment de lumière là aussi
particules se coagulant

la blancheur du sens
tranquille dans le familier.

Pendant ce temps d'énormes mains sensibles/insensibles
en laissent filer des cordes, des échelles

) lumière (grande ouverte O
laissant filer des taches de jaune et de bleu
horizon de couleur.

Le soin, cela existe, il y a
un sacrement de l'arrosage
elle lève une main
par-dessus les drapeaux ployés du poirier –

ses seins verts pointant entre les feuilles,
ses pieds étroits comme des rayons.

Criblée de feuilles, les feuilles répandues, en une blonde tempête :

gorge blanche elle est le roitelet,
vois, sa longue gorge renversée elle picore des grains,

belle
bouche muette.

Elle est
cascade et ruissellement
de feuilles en ligne ruisselante, l'herbe se redressant

retour) mouvement et transformation (ce vert plus bleu
que l'aulne, à son tour, fait jaillir jaune dans le bleu.

Elle est
la ligne étirée de l'attention qui se concentre

le souffle tranquille.

Fiona Sampson *a publié dix-sept ouvrages, poésie et essais critiques, dont onze ont été traduits dans différentes langues. Son dernier recueil,* Rough Music, a *été sélectionné pour le Forward Prize et pour le T.S. Eliot Prize. Les poèmes ici traduits sont extraits de* Common Prayer *(Carcanet, 2007). Critique et traductrice, elle dirige la* Poetry Review.

Écrivain, poète et traductrice, **Claire Malroux** est lauréate du Grand Prix national de la traduction pour ses traductions d'Emily Dickinson, et a fait paraître un essai parmi ses livres récents, *Traces, sillons* (José Corti, 2009).

Ce que je sais de Gertrude Stein

Jeanette Winterson

Traduit de l'anglais par Catherine Pierre-Bon

En 1907, une femme en provenance de San Francisco dénommée Alice B. Toklas arrivait à Paris. Elle s'apprêtait à rencontrer une compatriote américaine qui habitait déjà là. Elle était impatiente car elle avait beaucoup entendu parler de Gertrude Stein.

En 2011, une femme en provenance de Londres dénommée Louise prenait l'Eurostar pour Paris. Louise était soucieuse. Louise voyageait seule car elle tentait de comprendre quelque chose à l'amour.

Louise était engagée dans une relation. On aurait dit un navire, mais son bateau n'était qu'une petite embarcation dont elle tenait les rames, avec une cabine pour son amante. Le bateau de son amante était beaucoup plus gros. Il accueillait un équipage et des passagers. C'était toujours la fête. Son amante était au centre d'un monde plein de vie. Louise était à elle seule son propre monde, réservée, solitaire, grave. Elle ne savait pas comment réconcilier ces contraires, si toutefois il s'agissait bien de contraires, et pour compliquer un peu plus les choses, c'était Louise qui souhaitait qu'elles vivent ensemble. Son amante avait dit non – elles étaient bien comme elles étaient –, Louise la solitaire et son amante sociable ne pouvaient donc être dans le même bateau.

Voilà pourquoi Louise se rendait seule à Paris.

Je suis Louise.

J'ai pris le métro jusqu'à Cité. Je suis passée devant Notre-Dame et j'ai pensé à Quasimodo le bossu jetant son corps difforme dans les cordes de son amour pour Esmeralda. Quasimodo était sourd et muet. L'amour est aveugle. Freud disait que l'amour était une « surestimation de son objet ». Mais pour toi, je me jetterai dans le monde carillonnant.

Alice Toklas n'avait jamais connu l'amour.

Sa mère était morte jeune – jeune pour la mère et jeune pour Alice. Alice jouait du piano, tenait la maison pour son père et ses frères. Elle commandait la viande, gérait le budget, supervisait les cuisines. Puis elle se rendit à Paris où elle rencontra Gertrude Stein.

La mère de Gertrude Stein était morte jeune, elle aussi, et l'on ne se remet jamais complètement de ça, en fait on ne s'en remet jamais. On le porte en soi comme une blessure ouverte, mais avec un peu de chance, ce n'est pas la fin de tout.

Gertrude avait des revenus modestes mais suffisants. Elle et son frère Leo avaient quitté les États-Unis depuis longtemps pour s'installer dans une maison à Paris, rue de Fleurus. Gertrude écrivait. Leo peignait. Ils achetaient de l'art moderne. Ils achetaient des Matisse à l'époque où personne n'achetait de Matisse. Ils achetaient des Picasso à l'époque où personne n'achetait de Picasso. Pablo et Gertrude nouèrent une profonde amitié.

Mais Gertrude était seule. Gertrude était un écrivain. Gertrude était seule.

Je me retrouve encore et encore plongée dans cet état de solitude si familier. Est-ce le sexe qui nous met dans cette situation ? Si ce n'était pour le sexe, ne nous contenterions-nous pas tous de nos amis, de leur compagnie et de leurs confidences ? J'aime mes amis. Je suis moi-même une amie dévouée. Mais avec mon amante, je commence à me sentir seule.

J'ai une amie parfaitement capable d'être heureuse sans amante. Elle a une aventure quand ça lui chante mais ne s'embarrasse pas avec l'amour.

Moi, je ne sais pas y faire avec une amante. Je languis, je soupire, je dors, je rêve, je dresse la table pour deux et fixe une chaise vide. Je pourrais inviter une amie, ce que je fais parfois, mais la question n'est pas là, la question c'est que je passe mon temps à me demander où tu es même quand tu n'existes pas.

J'ai une aventure de temps en temps. Une relation sexuelle occasionnelle ; comme un truc que l'on gribouille sur une nappe après le dîner, et en un sens, c'est ce que l'on gribouille qui… Mais j'ai beau aimer faire l'amour, je suis en colère devant l'imposture ; l'intimité sans en payer le prix.

J'en connais le prix : plus je t'aime, plus je me sens seule.

Le 23 mai 1907, Gertrude Stein rencontra Alice B. Toklas.

Gertrude, grassouillette, sexy, géniale, influente.

Alice, petite licorne, nerveuse, intelligente, vigilante, déterminée.

Lorsque Gertrude ouvrit la porte de l'atelier, au 27 rue de Fleurus, Alice chercha à s'asseoir, mais elle ne pouvait pas car les chaises étaient à la taille de Stein et qu'Alice était de la taille de Toklas, et que ses pieds ne touchaient pas le plancher. « Le monde ne s'arrête pas de tourner, dit Gertrude, mais il faut bien se poser quelque part. »

Je me suis assise en face de toi et j'ai aimé ton allure débraillée, tes cheveux dans les yeux et tes vêtements dans un désordre étudié. Nous étions toutes deux les survivantes d'autres naufrages. Tu avais l'air triste. Je voulais te revoir.

Pendant quelque temps, nous avons correspondu par e-mail, se séduisant l'une l'autre par polices et pixels interposés. Avez-vous… Faites-vous… Aimeriez-vous… Je me demande si…

Chaque jour, Miss Toklas envoyait un petit bleu à Miss Stein pour aller se promener dans les jardins du Luxembourg, voir des tableaux ou se retrouver dans une librairie.

Un jour, Alice est arrivée en retard. Gertrude était dans une rage folle. Reprenant ses gants, Alice s'apprêtait à repartir, mais alors qu'elle traversait l'esplanade, Gertrude hurla : *« Il n'est pas trop tard pour aller faire une promenade. »*

Nous sommes allées nous promener dans le parc de Hampstead Heath. Nous avons marché deux heures, droit devant, tournant en rond. Ces deux cercles étaient ceux de ton désir et du mien. Leur intersection se situe là où nous nous sommes embrassées.

L'histoire d'amour entre Stein et Toklas était une histoire de sexe.

Elles partirent en vacances ensemble – le cœur brûlant de l'Italie –, Gertrude qui aimait se promener sous le soleil de midi.

Elles parlaient de *La Mégère apprivoisée*, cette pièce de Shakespeare, celle où Petruchio force l'amour de Kate. Une drôle de pièce. Tout sauf un plaidoyer pour le féminisme.

GERTRUDE : Une femme dépend de son mari, c'est ce que dit Shakespeare.

ALICE : Mais vous n'avez jamais été mariée.

GERTRUDE : J'aimerais avoir une femme.

ALICE : Quel genre d'épouse serait-elle ?

GERTRUDE : Passionnée, compétente, intelligente, présente, oui, très présente.

ALICE : Je rentre à San Francisco dans dix jours.

GERTRUDE : J'ai aimé vos visites chaque jour rue de Fleurus…

Et elles grimpèrent la colline en silence, jusqu'à la crête du soleil, et Alice commença à se défaire de ses vêtements – de ses bas, de son corset rouge cerise. Alice commença à se défaire du passé. En haut de la colline, elles s'assirent et Gertrude ne la regarda pas.

GERTRUDE : Quand tout est dit, c'est le lit qui nous tient.

Ce fut le début de leur histoire d'amour.

J'ai rencontré mon amante il y a deux ans, et je suis tombée amoureuse. J'avais l'impression d'être une étoile égarée sur l'orbite de Vénus. L'amour m'avait piégée. L'amour me tenait. L'amour, telles des cordes aux poignets. L'amour, telle une voix venant de très loin. J'aime ta voix au téléphone.

Plus bas, sur le quai, un garçon maigre comme un clou chante accompagné de sa guitare : *All You Need is Love*. Des couples qui se tiennent la main lui lancent des pièces car ils veulent croire que c'est vrai. Ils veulent croire qu'ils sont vrais.

Mais l'amour est une question plus difficile à résoudre que la théorie de la grande unification du tout.

Si vous étiez Dante, vous diriez que c'est la même chose – « l'amour qui meut le soleil et les autres étoiles ».

Mais l'amour a un problème.

Autrefois, l'amour était dans les mains des femmes – c'était notre domaine, le métier d'une vie : donner de l'amour, faire l'amour, guérir l'amour, entretenir l'amour.

Les hommes avaient besoin des femmes pour être aimés afin de réaliser tout ce que l'on ne peut faire sans amour, mais aucun ne reconnaissait la nécessité secrète de l'amour, sinon dans cette dédicace : À ma femme.

Aujourd'hui, nous sommes des femmes de carrière (un terme sans véritable équivalent pour les hommes), nous gagnons notre vie, nous avons le droit de vote. Nous valons plus que l'histoire d'amour d'un roman-photo. Plus que l'amour. Nous sommes indépendantes. Égales.

Entre-temps… qu'est-il arrivé à l'amour ?

Nous étions persuadées que l'amour serait toujours là, comme l'air, l'eau, l'été, le soleil, que l'amour pourrait s'attiser lui-même. Nous n'avons pas pris garde à la petite flamme tranquille de l'amour, aux petits rapiéçages quotidiens sur sa toile, au travail de géant qui fait que l'amour est aussi régulier que la lumière.

L'amour est un écosystème comme un autre. On ne peut ni le drainer, ni l'exploiter à ciel ouvert, ni le forer, ni bâtir dessus et se demander ensuite où sont passés les oiseaux et les abeilles.

L'amour est l'endroit où nous voulons vivre. La planète Amour.

Lorsque nous nous sommes rencontrées, ce qui m'a le plus étonné et le plus touché était que tu répondais toujours au téléphone quand j'appelais. Tu n'étais pas importante au point de te montrer indisponible. Tu étais importante mais tu reconnaissais que l'amour passait avant toi.

J'ai commencé à te croire. J'ai commencé à croire en toi. L'amour a quelque chose de religieux, de l'ordre de l'invisible, et il fait des miracles par sa seule force. Et puis, il y a toujours un sacrifice. Je crois que nous ne parlons plus de l'amour au sens propre de nos jours. Nous parlons de partenaires. Nous parlons de romantisme. Nous parlons de sexe. Nous parlons de divorce. Je ne crois pas que nous parlions de l'amour.

Alice Toklas n'est jamais retournée à San Francisco. Elle n'a jamais revu sa famille. Leo, le frère de Gertrude, a rapidement quitté la rue de Fleurus et Alice est entrée dans la place. Elles ont passé chaque jour ensemble au cours des quarante années qui ont suivi. Dois-je le réécrire ? *Elles ont passé chaque jour ensemble au cours des quarante années qui ont suivi…* Et elles n'ont jamais cessé de faire l'amour.

Gertrude aimait amener Alice à l'orgasme. Elle appelait ça : « faire sortir une vache de son trou ». Personne ne sait pourquoi – peut-être qu'Alice émettait une sorte de *Meuh* quand elle jouissait. Gertrude disait : « Je suis la meilleure débusqueuse de vache au monde. »

Gertrude aimait aussi les répétitions – de verbes, de mots et d'orgasmes.

L'amour est répétition. Nous aimons les habitudes de l'amour. La façon dont tu arranges tes cheveux. La façon dont tu bois ton café. La façon dont tu te tournes vers moi le matin pour qu'à mon tour je me retourne pour me lover contre toi. La façon dont tu ouvres la porte quand tu me vois rentrer à la maison. Quand je pars, je regarde par la fenêtre et je sais que tu auras les yeux posés sur moi, que tu m'observeras, que tu me regarderas partir.

Parallèlement pourtant, l'amour a besoin de se renouveler chaque jour. Sensation fraîche et moite, renaissant sans cesse de l'amour.

Gertrude Stein disait : *Il n'y a rien là-bas*, refusant tout d'un coup matérialité et réconfort.

Je suis seule quand j'aime car je sens l'immensité de la tâche. Nourrir et entretenir l'amour. Je me sens impuissante, submergée. Je sens que je ne peux qu'échouer. Alors, tout d'un coup, je me cache et m'accroche. J'ai besoin de toi près de moi, dans ma maison, mais je ne veux pas que tu trouves ma cachette. Serre-moi. Ne t'approche pas trop près.

Je décidai d'aller au musée Picasso car le Metropolitan Museum of Art de New York leur avait prêté le portrait de Gertrude Stein signé du peintre. C'est une œuvre célèbre. Gertrude est imposante sur ce tableau, sa tête se confond presque avec un masque kabuki. Le portrait ne lui ressemble pas mais ce ne pourrait être quelqu'un d'autre. Picasso l'a fait poser quatre-vingt-dix fois et n'a jamais réussi à ce que la tête soit droite. Gertrude disait : « Vous n'avez qu'à l'effacer et la rajouter quand je ne serai pas là. »

C'est ce que fit Picasso, et Gertrude en fut très satisfaite. Elle accrocha le tableau au-dessus de sa cheminée. Pendant la Seconde Guerre mondiale, elle et Alice l'emportèrent pour cinq ans à la campagne, enveloppé dans un drap, sur leur vieille Ford décapotable.

Gertrude disait à Picasso : « Peignez ce qui est vraiment là. Non ce que vous voyez, mais ce qui est vraiment là. »

Comment puis-je croire que c'est moi ? Regarder à travers les écrans qui me protègent de l'amour et ne pas être plus effrayée que ça de voir que je brise net, que je rompe ou me contente de la version édulcorée.

J'ai fait tout cela avant.

Et quand je ne le fais pas, je me dis que je suis une femme indépendante qui ne devrait pas être limitée par l'amour ou se limiter à lui.

Mais l'amour n'a pas de limites. Je ne sais où il commence ni où il finit. L'amour semble un continuum comme l'univers. Et l'univers est lointain à part cette planète que nous appelons notre maison. L'amour ne veut rien dire tant qu'il n'est pas réel et entre nos mains.

Donne-moi ta main, aide-moi à faire ça.

Il y a une sortie de fin d'année au musée. Ils ne regardent pas les Picasso mais gloussent devant un iPhone. Pauvres gosses, ils sont tous là sur Facebook à poster leur photo d'eux en train de faire la fête. Ils passent leur temps à baiser parce que baiser est la nouvelle façon d'être frigide.

Je pourrais être leur mère. Ma génération aurait dû offrir la liberté à la leur. C'est ce que nous voulions. La liberté pour que la femme soit une amazone et non un être soumis, la liberté pour nous, pas pour une espèce d'autre idéalisée, trouver ce que cela veut dire : aimer et désirer. Qu'est-ce qui a mal tourné ?

Gertrude Stein a surnommé la génération de l'entre-deux-guerres la « génération perdue ». Nous sommes la génération du progrès. Prenez un nouveau modèle : téléphone petite amie voiture. Gertrude Stein détestait les virgules. On comprend pourquoi quand on voit que voiture téléphone petite amie sont du même ordre et interchangeables. Pourquoi cultiverais-je l'amour quand je peux remplacer l'objet d'amour ?

Les hommes continuent d'échanger leurs femmes contre de nouveaux modèles – le féminisme ne peut rien faire pour ça. Mais les femmes n'ont plus besoin d'eux pour se transformer en nouveau modèle – nouveaux seins, nouveau visage, nouveau corps. Qu'est-ce qui va arriver à ces jeunes filles qui gloussent devant leur iPhone ?

Elles représentent la génération du téléchargement. Les néophytes au service du dieu barbare du réseau social.

Dans ce monde sinistre et déglingué, quelle place reste-t-il pour l'amour ?

Qu'importe à quel point ma volonté d'aimer est forte, la culture est contre cela. Si je suis faible en amour, il n'y a rien qui puisse me soutenir. Si j'ai besoin d'amour, comme de la pluie, comme de l'eau, comme la terre sous mes pieds, il n'y a rien qui me serve d'émulation, aucun endroit où je puisse apprendre. Je peux faire un vœu et le rompre. Abandonner mes enfants et partir. Les seuls qui parlent d'amour pour la vie sont les maniaques de l'alliance avec leurs épouses pitoyables et leurs maîtresses cachées. Les champions de l'amour sont méprisables. L'amour, c'est *playboys* et stars du porno, films à l'eau de rose et *happy ends* aussi légers que du papier. L'amour, ce sont les sites de rencontre et les bars de célibataires. L'amour, c'est que je peux avoir sur Internet. Je t'Attends sur mon Site Maintenant.

Combien de temps dure Toujours ? Quarante ans ? Vingt ans ? Dix ans ? Je ne veux pas vivre l'amour en octets, en flux de données qui passent et qu'on oublie. Je veux que l'amour prenne le temps qu'il faut, de sorte que même si nous nous séparons, je me souviendrais à jamais que nous avons été ensemble et que j'ai été heureuse d'être avec toi. Je ne veux pas d'un passé où je ne peux aller.

Gertrude Stein n'était pas quelqu'un que l'on pouvait bousculer, même si elle n'aimait pas qu'on la fasse attendre. Son temps lui appartenait. Elle avait un gros caniche baptisé Basket. Elle allait se promener avec son caniche dans Paris.

De temps en temps, Basket montait en voiture avec Gertrude et Alice, et Alice faisait les magasins – elle aimait ça – et Gertrude restait dans la voiture – et elle aimait ça. Elle prenait des notes dans son carnet. Elle écrivait chaque jour, une demi-heure seulement.

Cela prend un temps fou d'écrire une demi-heure, disait Gertrude. Elle écrivit sans être publiée pendant trente ans. Puis, en 1934, elle resta à sa table six semaines durant. *L'Autobiographie d'Alice B. Toklas*, signée Gertrude Stein, eut un énorme succès. Gertrude et Alice embarquèrent pour New York à bord du *SS Champion.* Alice portait un manteau de fourrure, Gertrude une casquette en peau de léopard. Leur tenue de voyage était signée Pierre Balmain. C'était encore un gosse à l'époque.

Lorsque les deux femmes arrivèrent à New York dans leur tenue couture, on vit défiler sur le téléscripteur de Times Square GERTRUDE STEIN A DÉBARQUÉ A NEW YORK.

« Comme si on ne le savait pas… », déclara Alice.

Les journalistes avaient pris d'assaut l'Algonquin Hotel. Les vendeurs de saucisses de Francfort et de bretzels observaient la scène de l'autre côté de la rue.

VENDEUR 1 : La grosse, bâtie comme une armoire à glace, c'est Gertrude Stein.

VENDEUR 2 : La petite qui ressemble à une allumette…

VENDEUR 1 : C'est Alice B. Toklas.

Les ampoules des flashs claquaient sans relâche comme pour des stars de cinéma.

LE JOURNALISTE : Miss Stein, pourquoi n'écrivez-vous pas comme vous parlez ? (rires)

GERTRUDE : Pourquoi ne lisez-vous pas comme j'écris ?

Tout le monde rit. Gertrude aime la gloire. La gloire aime Gertrude.

VENDEUR 2 : Où sont les maris ?

VENDEUR 1 : Elles n'ont pas de maris. (Il glisse une Francfort dans un bretzel et hoche la tête d'un air entendu.)

VENDEUR 2 (sifflant doucement) : Sans blague ? Mais, est-ce qu'elles ne sont pas américaines ?

VENDEUR 1 : Si bien sûr, mais elles habitent à Paris.

Vivre avec toi serait l'aventure amoureuse ultime. Je suis une romantique et c'est ma défense contre l'amour-bien de consommation. Je ne peux pas acheter l'amour, mais je ne veux pas le louer non plus. J'aimerais trouver une solution pour que les jours avec toi soient nôtres. J'aimerais poser mon sac chez toi et le défaire.

En 1946, Gertrude Stein fut admise d'urgence à l'Hôpital Américain de Neuilly. Elle avait un cancer de l'estomac.

Quelques mois plus tôt seulement, en 1945, elle avait dû revenir à Paris. La guerre était finie, enfin. Elle avait trouvé les scellés de la Gestapo sur la porte de son appartement. Ils avaient emporté son argenterie et son linge de maison, les tableaux étaient emballés, prêts à rejoindre les collections allemandes. C'était le lot de tous les Juifs.

Alice en avait été bouleversée, mais Gertrude voulait voir son portrait signé Picasso accroché à nouveau au-dessus de la cheminée, s'installer avec Alice dans les fauteuils placés de chaque côté de la cheminée et prendre le thé.

L'appartement est là. Tu es là. Je suis là, dit-elle.

À l'hôpital, le médecin était passé dans sa chambre. Ils lui avaient donné un anesthésiant. On avait déconseillé à Gertrude de se faire opérer mais elle ne croyait pas en la mort – en tout cas, pas pour elle. Elle ne croyait pas dans une vie après la mort, non plus. Il n'y avait rien là-bas. Tout était ici. Gertrude était au présent.

Elle tenait la main d'Alice. Elle disait à Alice : « Quelle est la réponse ? » Mais Alice pleurait et se contentait de secouer la tête. Gertrude riait de son rire franc et sonore. « D'ailleurs, quelle est la question ? »

On emmena le brancard où était Gertrude. Alice marchait à côté de son amante comme si elle marchait à côté de sa vie. Gertrude ne revint jamais.

La question est : Comment aimons-nous ?

La réponse dépend de chacun de nous, c'est une question grave, intime, effrayante, nécessaire. C'est une question universelle aussi, qui nous met en colère, qui pose problème, ardue, difficile.

Les femmes devront prendre les armes pour l'amour.

Prends-moi dans tes bras. C'est là qu'est notre Ici.

***Jeanette Winterson**, née à Manchester en 1959, est romancière, auteur d'une œuvre importante. Plusieurs de ses livres ont été traduits en français dont* Les oranges ne sont pas les seuls fruits *(Éditions des Femmes, 1991),* L'Horloge du temps *(Albin Michel, 2008),* Powerbook *(L'Olivier, 2002),* Garder la flamme *(Melville, 2002).*

Catherine Pierre-Bon est membre de la rédaction.

Deux poèmes

Ruth Fainlight

Traduit de l'anglais par Jean Migrenne

Les Midlands au présent

1

Sortez du village par le chemin et tournez le dos
aux bâtiments de l'aéroport, pylônes hors de vue,
panneaux illuminés de l'autoroute trop loin
à gauche pour être dans le champ de vision
et dernière rangée de maisons trop loin à droite :

le panorama, sur un lointain de hauteurs en pente
douce vers la rivière boueuse dans sa vallée
sans profondeur offerte au regard, n'est guère
révélateur du présent – vous vous croiriez au cœur
de l'Angleterre campagnarde du dix-neuvième siècle.

Mais tournez simplement la tête d'un degré par rapport
à cet angle unique ou prêtez l'oreille à la circulation,
aux voitures, aux poids lourds, aux avions-cargos
qui décollent et aux charters qui atterrissent :
vous saurez où vous êtes dans le temps et l'espace.

C'est cette imbrication du rural dans le global,
l'industriel et le contemporain – cette démonstration
de l'empiétement d'une population en nombre
et en besoins croissants de consommation
et de mobilité – qui fascine et qui effraie.

2

Les bovins paissent à l'ombre de hangars de fret
et de terminaux fraîchement construits : Virgin, EasyJet
et DHL. Les moutons accordent leur toison noircie
à l'argent oxydé de la vapeur éructée
par les tours de refroidissement de la centrale.

Et, derrière les grillages qui clôturent l'autoroute –
à peine remarqués par l'unique passager de cette
Mondeo –, les hectares d'acide jaune du colza
vous attaquent les yeux comme la brûlante
coulée jaillie d'un haut-fourneau.

Triptyque

À droite, un panneau digne du Goya
des *Caprices* ou des *Désastres.*
Un prisonnier, bras tant bien que mal
tordus en arrière, comme brisés ou en camisole,
placard sur la poitrine :
Renégat, Infidèle, Hérétique –
(tout ce qu'on a pu lui faire avouer)
brinquebale sous les huées : une charrette
le mène jusqu'au parvis de la cathédrale
où sera prononcée la sentence.

À gauche, la porcelaine vue
en vitrine dans une boutique du coin.
Une femme, doigts croisés, mains crispées,
bonnet d'infamie enfoncé sur le crâne
et couvert d'idéogrammes qui m'échappent
mais dont je sais qu'ils l'accusent
d'être une Ennemie du Peuple :
vêtements tachés de sang, elle montre un visage
tuméfié comme si un pinceau méticuleux
y avait fait éclore les cent fleurs.

Au centre, pour que le regard s'y arrête,
le personnage est photographié nu.
Capuchon sur la tête, couverture sur le corps,
en équilibre sur le couvercle étroit
d'un cercueil, bras en croix,
électrodes aux doigts, en collier,
fils en réseau sous le tissu :
il subit la torture.
Rien n'a changé.
On voit ça tous les jours.

Ruth Fainlight *a publié treize recueils de poèmes et deux ensembles de nouvelles. En 2009, elle a traduit en anglais le cycle de Thèbes de Sophocle. Ses poèmes ont été traduits en français, en espagnol, en portugais et en italien.*

Journal d'une année intéressante

Helen Simpson

Traduction de Jean Guiloineau

12 février 2040

Mon trentième anniversaire. G. m'a donné ce petit carnet à spirale et un stylobille. C'est un joli cadeau, presque pas de rouille sur la spirale et l'eau n'a pas abîmé le papier. Je vais commencer mon journal. Avec une toute petite écriture, je pourrai aller plus loin.

15 février 2040

G. me fiche le cafard. Il est dans son élément. Sur sa tombe on devrait graver : « J'avais raison. »

23 février 2040

Encore heureux qu'on n'habite pas à Londres. Les Hatchwell ont des cousins qui vivent chez eux, ils sont venus à pied depuis Tottenham (trois jours). On est passés cet après-midi et ils ont dit que ce qui, finalement, les avait fait partir, c'était le système d'égout – quand les canalisations étaient pleines, ça débordait partout. Ils ont parlé de l'odeur inimaginable, les trottoirs noyés, et bien sûr avec les hôpitaux fermés on ne peut rien faire contre le choléra. Je ne me suis pas trop approchée d'eux de peur qu'ils ne me le donnent. C'est ainsi qu'ils ont perdu leurs deux fils l'an dernier.

« Tu vois, m'a dit G. en rentrant à la maison, le capitalisme s'intéresse plus à ses enfants comme accessoires et comme preuves qu'à leur avenir. »

Je lui ai répondu : « Oh, ferme-la. »

2 mars 2040

Impossible de dormir. J'écris ça au lieu de rester les yeux fixés au plafond. Il y a un moustique dans la chambre, je l'entends siffler près de mon oreille. Très humide, l'air comme de la soupe infecte, en plus on est censés porter des masques au lit mais je ruisselais de sueur et je viens de retirer le mien. Me suis levée pour me regarder dans le miroir du palier – des côtes comme une palissade, des cheveux comme des queues de rat graisseuses. Hier, dans la cuisine, les rats étaient occupés à ronger la huche à pain, ils ne m'ont même pas regardée quand je suis entrée.

6 mars 2040

Encore une dispute avec G. D'accord, il avait raison, mais pas de quoi pavoiser. C'est ce qui arrive quand on épouse son professeur d'université – un vieil homme pontifiant. « Je l'ai vu venir, n'importe quel imbécile aurait pu voir ça venir après la Grande Fonte », se vante-t-il. « Tous les seuils ont été dépassés, un effet domino, un optimisme désespérant pour affirmer qu'on en avait jusqu'en 2060, bla-bla-bla, la plutonomie comme des lemmings, l'objectif massif de la démocratie. » Pas étonnant qu'on n'ait pas d'amis.

Il a applaudi quand on a institué le rationnement. Il a été le premier à se porter volontaire pour le covoiturage ; une petite Peugeot insignifiante pour toute la route. La camaraderie autour de la citerne l'a regonflé.

« J'échange ma grosse boîte de pois chiches contre ta petite boîte de sardines.

– Non, non, mes sardines, ce sont des protéines.

– Il y a aussi des protéines dans les pois chiches, et ça bourre plus. De toute façon, j'ai pensé que tu avais encore un peu de thon.

– Non, je l'ai échangé avec Violet Huggins contre une boîte de soupe à la tomate. »

Vraiment marre de faire du troc comme ça, mais difficile de savoir comment gagner de l'argent depuis qu'Internet est mort. « Et l'argent ne sert plus à rien sauf si tu en as des cargaisons », comme je lui ai dit quand on était au lit hier soir, « la couche supérieure reposant sur des bulles d'air filtré dans du plastique alors que nous nous traînons avec des goitres, des tumeurs et des morceaux de vieux draps attachés sur nos bouches. En plus, nous sommes tout le temps trempés. Nous avons renoncé aux parapluies, nous allons être trempés en permanence. » J'ai arrêté de râler quand j'ai entendu un ronflement et j'en ai conclu qu'il dormait.

8 avril 2040

Matinée ennuyeuse passée à laver des loques. Pas de bois pour avoir de l'eau chaude, j'ai dû utiliser de la cendre et de la lessive. Mains douloureuses même recouvertes de sacs en plastique. D'abord fait les masques puis les chiffons pour mes règles. Prise à jamais. Au moins je n'ai pas besoin de faire des couches comme Lexi ou Esme, je ne supporterais pas.

27 avril 2040

De retour de chez Maia. Sept mois. Elle a très peur. Je ne la blâme pas. Elle a essayé de me faire promettre de m'occuper du bébé s'il lui arrivait quelque chose. J'ai dit des âneries (surtout à l'idée de me mettre entre elle et ce ringard de Martin – elle a encore un œil au beurre noir, je ne lui en ai pas parlé). Je pense qu'il n'y a pas de mal à promettre si ça peut lui faire du bien. Après tout, ce n'est pas prendre une grande responsabilité – dans ces conditions, je ne donne pas plus de trois mois à un bébé. La diarrhée surtout.

14 mai 2040

Impossible de dormir. Des piqûres qui démangent, essaie de ne pas me gratter. Des coups sourds et des cris aigus au-dessus, dans le plafond. Je pense à quelque chose d'agréable. Du savon et de l'eau chaude. De l'air frais. Des préservatifs ! Marre d'être en permanence sur des charbons ardents par crainte d'une grossesse.

Nouveau départ. Un tour dans un supermarché – chaleur, lumière somptueuse –, des couloirs de frigos ouverts pleins de crevettes tigres et de steak dans le filet. Se laisser glisser dans la voie rapide dans une voiture de sport, s'arrêter pour prendre trente litres d'essence. Acheter des billets en ligne pour La Souricière, clic, commander un cubiteneur de vin, clic, une location de vacances, clic, des bottes en cuir verni, clic, une année sabbatique, clic. Je suis allée sur iTunes et j'ai téléchargé *Le Mariage de Figaro*, puis j'ai parlé face à face avec les parents de G. à Sydney. Non, ne pense pas à ce qui leur est arrivé. Horrible. Va dormir.

21 mai 2040

Encore une dispute avec G. Il a éteint ma deuxième chandelle, en disant qu'une seule suffisait. Pas du tout, je ne vois plus assez pour lire. Il me rend folle, j'ai l'impression de vivre avec un policier. J'ai toujours eu cette impression, même avant l'Effondrement. Sa phrase préférée : « La Terre a suffisamment pour les besoins de chacun, mais pas assez pour l'avidité de chacun. » Personne n'aime être accusé d'avidité. Je l'appelais rabat-joie. « Chacun d'entre nous respire environ vingt-cinq mille fois par jour, me disait-il. Chaque respiration retire de l'oxygène de l'atmosphère et le remplace par du gaz carbonique. » Excuse-moi de respirer ! Je suis censée faire quoi ? Me transformer en arbre ?

6 juin 2040

Sommes allés chez les Lumley hier soir, pour avoir des nouvelles. Toute la rue entassée dans le séjour, essayant d'écouter la radio – les piles très faibles (rien de nouveau dans la déclaration du gouvernement). Mais une grande nouvelle pourtant – logement obligatoire de réfugiés la semaine prochaine. Les Shorthouse étaient en guerre, Kai hurlait, tout rouge, Lexi pleurait. « On travaille toute sa vie », etc. Il est sur quelle planète ? Aucun de nous très ardent, mais on ne peut rien y faire. Quand nous sommes rentrés, G. a vérifié notre planque de boîtes de conserve sous le plancher de la chambre. Un énorme rat en est sorti et j'ai hurlé. G. m'a tenue jusqu'à ce que je cesse de pleurer et nous avons fait l'amour. Réveillée en pleine nuit et prié pour ne pas être enceinte, mais Dieu sait qui je priais.

12 juin 2040

Rendu visite à Maia cet après-midi. Elle était au lit, ses jambes sont enflées comme des ballons. M'a encore demandé de lui promettre à propos du bébé et cette fois j'ai dit oui. Elle a dit que Violet Huggins l'aiderait quand ça commencerait – Violet a été infirmière autrefois, apparemment, pas du genre experte mais mieux que rien. Personne d'autre sur la route n'aura la moindre idée de ce qu'il faudra faire maintenant que nous n'avons plus Google. « La seule chose dont je me souviens des vieux films, c'est qu'il faut faire bouillir de l'eau », ai-je dit. Nous avons éclaté de rire et nous sommes devenues un peu hystériques. Martin l'abruti a passé la tête par la porte entrouverte et a grogné pour qu'on la ferme.

1er juillet 2040

Le premier groupe de réfugiés est arrivé dans un camion de l'armée. Nous avons un groupe d'Espagnols, huit personnes dont une femme âgée, sa fille et des jumeaux tout petits (assez sauvages), plus quatre hommes peu souriants, d'âge à se battre. Un peu trop de monde car nous n'avons que deux chambres. G. et moi, nous avons essayé de leur faire visiter la maison mais ils nous ont ignorés, la grand-mère a immédiatement pris possession de notre chambre. Cette nuit, nous sommes sous la table de la cuisine. Je devrais essayer de dormir dessus à cause des rats. On ne trouve rien à leur dire – les seuls mots d'espagnol dont nous nous souvenons c'est *muchas gracias* et G. a dit : « On ne va sûrement pas leur dire *ça.* »

2 juillet 2040

Tombée de la table pendant mon sommeil. Me suis cogné le coude.

3 juillet 2040

G. déprimé. Les quatre Espagnols sont plus grands que lui et il a peur que le plus gros ne lorgne sur moi (avec raison, je dois dire).

4 juillet 2040

G. déprimé. La grand-mère a trouvé nos conserves sous le plancher et ils ont dansé le flamenco. Miguel a donné un coup de point à G. quand il a essayé de reprendre une boîte de sardines et depuis il n'arrête pas de saigner du nez.

6 juillet 2040

La nuit dernière, sous la table, G. a mis un plan au point. Il pense que nous devrions partir vers le nord. Maintenant que ceux-là sont dans notre appartement et qu'un groupe de Téhéran est annoncé pour la semaine prochaine, on ferait aussi bien de filer. L'Écosse me donne envie de vomir, tout le monde a déjà eu la même idée, aussi il pense qu'on devrait prendre un ferry pour Stavanger puis se diriger vers la Russie.

Je dis : « Je ne sais pas. Où est-ce qu'on habiterait ?

– J'ai une tente gonflable dans un sac à dos derrière la réserve, dit-il. Avec nos sacs de couchage et ma radio.

– Du camping dans la boue.

– Regarde le côté positif. Nous avons une énorme hypothèque et on va simplement s'en dégager.

– Oh, la ferme. »

17 juillet 2040

Maia est morte hier. C'était horrible. Le bébé est resté bloqué en elle il y a deux semaines, il est mort en elle. Violet Huggins n'a pas su quoi faire. Martin a sorti son canif suisse en hurlant qu'il voulait lui faire une césarienne, il a fallu l'emmener loin d'elle. Maintenant, il est chez nous et boit ce qui reste de notre précieux cognac avec les Espagnols. Voilà. Il faut que nous partions. Maintenant, dit G. Oui.

1er août 2040

Quelque part dans le Shropshire ou peut-être le Cheshire. Nous sommes près de la route défoncée. Une pluie battante. Les pages de ce carnet sont devenues gondolées. Au moins le stylo-bille marche encore. Je suis allongée dans la tente, G. fouille au-dehors. Nous sommes partis en pleine nuit. G. a attaché nos deux sacs à dos sur le vélo. Nous l'avons poussé à tour de rôle, puis le matin du quatrième jour, quand nous nous sommes réveillés, nous avons soulevé le rabat de la tente pour regarder au-dehors et il n'était plus là, pourtant nous l'avions recouvert de feuilles la veille au soir.

« Ça pourrait être pire, a dit G. On aurait pu nous trancher la gorge pendant notre sommeil.

– Oh, la ferme. »

3 août 2040

Les rivières et les ruisseaux sont empoisonnés – engrais chimiques, typhoïde, etc. Aussi nous suivons le système D de G. On plonge une cannette dans un ruisseau ou une rivière. On ajoute trois gouttes d'eau de Javel. On fait bouillir sur le camping-gaz avec un T-shirt tendu au-dessus de la cannette. Quand l'humidité sort du T-shirt on peut boire ; rien d'autre. « Tu plaisantes », ai-je dit à G. la première fois où il m'a montré comment faire. Mais il ne plaisantait pas.

9 août 2040

Des nouvelles à la radio, dans les sacs de couchage boueux – le squelette du gouvernement qui manifestement se bat ; ils passent *L'Enigma* en boucle. Hier soir, le gouvernement a annoncé la fin de l'essence pour utilisation privée et la mise à la casse obligatoire pour les véhicules privés. À partir de maintenant, nous devons rester chez nous, dit-il, et ne pas voyager sans autorisation. On parle de loi martiale. Nous allons nous déplacer à travers champs autant que possible – moins de chances d'être arrêtés ou agressés – en essayant de parcourir quinze kilomètres par jour, mais le mauvais temps nous ralentit. Une pluie torrentielle, souvent horizontale dans les rafales de vent.

16 août 2040

Un rare après-midi sans pluie. Une dentelle de nuages noirs dans le ciel jaune. Une herbe brune, un humus gris et puant, des collerettes de moisissure. Des arbres morts s'abattent sans prévenir – on a failli être écrasés par l'un d'eux et on a dû s'écarter d'un bond. G. espérait qu'on trouverait quelque chose qui pousserait dans les champs, mais par ici toutes les terres cultivées sont protégés par du barbelé-rasoir et des gardes armés. Il dit qu'il sait comment faire pousser des légumes, à l'époque il avait un terrain, et alors ? Ça prend trop de temps. Nous avons faim *maintenant*, nous ne pouvons pas attendre le mois de mars que des carottes soient mûres.

22 août 2040

G. s'est cassé une couronne sur une dent de devant en croquant une faine, à la place il y a un trou noir et il siffle en parlant. « Des quetsches, des mûres, de l'ortie verte pour la soupe », dit-il au début, en claquant les lèvres. Il n'est plus si enthousiaste maintenant. Pas de prunes, pas de mûres, bien sûr – seulement du mouron et du lierre.

Il vient d'attraper un écureuil éclopé et je suppose que je vais devoir en faire quelque chose. Il ne reste aucun animal à part les écureuils, les rats et les pigeons, sans compter les insectes. Aux informations, on dit qu'ils sont pleins de protéines, on doit les écraser pour en faire une pâte, mais jusqu'ici nous n'avons pas pu.

24 août 2040

Ce matin, nous avons vu un cochon. Pas très gros pour un cochon, et il n'avait pas l'air d'aller très bien. G. a dit : « Vite ! Il faut qu'on le tue. »

J'ai dit : « Pourquoi ? Comment ?

– Avec un couteau, a-t-il répondu. Du jambon, des saucisses. »

Je lui ai fait remarquer que même si nous réussissions à le tuer avec notre vieux couteau de cuisine, ce qui me semblait impossible, nous ne serions pas capables de l'ouvrir pour trouver du jambon et des saucisses à l'intérieur.

G. a dit comme un fou : « Du lait, alors ! C'est un mammifère, non ? »

Pendant ce temps-là, le porc s'est enfui.

25 août 2040

Affamés. Nous avons attrapé un rhume tous les deux. Couverts de puces, nous nous grattons comme des fous. Des plaies purulentes aux mains et au visage – d'après les informations, de malheureux effets secondaires du seed-clouding. Avec tout cela, plus son mal de dent (une molaire, une joue enflée) et la malaria, G. ne va pas bien.

27 août 2040

Trouvé un hérisson mort. Essayé d'enlever les piquants et de le faire cuire au barbecue sur la dernière briquette. Dégoûtant. Malades tous les deux comme des chiens. Pourquoi est-ce que je me plaignais toujours du système de troc ? Chercher sa nourriture est BIEN BIEN pire.

29 août 2040

Rêvé de Maia, du canif et me suis réveillée en pleurant. G. m'a prise dans ses bras tremblants et m'a parlé de la Russie, c'est la nouvelle terre de lait et de miel depuis la Grande Fonte. « Il y a de très bonnes terres agricoles qui s'ouvrent en Sibérie », a-t-il dit entre ses dents qui claquaient. J'ai répondu : « Nous sommes comme dans *Les Trois Sœurs* : "Si seulement nous pouvions aller à Moscou". Tu te souviens de la mise en scène au Théâtre national ? Ensuite, nous avions marché au bord de l'eau et nous avions entendu Big Ben sonner minuit. » Serrés l'un contre l'autre jusqu'à ce que vienne le sommeil.

31 août 2040

G. s'est réveillé en pleurant. Je l'ai pris dans mes bras pour le calmer et je lui ai demandé ce qu'il y avait. « J'aimerais avoir un fusil », a-t-il dit.

15 septembre 2040

Je n'arrive pas à croire que ce carnet de notes était encore au fond du sac. Avec le stylo-bille. Ça n'intéressait pas l'assassin. Il a tout fouillé (moi comprise). G. n'avait pas de fusil. Lui, si.

19 septembre 2040

M. parle une autre langue. Norvégien ? Hollandais ? Croate ? Nous ne pouvons pas communiquer, aussi il me frappe à la place. Il sent le frigo abandonné et son haleine pue la pourriture. Ce qu'il me fait est horrible. Je ne veux pas y penser, je n'y penserai pas. Il y a une tente et du matériel de cuisine par terre, mais la moitié du temps nous sommes dans un arbre avec le fusil. Il y a une grande plate-forme en planche et au-dessus une toile goudronnée attachée aux branches. Le soir, il remonte l'échelle de corde derrière nous. C'est très haut, on voit à des kilomètres. Il a l'habitude d'entreposer ce qu'il rapporte de ses expéditions. Je suis entourée de boîtes de haricots en conserve.

3 octobre 2040

M. ne peut pas passer une journée sans que je lui fasse au moins trois pipes. Je suis toujours malade après (parfois pendant).

8 octobre 2040

Il m'a tabassée hier. J'ai essayé de me sauver. Je ne recommencerai pas, il est trop rapide.

14 octobre 2040

Si nous n'avons plus de haricots, il peut très bien me tuer pour manger. Il y a déjà eu des avertissements. Il n'y réfléchirait pas à deux fois. Pour lui, je ne suis que de la viande sur pattes. Il m'a mordue hier soir, très fort. Je suis couverte de morsures. J'ai sucé littéralement mon sang ensuite et je me suis rappelé à quel point le goût du sang était bon, à quel point il me manquait. La force. Du foie de veau pour le fer. Et que je n'avais pas eu mes règles depuis des lustres. Quand cette idée m'a traversé l'esprit, mon cœur s'est arrêté de battre. Cela m'a glacé les sangs.

15 octobre 2040

Est-ce qu'elles n'utilisaient pas des baies de genièvre ? Comme pour le gin ? Mais même si c'était vrai, je serais bien incapable de dire à quoi ça ressemblait, je ne me souviens que de la menthe et du basilic. Je ne peux pas être enceinte. Je ne veux pas être enceinte.

17 octobre 2040

Très malade après avoir bu un jus répugnant de plantes bouillies, cueillies au hasard. Mais rien d'autre, pas de chance.

20 octobre 2040

Ne peux pas dormir. Meurtrie et égratignée aujourd'hui. Elles avaient l'habitude de se jeter en bas de l'escalier pour s'en débarrasser. Le problème, c'est que la ballastière n'était pas assez profonde et qu'en plus les ronces ont retenu ma chute. Il y avait aussi une espèce de corps en bas, blanc et grouillant de vermine. Peut-être une chèvre ou un porc ou quelque chose comme ça, mais je ne le crois pas. Je ne cesse de penser que ce pouvait être G.

31 octobre 2040

Ce bébé sera ma mort. Serait. Utilisons un conditionnel. *Serait*, pas *sera*.

7 novembre 2040

Tout est fini. Je suis toujours ici. Trop fatiguée.

8 novembre 2040

Dormi pendant des heures. Plus forte. J'ai récupéré toute la nourriture et la boisson, et le fusil. Il y a toujours des cris en bas, mais moins forts maintenant. Je pense qu'il est presque fini.

9 novembre 2040

Dormi pendant des heures. Plus de fièvre. Des haricots en conserve pour le petit déjeuner. Des gémissements viennent de commencer à s'élever. Peu importe. Je ne peux pas attendre.

10 novembre 2040

C'est fini. C'est fini. J'ai bu à sa bouteille de vodka, le démon qui s'y trouvait m'a sauvée. Il était parti en expédition – il m'avait laissée dans l'arbre comme d'habitude –, j'ai bu juste assez pour me donner du courage. Rien d'autre ne marchait, alors j'ai pensé l'obliger à me tabasser. Quand il est revenu et qu'il m'a vue la bouteille à la main, ça l'a mis hors de lui. J'ai fait semblant d'être plus saoule que je ne l'étais et je me suis allongée sur la plate-forme de bois, les bras autour de la tête pendant qu'il me donnait des coups de botte. Ça a marché. Pas tout de suite, mais dans la nuit.

Pendant ce temps-là, M. a eu envie de boire un coup et très vite il a fini le reste de la vodka – plus des trois quarts de la bouteille. Il chantait, pleurait et continuait du haut de son arbre, puis, alors qu'il pissait par-dessus le bord de la plate-forme, j'ai rampé vers lui et je l'ai poussé de toutes mes forces, et il est vraiment tombé de son haut. Patatras !

13 novembre 2040

J'ai emballé tes restes dans ma bonne chemise bleue ; désolée, je ne pouvais pas te laisser là-haut, mais il n'y a aucun avenir pour aucun bébé sur la Terre. Je suis la fin de la lignée !

C'est la dernière page du cadeau de mon trentième anniversaire. Quand je l'aurai finie, j'envelopperai ce carnet dans six sacs en plastique, je fermerai le tout avec du ruban adhésif pour le protéger de la pluie, puis je l'enterrerai dans un trou au-dessus de ma chemise bleue. Je ne sais pas pourquoi, mais je ne suis pas assez folle pour croire que quelqu'un le lira un jour. Ensuite, je fermerai ce sac rempli de provisions et je me dirigerai vers le nord avec le fusil. Souhaitez-moi bonne chance. Dernière ligne : bonne chance, bonne chance, bonne chance, bonne chance, bonne chance.

Helen Simpson *est l'auteur de cinq recueils de nouvelles :* Quatre jambes nues *(Denoël) ;* Le Jeu de l'horloge *(Christian Bourgois),* Dear George, Hey Yeah Right Get a Life *et* In-Flight Entertainment. *Une sélection de ses nouvelles sera publiée par Vintage Classics début 2012. Elle a reçu de nombreux prix et, en 1993 fut choisie par le magazine* Granta *pour sa sélection des meilleurs jeunes romanciers britanniques. Elle vit à Londres.*

Garde-malade

James Byrne

Traduit par Jacques Demarcq

pour Hafiz Kheir et Al-Saddiq Al-Raddi

À Khartoum, les amis et parents des malades mentaux sont invités à rester avec eux, surtout la nuit, quand le manque de personnel est le plus criant.

La feuille affirme « FAIBLE RISQUE DE RECHUTE »
bien que des restes d'interférences sonores

brouillent le cerveau, que le système nerveux grésille
des sifflements d'un père mort il y a une trentaine d'années.

Les infirmières bénévoles s'éloignent en claquettes
et le portier de nuit te laisse entrer avec un merci de la tête.

Trois mois que tu as été admis au pavillon bleu
à Umdurman tandis que ton pays est réduit en cendres.

L'amitié veut cela : qu'on marche jusqu'à une cellule nue
avec le ciel dans le dos et une surabondance de gravité.

Qu'on arrive aux portes du Al-Tahji Al-Mahi
armé d'un livre d'Adonis et d'une cartouche de cigarettes.

La guerre se cache au travers de la nuit. Tu la remplaces
par un monde qui te gratifie de chance et de superstition,

où les fruits tombent à foison sur les rives du Nil Blanc
et où les amis vieillissent comme des fleuves.

James Byrne *est né près de Londres en 1977. Il est cofondateur et éditeur de la revue de poésie* The Wolf. *En 2008, il a obtenu le prix de poésie Treci Trg en Serbie. En 2009, son recueil* New and Selected Poems: The Vanishing House *a été publié à Belgrade dans une édition bilingue. Il est le coéditeur d'une anthologie de jeunes poètes anglais,* Voice Recognition: 21 Poets for the 21st Century.

Jacques Demarcq, né en 1946, a été postier, journaliste, prof de lettres, syndic, acteur, éditeur et critique d'art, producteur de radio, prof de design. Il est toujours : traducteur, écrivain. Il a publié dernièrement : *Les Zozios* (Nous, 2008) ; *Nervaliennes* (Corti, 2010) ; et en 2011 deux traductions de Cummings, *Font 5* et *No Thanks*, aux éditions Nous.

Edgelands : Lisières urbaines

Sentiers

Paul Farley et Michael Symmons Roberts

Traduit de l'anglais par Jean Guiloineau

Les urbanistes aiment nous dire où nous devons marcher. Notre environnement construit – en particulier nos espaces et centres commerciaux – est soigneusement conçu pour contrôler nos allées et venues. Mais nous aimons vraiment les défier collectivement et inconsciemment. C'est pourquoi nous voyons des sentiers choisis dans notre paysage. Les sentiers choisis sont les lignes de nos pas creusées dans le sol, les pistes de l'usage. Ils sont désapprouvés dans notre espace vert national où on les considère comme des cicatrices et des déviances. *Veuillez emprunter les allées.* On voit souvent des sentiers choisis dans les jardins publics et les espaces verts municipaux. S'écartant des allées pavées dans de nouveaux trajets, sur le bas-côté des routes et des berges des rivières. Nos lisières urbaines en comptent des quantités.

Les développements excessifs d'après-guerre que l'on voit aux lisières de nombre de nos villes ont été planifiés en fonction des voies piétonnières, des passages souterrains et des allées. Mais leurs espaces verts et leurs bordures gazonnées ont été rapidement traversés en tous sens par des sentiers choisis : le registre des raccourcis collectifs. En hiver, ils se transforment en cicatrices boueuses qui tachent les pantalons et les jupes et collent aux chaussures et, au cours des étés caniculaires, ils deviennent poussiéreux et desséchés. Une fois créés, ils sont utilisés en permanence, des sentiers qui ne sont jamais entrés dans la littérature. Ces sentiers de moindre résistance offrent leur subtile opposition à la main morte du planificateur. Ils franchissent les limites, ils s'aventurent dans les champs et les bois, suivent les fossés de drainage et s'éloignent de l'arrière des maisons. Dans un lotissement, un sentier conduisant à un trou dans la clôture est encore doté de possibilités. Chacun offre promesse et danger que ce qui nous attend soit connu ou inconnu. Chacun a un parfum et une atmosphère (ou plusieurs atmosphères) qui lui sont propres.

Les sentiers choisis sont intéressants à cause de leur naissance : un système venu de la « base » contre la méthodologie « directive » de l'urbaniste, et la preuve de l'imprévisibilité humaine. Personne ne décide d'ouvrir un sentier choisi. On ne coupe pas de ruban pour les inaugurer. Ce sont des sentiers qui se forment au cours du temps, de façon imperceptible, qui acquièrent une définition au fur et à mesure que les gens reconnaissent et légitiment la marque des pas de leurs semblables. Les sentiers sont aussi anciens que les antiques transhumances et les premiers conducteurs de troupeaux, et même plus encore. On pourra trouver exagéré de les comparer aux traces imaginaires ou aux chants des pistes des Aborigènes d'Australie, mais cette lente érosion montre comment quantité de nos routes ont commencé, en suivant le chemin le plus facile ou le mieux disposé, fait à pied, entre le point de départ et le point d'arrivée.

***

C'est le début de la semaine de Pâques. En traversant en voiture une de nos lisières urbaines préférées de Manchester, nous voyons sur le bas-côté de la route un jeune homme d'une vingtaine d'années qui porte une croix. Il marche rapidement mais avec difficulté. La croix est assez grande pour qu'un homme y tienne, la pièce de traverse repose sur son épaule et ses mains la maintiennent. Au pied de la croix, il y a une petite roue, comme le stabilisateur d'un vélo d'enfant. En plus du poids qui repose sur ses épaules, il a des difficultés avec le terrain de la lisière urbaine. Pas de trottoir, aussi il marche sur le côté de la route jusqu'à ce qu'arrive une voiture, alors il trébuche dans l'herbe et le gravier de l'accotement. Quand la route s'achève, il fait passer sa croix par-dessus un échalier pour prendre un sentier de lisière urbaine.

Espacés derrière lui à intervalles réguliers, nous croisons quatre autres hommes. Ils doivent être en route de ville en ville, en se relayant pour porter la croix, puis ils marchent derrière pour se reposer les épaules. C'est un acte de témoin de Pâques et, dans les rues de Manchester ou de Liverpool, sa silhouette spectaculaire se détachera dans l'ombre des immeubles victoriens imposants et noircis. Des enfants marcheront à côté de lui, en se moquant et en posant des questions, des hommes âgés qui fument devant les pubs lèveront leur verre et lanceront une plaisanterie, c'est ainsi que seront accueillis les porteurs de croix. Mais ici, dans les lisières urbaines, ils semblent étrangement seuls. En dehors d'une voiture occasionnelle comme la nôtre, leur témoignage s'est transformé en épreuve d'endurance inaperçue.

Qu'est-ce qui les amène à traverser les lisières urbaines ? L'attrait de leur destination ? Ce devrait être plus que cela, parce que la crucifixion a été essentiellement une histoire de lisière urbaine. La Bible laisse entendre que le lieu de la crucifixion était « hors des murs de la ville » et, aujourd'hui, les historiens croient que les Romains ont choisi comme lieu d'exécution une « lisière urbaine » comparable. Il semble que le Golgotha fût vraisemblablement un endroit qui avait deux usages – une carrière et un dépotoir. La Via Dolorosa est un sentier de lisière urbaine.

***

Aujourd'hui, les porteurs de croix des lisières urbaines sont non seulement des fidèles de Jésus, mais aussi d'Arthur Blessitt. Un matin de 1969, à cinq heures, ce patron de café très pieux a entendu la voix de Dieu qui lui demandait de décrocher la croix de trois mètres soixante du mur de son établissement sur Sunset Boulevard à Hollywood, et de s'en aller sur les grandes routes du monde. Quarante ans et soixante mille kilomètres plus tard, il marche encore. Il a transporté sa croix dans des zones de guerre, des terrains vagues et des déserts. Il est même entré dans le *Guinness Book of Records* pour la plus longue marche du monde et pour avoir parcouru la plus grande distance jamais consignée au cours d'une vie.

Le site officiel de Blessitt contient des instructions détaillées sur la fabrication de sa propre croix grandeur nature, y compris des indications pour pouvoir la démonter facilement dans les aéroports, et pour choisir la bonne roue afin de parcourir le maximum de distance. Il a entamé son périple sans roue, mais le poids de la croix traînée sur la route a limé cinq centimètres de bois par jour. Parmi les nombreux faits intéressants qui ont marqué la marche épique d'Arthur Blessitt (y compris son plus mauvais repas, une soupe au rat à Belize), il y a celui-ci : « Pendant quarante ans autour du monde, on a refusé que la croix passe une nuit dans plus de la moitié des églises où j'en ai fait la demande, alors qu'on ne m'a jamais refusé dans un bar ou un night-club. »

***

Nous savons qu'un paysage anglais jamais vu, jamais touché, est un mythe. Nous savons qu'une interaction longue et complexe entre des processus naturels et constants et une activité humaine plus récente a, en grande partie, formé le paysage que nous pouvons voir aujourd'hui et que ce paysage est inséparable du monde humain. En anglais, le mot *landscape* lui-même vient du mot hollandais *landschap* qui désigne un secteur, une zone, une juridiction et, à l'origine, des artistes hollandais lui ont fait traverser l'importante barrière de la mer du Nord au XVIe siècle. D'après ses débuts étymologiques en anglais, le mot *landscape* a été essentiellement une part de la culture humaine : quelque chose qui inclut la nature plutôt que quelque chose qui en dépend entièrement.

Landscaping, « paysager », utilisé comme verbe, rend peut-être ceci explicite, mais fait apparaître un paradoxe dans le terme lui-même : aujourd'hui, quand nous « paysageons » quelque chose, le plus souvent, ce que nous essayons de faire c'est de masquer les effets physiques d'une activité humaine brutale, de recouvrir nos traces, de dissimuler le terrain par un camouflage selon une idée ordonnée du naturel.

***

Beaucoup de minuscules embranchements ferroviaires de la liste du docteur Richard Beeching restaient insuffisamment utilisés et l'ère de la voiture était en plein essor, cependant – un demi-siècle plus tard –, selon l'idée dominante, les suppressions de lignes par Beeching sont considérées comme un acte inutile et, à courte vue, un vandalisme national. Des gens comme Flanagan & Allen et Flanders & Swann ont écrit des complaintes, dont *Slow Train* qui réussissait le tour de force de réunir des noms de gares en les rendant plus rustiques et plus élégiaques : *Formby Four Crosses, Armley Moor Arram.* Au milieu des années 1990, notre nostalgie des lignes de chemin de fer perdues était si grande que nous leur avons consacré une série télévisée – *Oh Doctor Beeching* – qui recréait le tableau idyllique d'une gare de campagne menacée de fermeture.

Adlesdrop d'Edward Thomas – composé en 1914 – décrit l'arrêt imprévu d'un train sur la ligne Oxford-Worcester, dans une petite gare du Gloucestershire. Ce poème célèbre évoque un instant de prise de conscience, de paix et de beauté quand le poète entend « tous les oiseaux de l'Oxfordshire et du Gloucestershire » et (comme de nombreux poèmes d'Edward Thomas) il a quelque chose d'élégiaque, renforcé par le fait que nous savons qu'Edward Thomas a été tué pendant la Première Guerre mondiale. Aujourd'hui, ceux qui visitent Adlesdrop peuvent lire le poème sur une plaque apposée dans la station d'autocar. La gare a été fermée en 1966. Pour un grand nombre de lecteurs, le poème possède aussi un regret sous-jacent – le sentiment que cet instant de prise de conscience n'est plus possible dans une époque où les trains n'empruntent plus les voies ferrées endormies, et ne s'arrêtent plus dans des gares ensoleillées avec des vasques de fleurs entretenues avec fierté.

Mais il y a une contrepartie à cette nostalgie pré-Beeching et les lisières urbaines en sont les principales bénéficiaires. Quelque 16 000 kilomètres d'anciennes voies ferrées sont maintenant introuvables, comblées ou recouvertes de constructions. Mais une grande partie conserve encore la forme et la courbure des anciennes lignes, et ceci leur a fourni une seconde vie comme de longs chemins (parfois surnommés « parcs linéaires ») pour promeneurs et cyclistes. Au sud-est de Manchester, entre Marple et Macclesfield, la Middlewood Way suit le sentier d'un ancien embranchement fermé en 1970, qui serpente le long du canal Macclesfield, en passant devant d'anciennes filatures de soie transformées en appartements haut de gamme, sous des ponts et sur des viaducs qui donnent sur l'arrière d'usines et de fermes.

Comme beaucoup d'autres « parcs linéaires », la Middlewood Way a des périodes de calme et de grande activité. Tranquille pendant presque toute la journée, elle redevient elle-même au lever du jour, quand apparaissent les joggers, ceux qui promènent leur chien et les banlieusards à vélo. Les bas-côtés, autrefois tondus, sont laissés à l'abandon et de longues portions du « parc » sont ombragées, isolées et protégées du bruit des routes proches. Les jours de semaine, cela fournit un refuge très prisé des employés de bureau pour le déjeuner quand ils quittent leurs start-up d'informatique installées dans les usines transformées, pour faire le point, fumer une cigarette, passer un coup de fil afin de répondre à une annonce de travail, entamer une liaison avec une collègue.

Dans l'ancienne ville cotonnière de Bollington, sur la Middlewood Way, entre Macclesfield et Marple, les résidents ont réuni des fonds pour construire une galerie de grès, située à côté des voies où se trouvait autrefois la gare du chemin de fer, avant que la hache de Beeching ne l'abatte. Dans le centre local pour les visiteurs, une photo montre une famille de Bollington il y a un siècle, attendant à la gare, avant d'entamer son voyage vers une nouvelle vie au Canada. Maintenant, la gare est un labyrinthe, les voyageurs sont des employés de bureau stressés et stupéfiés et le voyage a lieu à l'intérieur.

***

Nos autoroutes elles-mêmes ont été brièvement des sentiers avant que leur vrombissement incessant ait démarré. Beaucoup d'enfants qui ont grandi dans les années 1960 et 1970 ont eu la possibilité d'y marcher, alors que différents tronçons étaient en cours de construction. C'était passionnant de s'y promener, trois de front, chacun sur sa propre voie, pendant des kilomètres de tarmac intact, en lisant les énormes panneaux bleus qui indiquent les sorties, ils mettaient des minutes à apparaître et à passer et, dans l'âge adulte, ils fileraient dans le champ de vision avant de s'éloigner en quelques secondes dans le rétroviseur.

Cependant, il est difficile d'imaginer des routes abandonnées. Depuis la rationalisation du réseau ferré par le docteur Beeching, dans les années 1960, nous avons pris l'habitude de marcher le long de voies démantelées, transformées en chemins ou en pistes cyclables, des couloirs reconquis pour piétons, qui traversent le paysage en ligne droite. Les routes sont différentes. Comme le dit une chanson du groupe de rock Black Box Recorder en décrivant le réseau d'autoroutes britannique : « C'est là depuis toujours, ça ne changera jamais. » Notre réseau d'autoroutes est un système vivant, des travaux en cours, le résultat progressif de centaines de siècles d'adaptation depuis que les premières pistes ont été établies. Même si le pourcentage de construction de routes s'est accéléré au cours du dernier siècle, nos réseaux d'aujourd'hui gardent des ressemblances avec les modèles plus lents utilisés par les légions romaines, les commerçants du Moyen Âge et les premières diligences du courrier royal. Pourtant, un ralentissement général aura lieu. Nous essayons de nous imaginer – dans l'époque d'après-pétrole – capables de parcourir à pied l'autoroute M1, de Brent Cross à Scotch Corner, en évitant l'attraction gravitationnelle de Londres et de sa planète intérieure, la M25, en passant la nuit dans des stations-service reconverties en hôtels. Nous avons vraiment l'intention d'y marcher ; pas de l'utiliser comme un outil narratif pour quelque *flânerie*.

***

Il existe une différence énorme entre marcher sur un sentier et marcher sur une route. Les grandes routes découragent la circulation piétonne et elle est illégale sur les autoroutes sauf en cas d'urgence. Nos petites routes ont depuis longtemps été prises en otages par les voitures et même ces routes-là, rétrogradées par les routes à quatre voies plus récentes, rendues orphelines et déviées, peuvent être brusquement submergées les matins et les soirs de week-end : la foire d'empoigne. Ceux qui marchent sur le bas-côté se sentent continuellement repoussés sur les marges, toujours vigilants et sur leurs gardes. Le paysage défile lentement mais il est difficile de se détendre et d'avoir la sensation d'en faire partie.

Même nos randonnées les plus longues et les plus officielles peuvent nous offrir de bonnes marches dans les lisières urbaines. La Dales Way s'étend sur 135 kilomètres depuis Ilkley dans le West Riding, jusqu'au rivage du lac Windermere à Bowness, et en gros, elle ressemble à ce qu'on attend : des vallonnements calcaires et des landes désolées, des vallées profondes et boisées comme le Strid, des ruines anciennes comme Bolton Abbey, des églises avec des porches de cimetières, de petits pots de miel pour touristes avec des salons de thé et de grands étalages de vêtements. Même ainsi, les premiers kilomètres du sentier qui suit la rivière Wharfe ne peut se décider, et l'on emprunte des passages souterrains en ciment, on suit de petites routes en direction de ronds-points, on passe devant des camps de caravanes et des jardineries, avant qu'il commence à se détendre dans une tranquille étendue déserte (même si les petits pains au lait et la bière Ale locale ne sont jamais très loin).

***

Nous nous retrouvons à Carlisle, un matin d'été, pour prendre le sentier qui suit la rivière Caldew et sort du centre-ville vers l'arrière-pays. Nous passons devant l'usine à gaz, la gare de triage fermée par des cadenas, jusqu'à un endroit d'où nous descendons vers la rivière dans l'obscurité des arbres. C'est le moment de l'année où la végétation est la plus dense et la plus envahissante et à certains endroits nous marchons à la queue leu leu sur le chemin de sable rouge, les bras levés au-dessus des orties et des ronces, comme des soldats dans la jungle qui traversent une rivière invisible. Nous sommes bientôt en accord avec les rythmes du sentier, le sol sous nos pieds, les détours qui nous ramènent sur les berges de la rivière, les papiers gras et les traces de ceux qui sont venus boire ici pour ne pas être vus de la route.

La Caldew était une rivière industrielle, elle faisait tourner les usines textiles qui ont fleuri sur ses bords pendant deux siècles. À partir du barrage en amont de Ferguson Mill, certains bâtiments de brique rouge plus anciens se dressent encore sur l'autre rive, transformés en appartements. Mais il y a l'usine Pirelli, une boîte grise sur le flanc de la colline, et ensuite nous passons près de l'imprimerie Stead McAlpine et des teintureries : l'air chaud a brusquement une odeur de papier brûlé. Ici, les petits sentiers nous permettent de grimper les berges de gravier, là où un bras mort de la rivière est recouvert de hêtres et de sureaux. Un petit tas de pierres soutient un bâton fourchu, pour soutenir une canne à pêche, mais pas de pêcheur en vue. Un héron nous observe d'un œil furieux. Un peu plus loin en amont, des hirondelles de rivage ont colonisé les berges, en creusant dans la terre rouge et meuble ; leurs nichoirs sont un peu modifiés et érodés à chaque fois qu'elles reviennent au printemps. Un tuyau gris traverse la rivière sur son propre pont métallique. Il est fermé et sur la défensive mais les graffitis et les trous dans le grillage montrent que c'est un des endroits préférés des enfants et des adolescents.

Le paysage s'ouvre et le sommet du sentier est plus aéré. Des lignes électriques traversent d'immenses prairies naturelles pleines du bruit d'insecte de l'électricité. En haut, on voit l'usine Nestlé : on dit que dans ces champs, il y avait des arroseuses qui projetaient une sorte de petit-lait ou de sous-produit de laiterie. Après avoir franchi la clôture qui entoure les pelouses bien entretenues de l'usine et avoir atteint le village de Dalston, des kilomètres de riche paysage agricole s'étendent devant nous, puis le Lake District et le sombre Skiddaw où se trouve la source de la Caldew. Nous laissons le paysage inattendu et caché et nous avançons dans la campagne.

Edgelands: *Journeys into England's True Wilderness*, Jonathan Cape, London, 2011.

Paul Farley *est l'auteur de quatre recueils de poèmes (Whitbread Poetry Award et E.M. Forster Award).*
Michael Symmons Roberts *est l'auteur de cinq recueils de poèmes (Whitbread Poetry Award) et de deux recueils de nouvelles.*

La vie dans la mort

Jean-Marie Chevrier

C'est le temps qui veut ça, le moment qui dicte ce qui convient à l'art pour faire de l'art, le fatras dont il se nourrit avant de disparaître ; chaque époque s'inventant des rêves, se donnant des règles et, dès qu'inventées, les tenant pour caduques et méprisables. Avec pour seul but de les transgresser.

C'est dans les cendres qu'on va chercher. Dans les cendres froides dont on extrait un bout d'os à ronger, qui est comme un miroir, « Poor Yorick ! », dont la vue chatouille l'âme et donne des idées de grandeur, de pérennité, d'Art.

En cette fin du XVIIIe siècle, la vague avait déferlé du nord. On s'était mis à badigeonner les oripeaux médiévaux de couleurs nouvelles. Walter Scott avait dérouillé les armures qui brillaient d'un éclat neuf dans les brumes des Highlands. La musique de Mendelssohn descendait des Hébrides, sa symphonie passait elle aussi par l'Écosse. Les Allemands fouillaient les eaux glacées des lacs à la recherche d'Ondine. Ils cherchaient l'or dans le Rhin dans le sillage de Coleridge dont le bateau remontait au vent, plein nord, ou plein sud, puisque, quelque route que l'on suive, la glace est au bout qui vous enserre dans un froid mortel. Des fantômes gothiques accompagnaient sa poésie de leurs chansons lugubres. Il avait lu Shakespeare. Il était familier des sorcières des landes de Macbeth et du spectre d'Elseneur. L'imagination est maladive. Celle de Coleridge ne se trouvait apaisée que par la prise d'opium ou de laudanum qui ne faisait que la troubler davantage. Elle l'entraînait de préférence vers la mer, vers l'espace infini, vers une solitude peuplée de monstres. J'appelle romantique ce qui est malade, avait dit Goethe.

Dans *La Ballade du vieux marin*, Coleridge raconte l'histoire édifiante, la parabole d'un marin qui, pour avoir tué un albatros, oiseau géant des mers, voit s'abattre sur son navire la malédiction qu'encourt celui qui a détruit l'innocence. Malédiction d'autant plus forte qu'elle prend pour victimes les compagnons de bord du marin, alors qu'elle l'épargne, lui, le meurtrier, afin d'augmenter sa détresse de voir mourir et souffrir ses compagnons par sa faute et sous ses yeux.

Après beaucoup d'errances viendra le pardon, et la rédemption lui sera donnée dans la rencontre d'un saint homme.

Fallait-il l'illustrer ? Probablement. Parce que, incertain de la clarté de son récit que compliquait à l'envi une nécessité poétique farcie d'archaïsmes (l'alambic des vers dégage une vapeur troublante), Coleridge lui-même avait accompagné les strophes de son poème d'une glose explicative, d'un sous-titrage en quelque sorte, auquel le lecteur pouvait se référer quand le sens du récit lui échappait.

Quatre-vingts ans plus tard, Gustave Doré s'en emparait et mettait le récit en images en réalisant trente-huit gravures plus un frontispice, publiés à Londres où Doré avait sa galerie chez Berforth et Fairlefs, 35 New Bond Street. Le célèbre graveur français illustra la version anglaise et originale du texte.

Dès lors, les vers, qui avaient donné tant de mal à Coleridge au point qu'il s'adjoignit parfois le secours de Wordsworth dans sa composition, les vers se trouvèrent relégués par le travail de Gustave Doré et ne furent plus qu'une indication en bas de page, sous l'image dont la richesse et la technique les éclaboussaient d'une clarté trop vive. Quand deux modes d'expression s'emparent d'un même sujet, le déséquilibre est fréquent.

La métaphore du bateau en dérive est inépuisable. Ulysse s'y glissa le bon premier. Nef des fous, mer des Sargasses, triangle des Bermudes, Hollandais volant et Pandora, nul ne mène la barque. Dès lors les monstres surgissent. Chaque vague porte en elle l'enroulement d'une créature maléfique. Que le bateau avance ou se fige, sur la mer bouillante où s'aventure Gordon Pym, sur la lutte avec la pieuvre de Gilliatt dans *Les Travailleurs de la mer*, la lune rôde. La Maléfique, la Lilith, la Noire, pourvoyeuse de créatures qui s'effacent dès qu'on veut les étreindre et d'ombres gigantesques qui projettent sur les flots les grands mâts des navires et les donjons du père Hugo. Tout ça, de l'encre. De l'encre à n'en plus finir.

C'est à la même époque que le bateau de Rimbaud ne se sentit plus guidé par les haleurs, sorti des mêmes chantiers que celui de Coleridge et de Gustave Doré, dans les lactescences, les horreurs mystiques, les phosphores chanteurs et les ardents entonnoirs.

Pendant ce temps Doré inventait le cinéma. Il jouait de la focale, balançait le regard au rythme des vagues pour secouer le spectateur par le biais de filtres nocturnes, de plongées et de contre-plongées. Il annotait ses images de brefs encadrés en bas de page comme au temps du muet et si, seize fois la seconde, les pages du livre eussent pu se tourner, le film aurait défilé sous les yeux.

Film en costume parce que l'action se passait dans des temps très anciens où les femmes portaient le hennin et les hommes, des chausses. Mais, libre et précurseur des temps à venir, Doré descendit en scaphandre sous la mer, à la recherche des créatures qui en peuplent les profondeurs, les poissons, les noyés et les divinités pourvues d'ailes qui volent à l'égal des vastes cachalots. Jules Verne y vit du futur.

« C'est beau ! » pensaient les hommes de son temps.

Et puis vint le cinéma, et les lunes de Samuel Coleridge et de Gustave Doré furent entreposées dans le placard aux vieilles lunes. Elles rejoignirent le fatras, les bibliothèques, les caves, la poussière et la marine à voile.

Ce magma où les œuvres s'enchevêtrent d'être nées l'une de l'autre constitua un tout spongieux, de la consistance de la cervelle de ceux qui les avaient pensées, qu'on pourrait regrouper sous le terme générique d'« avant » parce qu'ils nous annonçaient, nous qui cherchions des sources. Nos yeux les virent couler dans un passé sans fond d'où montaient des bulles. La vie dans la mort selon les mots.

Jean-Marie Chevrier *est poète et romancier :* Une saison de pierre *(1995),* Une seconde vie *(2000),* Le Navire aux chimères *(2004),* Un jour viendra où vous n'aimerez plus qu'elle *(2007),* Départementale 15 *(2009),* Une lointaine Arcadie *(2011), tous publiés chez Albin Michel. Il est membre du comité de rédaction.*

Tunisie

Exercice d'écriture du vendredi 14 janvier 2011

Moncef Ouahibi

Traduit de l'arabe (Tunisie) par l'auteur

Que toute chose se taise ici, ce vendredi :
le frémissement des oiseaux, à l'aube de la Tunisie verte,
ses cloches qui sonnent depuis un arc-en-ciel,
ses arbres qui chantent.
Que toute chose se taise :
les sonneries des téléphones, le bruit des pioches.
Que toute chose se taise, ce vendredi :
les femmes pleurant notre voisin qui agonise
ce vendredi
les rires des belles filles qui accourent sous la
pluie fine, vers l'école,
ce vendredi

Que la pluie cesse de tomber
ce vendredi
Qu'elle accroche ses cloches de cristal
dans l'air et dans les nuages
Qu'elle attende
que 17 heures sonnent
Après, elle aura droit de tomber avec abondance
Que notre voisin reporte sa mort jusqu'à 17 heures

Que toute chose se taise
ce vendredi :
cette femme qui appelle tantôt son fils
tantôt son chien
Qu'elle soit comme le chien
Lui qui dresse les oreilles
Pressentant ce que nous les bergers ne pressentons jamais

Que toute chose se taise
ce vendredi
le tintement de leurs verres
le chuchotement de leurs bouteilles
dans Al-Mazar
Dis-leur :
vous qui traversez la terrasse du jour

vers un bar qui ouvre le vendredi
un peu de silence
ce n'est rien
et attendez
que 17 heures sonnent

Que toute chose se taise ce vendredi :
les chansons des bergers
l'appel à la prière
dis-leur
ne faites pas la prière
ce vendredi
ne lisez pas la Fatiha[1]
levez-vous comme les Tunisiennes et les Tunisiens
en ce vendredi
Que vous psalmodiez : louange au peuple
notre seigneur à nous tous
Que vous psalmodiez : louange au soleil
que le peuple fait rouler en ses mains
Que vous psalmodiez : louange à la terre
que le peuple entoure
et fait tourner dans ses mains

Que toute chose se taise
ce vendredi :
les élèves
même s'ils chantent :
« Si le peuple veut un jour la vie
le destin se doit de répondre »
Dis-leur
ne saluez pas le drapeau
ce vendredi
il y a une voix qui vient
une voix qui illumine
pour nous apprendre
et apprendre ce crayon

Un peu de silence
toi vent
toi pluie
toi orage
Un peu de silence
vous véhicules et trains
qui partez depuis le matin

Que toute chose ici et là se taise :
Les caravanes de chameaux et de chiens
qui traversent le Sahara de Douz
Les bateaux, allant et venant
en Méditerranée
hissant des voiles
déployant des filets
Les phares qui éclairent
à travers le gypse du brouillard

Que toute chose se taise :
Les pirates
Le piétinement des rames
Le reflux sur la côte tunisienne

Un peu de silence
mes frères
mes camarades que j'aime
Que toute chose ici et là
se taise maintenant
17 heures sonnent
Que nous soyons tout oreille
Ici tout est silencieux
Vous n'entendez rien ?
Mais si, écoutez bien
C'est le bruit de ses bottes
Le despote
qui s'enfuit
qui part
en hâte
qui traîne ses pas lourdement
vers l'endroit où
il s'endormira
dans un cadavre vide

Le poète tunisien ***Moncef Ouahibi****, né en 1949 à Hajeb al-Ayoun, est professeur de littérature arabe à l'université de Kairouan. Il a publié en arabe des livres de poésie parmi lesquels :* Tables, Manuscrit de Tombouctou, Les affaires de la femme qui a oublié de grandir. *Il est aussi scénariste :* Pays qui me ressemble *et* Paul Klee à Hammamet et Kairouan.

1) La première sourate du Coran.

« Un livre contre une cigarette blonde »

Pour George Whitman, sous le signe de la Rencontre

Joëlle Cousinaud

Jusqu'au 19 juin 2011, je ne m'étais jamais demandé quelles pièces du puzzle de ma vie m'avaient amenée à organiser des soirées littéraires, des rencontres d'auteurs et de traducteurs, aux convergences des arts.

Aujourd'hui, je sais que je le dois principalement à un homme qui a donné un sens majeur à sa vie en poursuivant l'œuvre de Sylvia Beach par la création de la librairie Shakespeare & Co en 1951 [1] – année de ma naissance – et qui, en me faisant confiance, m'a insufflé l'immense bonheur des livres, de la vie et de l'amitié indéfectible. Son humanité, son humour, son respect pour tout ce qui touche à la connaissance, sa foi en l'homme, son amour des voyages (premier tour du Mexique à quinze ans en 1928 !) en ont fait un être exceptionnel.

« Un livre contre une cigarette blonde » – RESPECT ! George Dear !!! Toi ! George Whitman !

Ce 19 juin 2011, mes pas – ou nos esprits reliés depuis si longtemps – m'ont conduite après plusieurs années jusqu'à toi, que j'ai vu pour la première fois si frêle au fond de ton lit, au milieu de tes livres rares… Tu m'as dit avec un regard amusé : « *Dobro pogelavat* », petite formule de politesse et d'accueil en russe signifiant pour nous « chapeau bas, ma chère ! », marque de notre longue complicité.

J'ai quinze ans en 1966. Je sors d'un cours d'anglais organisé par la Ville de Paris quand mon amie Chantal m'interpelle : « Il y a un type, rue de la Bûcherie, dans une librairie anglaise, qui offre "un livre contre une cigarette blonde" ! C'est écrit à la craie sur un écriteau au-dessus d'une caisse pleine de livres ! » J'enfourche ma mobylette rouge, traverse la Seine et entre dans la librairie Shakespeare & Co, Kilometer Zero. Et là, je fonds de plaisir, mes yeux vont en tous sens, mon sourire s'épanouit, mon corps se met à vibrer. Je me sens comme la plus petite des *Matriochki* explosant toutes celles qui l'enfermaient. « *It's fantastic ! It's great !* » Toi George, amusé, assis derrière ta caisse (un tiroir en bois sans sécurité, une calculatrice préhistorique), avec ton habituelle tasse de thé au lait, tu me tends un trousseau de clés : « *You're the owner next week-end !* »

Et me voilà, le week-end suivant, heureuse et légère au milieu des livres, accueillant, renseignant, vendant. Un seul accroc : le vol du beau livre sur Dalí. Mais George n'a rien dit ; l'enjeu était ailleurs…

À ce moment-là est né un beau partage d'amitié. Tu me parlais de tes voyages, de Sylvia Beach, d'Anaïs Nin, de Lawrence Durrell, de James Joyce, d'Hemingway (merci encore pour *A Moveable Feast*)… J'assistais aux *poetry readings* autour d'un feu de bois fait dans ce trou au milieu de la librairie qui te valut nombre de descentes de pompiers. Tu nous servais ta célèbre soupe, tes pancakes, ton pain azyme et les *doggy bags* que tu rapportais du restaurant chinois. Que d'heures passées à construire des bibliothèques, à ranger les ouvrages selon notre propre logique, à circonscrire des feux dans les livres trop proches des lampes, à cuisiner pour nourrir tous ces jeunes voyageurs qui dormaient là contre deux heures de travail par jour !...

Puis, il y eut 68. Dix-sept ans, toujours ma mobylette rouge comme destrier et la librairie comme refuge. L'ambiance du Quartier latin, les fêtes rue de la Huchette, les discussions où nous reconstruisions le monde, le temps béni où la cause des femmes trouvait enfin une respiration, la création du MLAC, certaines frontières sociales qui explosaient (nous le croyions alors), la communication entre garçons et filles et une grande liberté de parole entre jeunes et moins jeunes... Cela me créait des conflits familiaux sévères, mais j'avais goûté à la vraie liberté, celle de penser, celle de l'indépendance de l'esprit, et rien n'aurait pu m'arrêter et ne m'a d'ailleurs arrêtée depuis.

Tu me donnais tes invitations pour l'Olympia, et grâce à ton amie Colette, j'allais au Théâtre de la Ville, moi qui avais grandi avec le TEP et le TNP. Je te dois aussi Chopin, que tu nous passais en boucle dès le matin, et mon éveil à la musique classique. Grâce à toi j'ai rencontré des êtres de qualité avec qui les mots s'envolaient et niaient les frontières. À l'étage, j'aimais voir travailler Jean-Pierre Guillemot et son équipe de dessinateurs, qui ont créé les Éditions Axium [2]. Jean-Pierre m'avait donné à vendre sous le manteau, à la fac de Vincennes, pour cinq francs, *Le Château de Cène* de Bernard Noël [3] – littérature subversive à l'époque, car trop érotique...

Nous vivions à fond l'amitié et la culture dans la joie de vivre. Des jeunes passaient par la librairie avant de partir en Inde construire la ville-galaxie d'Auroville et inventer une société meilleure. Il y avait aussi Tambimuttu, ce grand Cinghalais aux cheveux longs, bandana autour du cou, sourire irrésistible, main en l'air, pouce sur l'oreille, cigarette aérienne, avec la robe indienne que portaient ses ancêtres en 1505 : « *The world is waiting to hear from Tambimuttu again. I AM TAMBIMUTTU. I belong to the mainstream of English Literature.* » Il me donnait des conseils de lecture ou de coiffure, me parlait de ses projets avec les Beatles, Bob Dylan... Il avait fait vivre les éditions de poésie pendant la guerre à Londres. Dans la revue *Poetry London*, qu'il dirigea pendant onze ans, il fut le premier à éditer Lawrence Durrell, Kathleen Raine, et Dylan Thomas, dont la poésie me fascinait déjà. Au printemps 69, nous avons fêté mes dix-huit ans à la librairie. Parmi les gens présents, Julian Nangle, qui peu après donna à Londres une sœur à ta librairie, Words Etcetera. J'ai gardé de cette soirée une cicatrice à la jambe gauche, une bouteille de Coca s'étant brisée dans la minuscule cuisine encombrée. Un anniversaire aux urgences de l'Hôtel-Dieu accompagnée d'un grand poète, quel cadeau ! Il y eut aussi le tien : dédicacé, avec le célèbre tampon de Shakespeare & Co, Kilometer Zero Paris, *Jennie Gerhardt* de Theodore Dreiseri [4]...

Une licence d'anglo-américain à Vincennes m'avait un peu éloignée de la librairie, mais j'y retrouvais tes livres, tes auteurs, ton ouverture. J'ai voulu arrêter mes études de russe à Langues O, mais tu m'as gentiment secouée : si tu t'astreignais à faire ta comptabilité, ce devait être pour moi un bonheur d'apprendre une langue si riche. Alors, je me suis remise au travail, à genoux devant mes dictionnaires étalés sur le petit lit du studio qui te servait de bureau face à Notre-Dame, avec toi à ta table, tel un naufragé au milieu de tes factures. Je n'ai d'ailleurs jamais cru à l'équilibre de ta comptabilité...

Pour me motiver, tu m'as donné un budget et m'as confié la constitution d'un rayon russe. Mes lectures d'adolescente m'avaient plongée dans l'univers de Dostoïevski. Tu m'appelais Nastassia Philipovna et notre œuvre préférée était *L'Idiot*. Pour toi, le lire en russe était la quintessence du bonheur… J'ai donc repris mes études, mais à Vincennes, avec des enseignants qui furent de véritables bulles d'air de liberté intellectuelle et humaine : Lida Vernant, Jean-Pierre Audigier, Jean-Michel Palmier, Jean Gattégno – qui joua par la suite un rôle important pour la diffusion du livre et de la lecture.

Quel merveilleux melting-pot était alors Paris ! Que de voyageurs accueillis à la librairie ! Quelle incroyable liberté la « patrie des droits de l'homme » donnait à ces étrangers, exilés par la guerre ou la misère, intellectuels ou ouvriers, qui ont contribué à faire la France : Polonais, Russes, Italiens, Portugais, Turcs, Arméniens, juifs de plusieurs pays, etc.

Dans la longue chaîne de ceux qui m'ont portée vers moi-même, tu occupes, George Dear, une place essentielle. Tu as relayé Mlle Flogny, institutrice de CM2 de la rue Le Veau, et Jacques Peron, directeur de la MJC Charonne, dans le XXe, qui en dépit des obstacles liés à ma situation sociale et familiale ont cru en moi, m'ont prise en main et m'ont ouvert des univers. Et tous ceux que j'ai rencontrés – en chair et en os ou dans leurs livres – dans la librairie.

Cette richesse à laquelle tu m'as donné accès, je n'en ai rien perdu. Aujourd'hui, je comprends mon attachement au livre, à la lecture, à la conjonction de toutes les formes d'art, au fait que la seule mondialisation ayant une valeur est celle de l'Esprit et de l'Humain.

Et c'est avec beaucoup d'émotion que je te remercie, George Dear, d'avoir été l'un des phares essentiels sur ma route.

Ce texte a été terminé le 14 décembre. George Whitman s'est éteint ce jour-là.

***Joëlle Cousinaud** est directrice d'établissements culturels, directrice de production de spectacles, analyste financière, enseignante, conceptrice et organisatrice d'événements culturels (livre et lecture, musique, théâtre, danse) : http://lalicorneetledragon.com*

1) Librairie Mistral en 1951 puis Shakespeare & Co en 1962, à la mort de Sylvia Beach.
2) *Les Lettres fantastiques illustrées*, coll. « Ouroboros » (Seignolle, Rimbaud, Coleridge, Marlowe…).
3) Paru sous le pseudonyme d'Urbain d'Orlhac aux Éditions Jérôme Martineau.
4) Drame social du XIXe siècle se déroulant dans la ville de Colombus, Ohio : l'héroïne Jennie, dix-huit ans, pauvre mais généreuse, est en proie à des tourments générés par des incompatibilités de classe, mais elle a l'amour pour fil d'Ariane et raison de vivre. Très shakespearien…

Signes

Jean Guiloineau

André Breton, *Nadja* : « Il y a quelques jours, Louis Aragon me faisait observer que l'enseigne d'un hôtel de Pourville, qui porte en caractères rouges les mots : MAISON ROUGE, était composée en tels caractères et disposée de telle façon que, sous une certaine obliquité, de la route, MAISON s'effaçait et ROUGE se lisait POLICE. » En 1962, Breton a ajouté en note : « *Sous une certaine obliquité* : *le rapprochement tout fortuit des deux mots mis en cause devra attendre quelques années pour imposer, lors de certains "procès", l'évidence de leur collusion.* »

Lorsqu'on passe la porte des Lilas vers Bagnolet et qu'on veut se diriger vers Pantin, on doit tourner à gauche, au coin d'une brasserie qui a pour enseigne LE FAIDHERBE – BIÈRES, écrite en lettres de néon qui, la nuit, éclairent la façade. À la suite d'un court-circuit, la moitié de l'enseigne s'est éteinte. Pendant quelque temps, on a pu lire : HERBE – BIÈRES.

L'action du film de Hitchcock *Correspondant 17* se déroule pendant la Première Guerre mondiale. Dans une scène, un homme poursuivi se sauve par les toits d'un hôtel, la nuit. En dessous de lui, on peut lire HOTEL EUROPA, écrit en lettres lumineuses. D'un geste maladroit, l'homme heurte l'enseigne dont une moitié s'éteint. Il ne reste que HOT EUROPA.

Breton encore, toujours dans *Nadja* : « … à Paris la statue d'Étienne Dolet, place Maubert, m'a toujours tout ensemble attiré et causé un insupportable malaise… » Étienne Dolet (1509-1546), imprimeur et humaniste. Condamné pour meurtre en 1533 et gracié par François Ier pour avoir agi en état de légitime défense. Mais en 1546, condamné par la Sorbonne pour avoir publié un *Nouveau Testament* non conforme, il fut brûlé place Maubert à Paris. En 1887, on érigea sa statue en bronze due au sculpteur Guilbert, sur les lieux mêmes de son supplice. Lorsque Breton écrit *Nadja*, en 1926, cette statue se dresse encore sur son piédestal de pierre. Elle a disparu aujourd'hui : pendant la Seconde Guerre mondiale, l'occupant allemand l'a démontée et fondue pour en faire – avec d'autres – des canons. Tragique destin, être en quelque sorte brûlé deux fois ! En 1962, Breton a ajouté une note à la remarque d'Aragon. Il n'a rien dit d'Étienne Dolet.

Place Maubert, il ne reste qu'un piédestal de pierre. Vide. Incompréhensible.

Jean Guiloineau est membre du comité de rédaction.

Le Sporting, Grenoble

Leïla Sebbar

Un homme, une femme. Entre 75-78-80 ans. C'est le printemps. Savent-ils que le Printemps du livre a lieu dans leur ville ?

Elle dit : « Le livre, il est pas encore terminé », comprendre : la vie n'est pas finie.

Il a un accent polonais, elle un accent pied-noir.

Il dit qu'il va en Espagne au mois de juillet et qu'il est déjà allé en croisière.

Elle – Le buffet, il devait être grandiose. Au Maroc, le buffet, tu commences, tu vas jusqu'au dessert et tu recommences…

Lui – Il y avait des concerts, un théâtre plus grand qu'à Paris, ça chantait, ça dansait… Après le déjeuner, j'allais me reposer. Vers seize heures, c'était le thé au salon, avec de la musique.

Elle – Pour l'Espagne, je peux y aller avec toi.

Lui – C'est complet, c'est pas possible.

Elle – Dommage.

Lui – Pendant la croisière, il y avait une machine à sous.

Elle – Tu as pas trouvé une dame, une copine quoi ?

Lui – J'avais des copains.

Elle boit un demi, lui un grand café au lait.

Elle – Tu en as, toi, des maladies ?

Lui – Non.

Elle – On peut s'entendre. Moi non plus j'en ai pas des maladies. J'ai deux fils, ils sont partis tous les deux d'une crise cardiaque. Et moi, je suis toujours là, plus vieille que mes parents, mon père est mort à 68 ans et ma mère à 69 ans. C'est comme ça, c'est les choses de la vie.

La patronne du *Sporting*, 40 ans environ, les cheveux très noirs, une jupe courte en dentelle noire, une ceinture cloutée sur les hanches. Elle frôle le jeune serveur thaï.

Elle boit un autre demi, lui n'a pas fini son grand café au lait.

Elle – J'ai quitté mon mari. J'avais rien à lui reprocher. Je suis partie, comme ça. Ça fait vingt ans. J'ai bientôt ma retraite. Je peux arrêter, j'ai élevé quatre enfants et un mari. J'aurais pu m'arrêter. J'ai encore de beaux jours.

Lui – Tu sais que j'ai souffert. Beaucoup.

Sur la place, le jeune Thaï embrasse la propriétaire du manège, girafe, éléphant, âne gris, cochon rose, chameau, coq, dans le cygne, un enfant noir rit aux éclats, accroché au col de l'oiseau.

Entrent dans *Le Sporting* deux jeunes filles arabes, l'une hijeb noir, l'autre jean moulant, les reins découverts.

Lui – Tous les ans, j'allais à Naples.

Elle – C'est joli Naples.
Lui – Je suis allé à Capri, aussi.
Elle – C'est joli Capri.
Lui – On peut faire un voyage en Toscane, mais c'est complet.

La patronne à une cliente : « Mes serveurs, ils me font rire quand ils m'énervent pas. »

Sur son tee-shirt noir, deux angelots roses au bord du large décolleté.

Elle – Je prends huit jours en août. On peut aller à Cannes. Je connais un hôtel propre, pas cher, entre la gare et la mer. 60 euros la chambre.

Lui – On verra.

Elle boit une troisième bière, Pelforth, lui un Perrier citron.
Ils se vouvoyaient, ils se tutoient. Parlent de recettes de régime.

Elle – Moi, quand je rentre chez moi le soir, je suis toute seule. Je regarde un peu la télé. Je me couche parce qu'il faut dormir…

Ils parlent de régimes, elle établit les menus. Il fait semblant d'écouter.

Elle – Je suis bien en chair, tu vois, je suis pas grosse. Je me prive pas.

Il écoute, approuve. Elle varie les menus.

Elle – J'ai eu vingt-quatre oiseaux, une cage à deux étages. Ça sifflait toute la journée, des canaris. Le mâle, il buvait le pastis que mon mari lui donnait.

Lui – C'est beau, les perroquets.

Ils se racontent des histoires de perroquets.

Elle – Qu'est-ce que tu fais le soir ?

Lui – Je vais manger chez ma fille. On regarde *Plus belle la vie* à la télé, je l'aide pour la vaisselle, tout ça, et je vais chez moi. On habite sur le même palier. Je me couche à dix heures et demie. Chez moi, c'est grand, c'est bien. Des chambres très grandes pour moi et pour mon fils.

Elle – Il faudra que j'aille voir chez toi.
Lui – J'ai trois chambres, un grand salon. C'est un immeuble ancien. J'ai 200 m^2.

Elle fouille dans son sac. Il la regarde.
Il règle la note. Il tremble en prenant la monnaie.
Ils s'en vont.

Paris 2011

Leïla Sebbar *est écrivain. Dernier titre publié :* La Confession d'un fou, *roman, Éditions Bleu autour, 2011.*

LIONEL RAY
le lyrisme bien tempéré

Colloque de la Sorbonne, mardi 17 mai 2011

Tirthankar Chanda

La vie a défait pour toi sa robe de cendre

« Je ne suis pas qui je suis, /ce masque dans la nuit anonyme/cette voix qui monte comme un fleuve/ni ces pas ne sont miens. »

C'est par ces vers que s'ouvre *Comme un château défait* de Lionel Ray, l'un des poètes français majeurs de ces cinquante dernières années.

Né en 1935, auteur d'une quinzaine de volumes, il a bâti une œuvre singulière, travaillée en profondeur par les questions de l'identité, de l'éphémère, de la fragilité du vivant. De son vrai nom Robert Lorho, qu'il a abandonné à la suite d'une inversion d'initiales, Lionel Ray a été révélé au grand public par Aragon qui l'a publié dans *Les Lettres françaises.* C'est une poésie rimbaldienne dont le lyrisme échevelé est tempéré par la conscience quasi mallarméenne de la matérialité du langage poétique. Dans sa *Lettre ouverte à Aragon*, le poète écrivait dès 1971 que son travail de diseur et de voyant consistait essentiellement à « retrouver par la désarticulation complète du discours un état poétique du langage où les mots eux-mêmes en état de rêve constituent la seule réalité ».

Le dossier que nous consacrons à ce poète incontournable de notre modernité réunit les actes du Colloque Lionel Ray qui s'est tenu le 17 mai 2011 à la Sorbonne. Les principaux spécialistes s'étaient donné rendez-vous, d'Olivier Barbarant à Michel Collot, en passant par Paul Louis Rossi, Pierre Brunel, Jean-Luc Steinmetz et Claude Adelen, sous la présidence de Georges Molinié, président de l'université Paris-Sorbonne. Les interventions qui sont reproduites ici témoignent d'une connaissance intime et éclairante de la poésie de Lionel Ray, une connaissance nourrie parfois par leur propre pratique de la poésie.

***Tirthankar Chanda** est membre de la rédaction.*

Viatique

Le monde est mon lieu, dit le poème.

J'apprends devant l'étonnante architecture des montagnes
L'extrême opacité des choses.
Même l'émotion est devenue chose parmi les choses.
Quant à la hauteur ou la profondeur, elle est dans les mots
Plus profonde et plus haute que toute réalité.

En moi, dit encore le poème,
Il n'y a nulle différence entre l'amour et la mort,
Entre une clé et un geste d'adieu,
Entre le don et l'apparence,
Entre la menace et l'acacia,
Entre un quartier de lune et le chuchotis des racines,
Entre une chaise de jardin et notre petite épiphanie quotidienne.
Et la rivière passe avec les mots, toujours autre et toujours la même.

Je demeure dit enfin le poème
Au plus fort du silence.
Chaque fois que le vide est franchi,
Quand le soleil en moi se lève
Ou que la terre s'assombrit,
Dans le souffle et la mesure,
Dans le sacre et l'accident.

*

C'est un étrange voyage que de vivre
Comme de boire jusqu'à la lie le verre
Et de s'en arracher comme d'une ombre
Laissant à l'horizon de soi pas même une forme vide
Sauf cette poussière de mots cette dentelle
Obscure qui a pour nom « souvenir ».

Rien ne ressemble plus à ma vie que le poème
Il connaît l'impossibilité d'être seul.
En lui d'un mot à l'autre grandit l'imprévisible
Mais aussi le chaos où les monstres sont tapis.

Ce qu'il cache et ce qu'il crie
N'est rien d'autre que bouche ouverte à l'étonnement,

Ce grossissement d'insecte d'une foule égarée
La pâle friperie des jours fanés, écume, grimace.

La grande leçon de mon enfance
Ce fut pourtant le refus des larmes
Mais tout fait retour dans le grand silence nocturne.

Mon poème prend le risque de lier le masque à l'aveu,
Mots et cailloux dans la bouche,
Le prononcé des ombres et des viandes.

Ce n'est pas un miroir pour jeune fille,
Ni un alcool pour un soir de fête
Mais une prose qui ne connaît ni la pause ni la victoire.

Les manières de Lionel Ray

Georges Molinié
Président de l'université Paris-Sorbonne

Je pense vraiment que, dans la situation actuelle, on peut dire qu'avec sa quinzaine de livres de poésie, tous publiés chez Gallimard, Lionel Ray est au moins *un*, sinon *le* poète français majeur de la charnière XXe-XXIe siècles, très rigoureusement comme poète.

Or, justement, par rapport à et du point de vue de la lectrice concrète et incarnée, qu'est-ce, comme activité à réception, comme sensation de transformation existentielle à pénétration pénétrée-pénétrante, que lire Lionel Ray ? Sans doute à la fois une rencontre intime et une rencontre collective, puisqu'à la fois elle peut avoir lieu singulièrement et qu'on peut en parler à partage.

Ce que j'ai emblématisé, dans la démarche d'une critique de la réception, comme un questionnement sur les *manières* de Lionel Ray. Je prends *manière* au sens prostylistique que développe W.-A. Schlegel dans la *Kunstlehre* de Berlin de 1801 : à la fois de la singularité sensible d'écriture et de la participabilité à réception, c'est-à-dire une tension entre de la singularité et de la participabilité, comme condition sémiotique d'un style.

C'est éclatant avec la poésie, où toute critique est confrontée à deux modes d'appréciation, deux modes de ressentiment, chacun également double : du côté du fulgurant ou du côté du lumineux, face au versant redoutable et toujours ouvert de la platitude.

Avec Lionel Ray, les choses *paraissaient* précisément *simples*.

On démarrait (on démarra toujours, si l'on veut) avec des textes coups de poing (bien loin de l'effet *händedruck* de Celan), du genre *Partout ici même* (1978). On en ressent plutôt un effet de gifle, à partir d'une écriture néanmoins descriptible (je l'ai fait à destination des étudiantes de deuxième année en stylistique), avec l'ostentation du jeu sur la substance de l'expression (dispositifs sonore et graphique) et sur la forme de l'expression (choix des mots et disposition phrastique) – ostentation de la poéticité matérielle, pourrait-on dire. Un tel effet est assuré d'emblée d'une force, d'une puissance, d'une somptuosité comme entravée, consubstantielles à la génération d'une caresse-fascination. On lira par exemple l'éblouissant *Imaginez, dit-il.*

Et simultanément, le début de la basse continue du sexe nu et calme, quasi dépouillé, comme *je vous écris du/centre de la nuit / humant le sexe de / la terre (et il y / a des lèvres et des / algues) il y a une / femme aux paupières / brûlées avec un / poisson dans son ventre / et tout ce midi.*

Et puis, très vite, une sorte de changement, voire une impression de rupture, qui n'allait pas d'ailleurs apparaître en tant que telle, mais, au contraire comme le déploiement d'une manière à la fois nouvelle et continue, générale, permanente : reconnaissable comme l'écriture poétique (c'est-à-dire la poésie) de Lionel Ray.

L'impression dominante devient alors davantage celle de l'accueil, du charme, de la partageabilité et de l'ouverture maximales, au plus grand nombre de lectrices possible, avec toujours cette sensation de tenue, de classe, de force maîtrisée généreusement offerte et adaptable au public. Une forme de poésie du respect.

C'est au point que j'ai même fait, au cours d'exposés sur la poésie française contemporaine, en France et à l'étranger, des présentations de Lionel Ray comme le type, ou l'un des modèles (avec Claude Esteban ?) d'une veine dominante très intéressante de la poésie française d'aujourd'hui : la poésie, si difficile à tenir et à maintenir éloignée de la platitude que j'évoquais plus haut, de la *simplicité* – la plus époustouflante.

Et ce, dès 1981, avec *Le Corps obscur*, puis *Syllabes de sable* en 1996 et *Pages d'ombre* en 2000, dans lesquels [1] on peut distinguer cette inflexion générale, que je qualifierais, emphatiquement, de *communément sublime*. Où l'on retrouve toujours l'affleurement de la veine érotique.

Dans cet ensemble, massif, se marque un infléchissement tonal assez rapide (dès *Une sorte de ciel*, en 1990, et *Comme un château défait*, en 1993, puis *Matière de nuit* en 2004), qui apparaît sous la forme de la thématisation (partie intégrante du style), ô combien participative, du regret, de la tristesse, de la modification, de la maladie, du temps qui passe, du vieillissement, de la fin et de la mort, avec l'emphatisation scripturaire des formes de la négation et du passé.

La poésie de Lionel Ray rejoint ainsi, en une gerbe largement nouée, le grand lyrisme mondial, sa profondeur et son tragique, sous l'espèce de la musique de charme [2]. C'est exactement l'illustration du sublime moderne sans *pathos*.

Et puis voici une sorte d'interruption, voire de rupture, liée à une explosion de la phénoménologie de l'identité (la seconde depuis l'arrivée de Lionel Ray) : l'arrivée de Laurent Barthélemy.

Cela se passe en 2007 (je ne parle que des indications des publications en livre), avec *L'Invention des bibliothèques*, et se poursuit avec *Entre nuit et soleil* en 2010.

On retrouve là une écriture – surprise, quasi – coup de poing, qui implique un appel violent à une action participative, positive, exigeante et dépensière de la part des réceptrices, moyennant un fort effet d'étrangeté.

Lisons par exemple *Pratique du regard*, dans *Entre nuit et soleil*.

… ces enfants à tête de chat comme la pensée humaine
ces griffures ces mouches et les servantes maladroites
aux joues usées la peinture des maîtres anciens
la voix énigmatique et l'éclaircissement des couleurs
les ciselures du matin le cœur s'attache et résonne
néanmoins avec les noms commence la volupté c'est
une histoire de traces les titres renseignent

le regard n'oublie pas
romanesque miroir de Balthus « c'est ainsi », disait-elle
la nina posait nue à sa toilette et l'érotique
leçon de guitare *on aurait dit une légende ce paysage*
construit avec musicales approches dans l'évidence
allusive le retrait le bonheur froid paisiblement

Est construit l'implicite d'un monde ineffable, sous la forme de suites syntaxiques et de fragments d'un non-donné, ce qui signale le geste du basculement vers du langage perdu et tout ensemble évoqué, à la manière de Hölderlin et de Benjamin. Cette textualité surprenante et prenante constitue des sortes de poèmes en prose, qui exhibe effectivement du fragmentaire initial et continu, dans une écriture sans catégorie, comme la trace ou l'aveu de l'ombre intraitable du monde dans l'acte sémiotique même. C'est aussi le programme de la poésie visuelle et matérique.

Ne s'y marque ni fantaisie ni superficialité, puisque la production en paraît plus orchestrée encore dans *Entre nuit et soleil*, où se joue davantage l'insertion maîtrisée de toutes les médiations culturelles sur le ressenti de la vie.

Et toujours l'empreinte de l'éros. On est vraiment en présence d'une esthétique de la force et de la blessure.

***Georges Molinié**, docteur ès lettres, est professeur de rhétorique et de sémiotique. Depuis 2008, il est président de l'université Paris-Sorbonne.*

1) On en prendra idée en lisant par exemple, dans *Le Corps obscur* : « en plein midi la pluie emporte les paroles » ; dans *Syllabes de sable* : « Cette femme est un chemin » ; dans *Pages d'ombre* : « Ce n'est ni la même fraîcheur ».
2) À la différence du thrène de Michel Deguy ou de Claude Esteban.

Lionel Ray : la vocation imaginaire

Paul Louis Rossi

I
Rencontre

J'ai la sensation étrange d'avoir toujours connu Lionel Ray, ce qui est loin d'être exact. C'est ainsi que j'ai appris par la suite qu'il s'était appelé autrefois Robert Lorho – nom superbe – et qu'il était déjà reconnu sous ce patronyme comme un excellent poète. Il avait néanmoins abandonné ce nom – d'après lui – suite au changement radical de son écriture dans la poésie. Cette position de l'écrivain n'est pas étrange. Nous avons de multiples exemples de la pratique des hétéronymes. Ne parlons pas de Fernando Pessoa qui en avait fait le moteur de son œuvre. Mais plutôt de Saint-Pol Roux qui s'appelait en réalité Pierre Paul Roux. Et surtout André Suarès qui en utilise une vingtaine : dont Yves Scantrel, André de Siepse, Jan-Félix Caërdal enfin, celte d'origine. Il était pourtant né à Marseille comme Saint-Pol Roux. Il y aurait un autre personnage, qui plairait à Lionel Ray, et qui se nomme Jean Maubert de Gouvest, au XVIIIe siècle, tour à tour capucin, protestant, officier d'artillerie dans l'armée saxonne, précepteur, comédien, philosophe, et qui utilise ces pseudonymes : Ephraim de Berlin, J.-J. Rufus, Docteur Man'Lover.

Enfin nous pouvons citer Max Jacob, né à Quimper, et qui signe ses poèmes bretons Morvan le Gaëlique. Je profite de la circonstance pour signaler que nous avons, Lionel Ray et moi, une ascendance bretonne légitime qui nous est le plus souvent contestée. Et je ne puis que songer à son livre du *Nom perdu.* Il y a dans la poésie de Lionel Ray une nostalgie, voire une souffrance de l'incertitude et de l'errance du nom, qui est irréparable. C'est ce qui donne à son œuvre la dimension tragique, en son art, qu'il doit justement chercher à éviter.

Permettez-moi de partir
et que je prenne ma juste part
de soleil et d'ombre

permettez que je touche
cette musique de plumes
que j'approche
la foudre et le givre

le réel insiste dans l'anonyme loriot
dans le lait et le goût d'azur
l'inexplicable puits des choses

II
L'Opéra

Lionel Ray a écrit en 1973 un livre intitulé *L'interdit est mon opéra*. Il publie d'ailleurs à l'époque, je l'ai vérifié, une série de poèmes dans *Les Lettres françaises*, avec l'attention et les éloges de Louis Aragon. Le singulier de l'histoire est que nous avons, le 27 juin 1973, dans le journal *Combat*, qui existait encore, un article signé Bernard Delvaille, intitulé : « La poésie mandarine », avec trois personnages : Jude Stefan pour *Idylles, suivi de Cippes*, un certain Paul Louis Rossi pour *Le Voyage de sainte Ursule*, et Lionel Ray pour ce titre : *L'interdit est mon opéra*, avec une citation en introduction de l'article : « Notre seul commerce est de métaphore. » J'ajoute que Lionel avait rédigé dès 1971 un premier ensemble des *Métamorphoses du biographe*. Je soupçonne que Bernard Delvaille, pour des raisons obscures, n'avait pas admis le changement de nom de l'écrivain et cette désinvolture du style.

Pourtant, ce que signaient les trois artistes indiqués, c'était la contestation du réalisme social et même de ce que nous appelions le poétisme. Ainsi que la tentative de définir dans l'écriture même une nouvelle esthétique. Cependant je dois signaler un quatrième personnage, célèbre à l'époque, qui se nommait Denis Roche. Il avait eu l'idée fabuleuse de s'attaquer au début du vers, dans la poésie, c'est-à-dire de décrocher ou supprimer le début de la phrase ou de la séquence. C'était l'intrusion de la notion de baroque, qui va s'imposer, et que je n'aime guère dans *La Théorie esthétique*. Trop imprécise à mon goût. Mais je me souviens que Lionel Ray était sensible à cette idée de construire un langage chantant et comme le brillant des galeries de l'opéra et du *Paysan de Paris* et des *Mystères de Londres*. Voici quelques phrases sans ponctuation du Monologue intérieur…

…parce que le printemps nous imagine maison de marchands qui défie l'inscription ce nom en pantalon beige à trois pas de Chelsea dites-vous c'était au temps de Keats mon cousin

malade comme je fus et j'écrivais à la craie Ode to a Nightingale *sur l'impériale des autobus slogan pour mois de mai fenêtre profonde*

lui de n'importe où comme des flammes autour de grandes robes frappant des pieds dans la direction de la nuit lui au-dessus de la mort rêvant de notes irréductibles…

III
Les Inimaginaires

J'écrirai certainement un jour un essai, une étude exhaustive pour Lionel Ray. Mais aujourd'hui, je préfère évoquer des activités plus secrètes, et quasi clandestines, auxquelles nous nous sommes livrés à partir de 1975. Fragments d'écriture que nous avions appelés les *Inimaginaires*, en compagnie de Pierre Lartigue, Jacques Roubaud, Lionel et moi-même. *Inimaginaire*, c'était à la fois inimaginable et privé d'imagination. C'est-à-dire une suite d'exercices collectifs de composition, de textes sur des modèles formels que nous fabriquions à mesure. C'est ainsi que nous avons rédigé en commun sur le modèle des *rengas* japonais une série de tercets et de quatrains dans une villa de Compiègne. Ainsi qu'une *Cafetière de beurre* obtenue par réduction de textes. Nous étions assistés dans nos exercices par des peintres : Michel Henri Viot et Gaston Planet, et par des musiciens comme Jean-Yves Bosseur qui avait composé une suite pour ces exercices.

Enfin, nous avons écrit les quatre premières *Quatorzines* de l'histoire de la poésie : soit quatorze strophes de quatorze vers de quatorze pieds, avec des rimes de mots assonancés en compagnie du musicien Didier Denis. Je viens de relire l'ensemble de ces essais qu'il faut tenir pour des exercices de style, et je choisirai seulement aujourd'hui un fragment de cette composition des *rengas*, chaque participant prenant la suite de l'autre, qui me semble la plus réussie formellement. On remarquera qu'il est difficile, des années après, de distinguer vraiment la part de chacun des quatre participants écrivains…

et la buée qui fait tremb-
ler cette limaille et dé-
place des points dans la nuit

aujourd'hui sur le vert cru
des pelouses jouent les mer
les je suis seul il pleut il

est l'heure où la vieille colline
est un japon d'eau je re-
nonce à toute colère qui

ne défait pas les roses je
suis le tassement du noir
l'eau sans fracas s'assombrit

IV
L'île d'Yeu

Nous sommes photographiés, avec Lionel Ray, Pierre Lartigue et Alain Lance, dans un appartement de Paris, vers 1975. Mais les clichés que je préfère sont pris lors d'une randonnée dans l'île d'Yeu, au large du Marais breton, avec Gaston Planet. C'est l'île la plus éloignée du continent, après la Corse. L'île, à l'époque, était tout à fait sauvage, et la compagne de Lionel, Nicky Tillinghast, dans ce chaos des granits de la côte sauvage, devant les écumes et les vagues puissantes, déferlantes de l'Atlantique, disait que si on la jetait du haut des rochers, personne ne saurait ce qu'elle faisait là, ni d'où elle venait. J'ai gardé un souvenir profond de cette aventure, comme de l'étude dans l'île des lécanores d'un certain Algernon Weddell, que je n'ai pas encore totalement démasqué. Spécialiste des lichens, et du Quinquina jaune et Quinquina rouge, qu'il va étudier jusqu'en Amérique du Sud, en Argentine et au Paraguay. J'associe spontanément Lionel Ray, voyageur énigmatique, incertain, je veux dire difficilement identifiable, à ce Weddell qui semble se promener dans le monde, jusque dans l'île d'Yeu, à la recherche des lécanores, des chimères et des espèces rares.

J'aimerais d'ailleurs composer un ouvrage exclusivement consacré à des personnages exclus de la célébrité historique : Radegonde, reine Franque et femme de Clotaire ; Violante d'Aragon, duchesse d'Anjou et du Poitou ; le Baron de La Hontan, pour l'éloge des Sauvages et l'inspiration des *Indes galantes* de Rameau ; de sa protectrice enfin, Sophie Charlotte du Brandebourg, la femme la plus intelligente d'Europe, amie de Leibnitz. À dix-sept, ans elle était allée voir Bayle à La Haye. Je ne dirais pas que Lionel Ray est un personnage inconnu, c'est même le contraire, mais je suis persuadé qu'il a montré une sorte d'énergie à rendre sa véritable identité secrète. Comme ce passage des *Pages d'ombre* :

Heureux de n'être rien
que
cette ombre hors du temps
pareille
au mouvement immobile des arbres
au crépuscule des lointains
lorsque
abandonné au calme des fontaines
la fraîcheur vous envahit tout à coup
et la cendre des heures
tombe
d'un monde
à l'autre

V
Les Métamorphoses

Je vais revenir un instant à cet ouvrage des *Métamorphoses du biographe*, publié à la NRF, en 1971. Écriture presque automatique, instantanée, qui semble rédigée avec une extrême rapidité. J'en donne quelques exemples :

... l'autre qui souffre et sous ses paumes la mappemonde Cortès ou le transsibérien ne pleure pas disait-elle pour ce brouillage reste aboli.

On pourrait se livrer à une exégèse, regarder du côté haletant de *La Prose du transsibérien et de la petite Jehanne de France*, on peut penser à Mallarmé : *abolis bibelots*... et surtout aux phrases étincelantes et pressées d'*Anicet ou le panorama*. Je suis retourné ces jours derniers dans la suite des passages, à partir de la rue Vivienne, jusqu'au passage Jouffroy où demeure un véritable billard français, où Gérard de Nerval venait boire une absinthe, jusqu'au bouillon Chartier où l'on trouve dans la cour cette inscription de Lautréamont :

Qui ouvre la porte de ma chambre mortuaire ? J'avais dit que personne n'entrât. Qui que vous soyez éloignez-vous...

Je dirais que cette injonction est valable pour nous tous : Éloignez-vous, il n'y a rien à voir... Je veux dire rien de ce qu'on cherche trop souvent dans la Littérature, c'est-à-dire des anecdotes et de l'autobiographie. Ce n'est pas un pastiche, ni une série de révélations, ni l'expression détaillée d'une souffrance : c'est un exercice physique, comme celui des *Inimaginaires.* C'est le symptôme d'une conversion susceptible de changer la forme et le style d'un écrivain, et presque sa nature.

D'une certaine façon, le texte, le poème si vous voulez, tourne sur lui-même comme une toupie, l'accent ressemble au coup de doigt qui change ou qui interrompt la course de la toupie. Je crois sincèrement que l'on a négligé le caractère physique de la poésie, c'est-à-dire la capacité pour un écrivain tel que Lionel Ray de mobiliser non seulement des forces psychiques, mais aussi des rythmes, des gongs, des musiques, des réminiscences lointaines, des sonorités et des mélodies.

VI
L'imaginaire

On voit que nous sommes passés des *Inimaginaires* à l'Imaginaire. J'ai le défaut de ne pas lire les livres dans l'ordre classique des lectures. Recevant l'ouvrage de Lionel, *Lettres imaginaires*, j'ai cherché d'abord qui était ce Laurent Barthélemy de Fabas qui lui écrivait, avec la sensation à mesure qu'il s'agissait d'un hétéronyme, un double inventé pour le contrarier ou le contredire. J'avais simplement oublié de regarder la couverture. Cependant, ma sensation intérieure était inverse. Ce n'était ni l'illusion de l'opium, comme dans Thomas De Quincey, ni le symptôme d'une disparition. Ce qui me troublait, c'était bien le style. Il y a bien un style Lionel Ray. C'est même le troublant de l'histoire, ce personnage, très amical, mais qui demeure énigmatique, et qui a mobilisé une partie de ses forces à brouiller son image et changer de style justement, se reconnaît immédiatement dès les premiers mots, dès les premiers accents, au premier enjambement, j'allais dire à la virgule près.

La meilleure comparaison que je puisse trouver est située au niveau de la musique, avec son énigme. Comment se fait-il que l'on devine immédiatement l'accent d'un musicien dès les premières mesures : Jean-Sébastien Bach, Béla Bartók, Lester Young ou Lee Konitz dans la musique de jazz ? L'auditeur reconnaît à l'oreille les premiers sons comme une preuve indiscutable de son identité. C'est que dans le style littéraire, pareil à celui du musicien dont on perçoit le phrasé et les sonorités, la scansion demeure un mystère, se résolvant en si peu d'éléments. Comme l'accent de la voix humaine, qui est une signature. Même si les mots témoignent d'une désespérance.

Les mots
font un bruit de charrettes
à la tombée du soir
et les draps sont lourds
de silence

toi naufragé de la vie
cherchant quel rivage
ne trouvant plus
que ce miroir éprouvant
cette clameur sourde
entre les mots et la mer

VII
Vertige de l'identité

J'ai l'impression aujourd'hui d'être sorti de ma caverne du néolithique, alors que je déchiffre ce livre de Lionel Ray : *Entre nuit et soleil.* J'y trouve ce segment de phrase désarticulé dans la page :

… le legs obscur du passé

ici rien ne vieillit le temps n'est plus le temps

il préserve la fraîcheur du visage

et te voici errant parmi des aventures sans date

envahi par un rêve éternel –

ô l'éternité d'une voix sans blessure

comme une île heureuse

dans un océan de silence comme un conte pour enfant

étonné *ces figures que rien n'efface*

sur les murs de la grotte…

Dans l'entrelacs des métamorphoses et des bouleversements historiques, on peut lire, non pas une théologie, ni une démonstration, ni même une revendication – mais l'exercice et l'expression d'un style, qui indique aux lecteurs qu'il doit reconnaître la voix en dépit des mensonges et des transmutations de l'acteur, avec le désir toujours présent de se perdre à son tour dans les cercles du temps et de la mémoire.

Il doit exister une complicité entre le locuteur et le souvenir du lecteur qui songe aux ocres rouges de Pech Merle, aux traces de mains négatives des humains : hommes, femmes et enfants, sur la paroi de toutes les civilisations, depuis l'origine, comme un signe qui indique une complicité au-delà du temps et de l'histoire entre les tribus. Leibniz écrit cela : aucune feuille d'arbre ne ressemble absolument à une autre feuille, et le chasseur du néolithique le sait, quand il trace un trait sur le manche de son arme qu'il prouve par ce premier bâton son identité. Le singulier, pour Lionel Ray, est qu'il paraît déterminé à effacer une partie du paysage. Abondent les eaux qui coulent, les nuages qui passent, les noms qui disparaissent et même les souvenirs qui se dissolvent dans une brume du temps. C'est la preuve d'une singularité. Et j'ai choisi pour terminer ce fragment des *Pages d'ombre* :

Corridors, chaînes, couteaux, fenêtres :
langage,
que dîtes-vous de plus que vous-même ?
ce sont lignes qui déplacent le temps
buveuses d'ombre
vous inventez le matin
vous êtes l'évidence du fruit
et quand je ferme les yeux
le mot en vous pense à haute voix
comme une étoile de ténèbres.

Paul Louis Rossi *est poète, romancier, essayiste, critique d'art, de cinéma et de jazz. Il a participé à la rédaction des revues* Action poétique *et* Change *dans les années 1960 et 1970.*

Lionel Ray : l'écart lyrique

Claude Adelen

« Tu récites pour toi seul des vers anciens »
Le Nom perdu

La vieille querelle est aujourd'hui vidée. Les anathèmes lancés dans les années 1970 contre les dérives du lyrisme (la niaiserie affective, le sentimentalisme, l'apitoiement sur soi, le poétisme, etc.) nous paraissent à présent bien lointains, bien dérisoires. À vrai dire nous sommes quelques-uns, dont Lionel Ray, à ne nous en être jamais beaucoup émus.

Quand je lisais dans les années 1980-1990 *Le Corps obscur, Le Nom perdu, Une sorte de ciel, Comme un château défait*, je ne me demandais pas si ces livres gagnaient ou non une bataille poétique, faisaient ou non « bouger » le vers, s'inscrivaient ou non dans tel ou tel enjeu théorique. Non. Je me laissais simplement aller au bonheur de lire cette poésie, me laissais entraîner par cette danse sensuelle des mots, des images et des rythmes, dans la foulée superbe du vers. Je reconnaissais cette voix de « l'enchanteur désenchanté » dont parle Aragon à propos de Neruda, celle du « *poète des crépuscules et de l'eau capricieuse* ».

Qui êtes-vous. chaleureuse. dans les chambres du printemps.
comme un jardin d'eau. comme un chemin qui déferle
et qui ne revient pas. qui êtes-vous si proche. avec
ces mains de cavalier invisible dans la nuit.

Aujourd'hui je dresse la liste de ses livres, je fais les comptes, une quinzaine, de la *Lettre ouverte à Aragon* à *Entre nuit et soleil*, de 1971 à 2010. Je regarde une œuvre qui a pris forme. Plus de quarante ans d'écriture, *à l'écart* des tentations des diverses modernités (ou modes) avant-gardistes. La durée moyenne des règnes de celles-ci, on s'en est vite aperçu, est d'environ dix ans. Après quoi elles deviennent illisibles. Je relis Lionel Ray. Qui peut relire aujourd'hui Denis Roche ?

L'œuvre de Lionel résiste à l'étiquetage. D'où sa situation un peu particulière dans ce qu'on a coutume d'appeler « le paysage poétique ». Lyrique, soit, mais *autrement. Écart lyrique.*

On m'objectera qu'il fit irruption sur la scène poétique en pleine effervescence « antilyrique » précisément, avec trois livres publiés coup sur coup : *Lettre ouverte à Aragon sur le bon usage de la réalité* (1971), *Les Métamorphoses du biographe* (1971), *L'Interdit est mon opéra* (1973). Ce qui aurait pu passer pour une volonté de ne pas manquer le train, de s'inscrire dans une modernité à la mode. Le moment inaugural de la nouvelle identité de celui qui fut Robert Lorho et qui me confiait que « tout en fréquentant Rimbaud ou Claudel je me voulais proche de Milosz, de Supervielle et, pourquoi pas ? de René Guy Cadou[1] », ce moment est celui où se constitue un nouveau formalisme français, dont Jacques Roubaud et Michel Deguy furent aussi les initiateurs, précédés par Denis Roche, qui poursuit en 1968, avec *Éros énergumène*, sa destruction vengeresse du discours poétique, laquelle s'achèvera comme on sait en 1972 avec *Le Mécrit*, sur la célèbre formule : « La poésie est inadmissible, d'ailleurs elle n'existe pas. »

Tandis que d'un autre côté, dans ces mêmes années, se développe autour d'Anne-Marie Albiach et Claude Royet-Journoud, un courant qu'on qualifiera de « modernité négative » ou de « poésie blanche ». D'un côté comme de l'autre il s'agissait d'en finir avec une « poésie de la tripe », de remettre fort justement la poésie à sa place, dans le langage. Et cela entraînait le rejet sans appel de tout lyrisme et de toute émotion, au profit d'une poésie de « la biscotte sans beurre[2] » opposée à « la tartine de confiture », une poésie qui se réclamerait de l'intelligence, de la clarification de la pensée (voire du jeu), et non du chant, de l'émotion, du JE.

Lionel Ray ne dit rien d'autre dans la note liminaire de son premier livre, « sur le bon usage du texte ». Lui aussi se réclame de « la désarticulation complète du discours » : « J'ai eu l'ambition d'un texte fragmenté qui se détruise au fur et à mesure qu'il se fait, et qui soit susceptible d'être réinventé à l'infini. »

Comme l'amour ?

Alors, la disparition du sujet, parce que c'était dans l'air ? Écoutons-le encore : « L'auteur n'est là présent que s'il réussit à supprimer sa personne même pour ne laisser subsister que la trace d'un rapport entre son texte et son projet. Seul un tel sillage m'intéresse, fait de fuites et de ressaisissements, d'une continuité sans cesse remise en cause… »

À lire ces lignes on se dit qu'on était bien là en présence d'un véritable manifeste de la modernité poétique de ces années-là, mettant fin (enfin !) aux leurres de la parole transparente. « Le travail sur soi-même, ajoutait-il, n'est rien s'il n'est d'abord un travail sur les mots et la phrase. » Faire du poème un coup d'État permanent, un « *pavé jeté dans les flaques*[3] ». À y regarder de près cependant, on se demande s'il n'y eut pas là un malentendu. On était bien loin du formalisme pur, des jeux d'optique de la poésie blanche ou des constructions mathématiques d'un Roubaud[4]. Et d'abord les titres, les mots dans les titres : le mot *métamorphose*, le mot *biographe*, le mot *opéra*, qui contiennent en germe tout l'avenir lyrique de l'œuvre, l'infidélité à soi-même, le bel canto, l'opéra fabuleux de Rimbaud. Quant à la désarticulation complète du discours, ne nous y trompons pas, il s'agissait par là de « retrouver un état poétique du langage où les mots eux-mêmes, en état de rêve, constituent la seule réalité ». Non pas de rendre la poésie inadmissible. État poétique, état de rêve. Plus qu'au pur formalisme cela fait appel à l'héritage surréaliste, à Breton, à Desnos (pour l'importance considérable de « l'écoute nocturne » des sommeils, omniprésents dans toute l'œuvre ; encore dans *Comme un château défait* (1993) : « Tu dormais parmi les apparences[5] »). Maurice Regnaut parlera, dans sa postface à *Approches du lieu* (1986), de « l'état chantant ». « Ce Lionel Ray, dit-il, n'est devenu, n'est resté rien d'autre que ce qu'originellement il est, voix perpétuellement à l'état naissant, parole de ce qui perpétuellement frappe au cœur de l'être toujours total. »

L'écart avec la mode, ou la modernité si l'on veut, était donc perceptible, dès la période inaugurale de l'œuvre. Lionel Ray, au-delà du « terrorisme théoricisant », s'affirmait déjà comme « le poète des questions originelles », le poète de l'être, de *l'état* poétique. Quand je relis aujourd'hui ces textes qui se voulaient être un coup d'État formel, je suis frappé avant tout par la proximité du Rimbaud des *Illuminations* :

> *tant d'hosannahs aux lèvres ! l'oreille coiffée de blond*
> *tragique (je l'avais rencontrée entre l'illusion des fleurs de*
> *mai et la quatrième enseigne) était-ce bien cela que je*
> *voulais ce brouillage dans l'oiseau négligé le bleu s'ouvre*
> *ô grilles, ô blasons tout fait tumulte tout fait infini* [6]

N'est-on pas là dans l'atmosphère lyrique, dans un « langage chaud », loin des sécheresses et des froideurs revendiquées à l'époque ? Loin d'une poésie de la stérilité. L'écart lyrique déjà se creusait. En fait, ce premier moment de Lionel Ray m'apparaît comme la synthèse d'un héritage lyrique, d'une tradition française et d'une nouvelle manière d'appréhender le poétique, ce qu'a bien remarqué Olivier Barbarant dans son introduction au volume « Poésie/Gallimard ». Ce n'était pas le concept creux de modernité qui agitait Lionel Ray dans le ciel orageux des poètes de ce temps. Son ambition était plutôt celle-ci : être l'éternellement jeune Rimbaud, être la mer allée avec le soleil. Celui qui peut dire : « Je finis par trouver sacré le désordre de mon esprit. »

L'écart lyrique donc : il ne s'agissait nullement pour lui de se repositionner dans une quelconque avant-garde, de s'affirmer comme « absolument moderne », c'est-à-dire d'occuper ce « territoire des habiles », tel qu'il le définit justement dans son *Rimbaud* de 1976, « comme ce qui se démode, comme lieu du relatif ».

On ne peut expliquer l'œuvre de Lionel Ray, les métamorphoses successives de cette œuvre, si dans un premier temps on ne l'appréhende pas dans cette proximité de Rimbaud. Ses trois premiers livres étaient, j'y insiste, placés non pas sous le signe de la désarticulation du langage et de la disparition du sujet, comme signes de la modernité formelle, mais sous le signe de la fête, de la « danse de l'intellect parmi les mots », d'un rituel sauvage, enfin et surtout sous le signe de la « grande gaieté du texte », de l'étonnement perpétuel, jubilatoire, devant la splendeur du monde et l'énigme de soi-même.

Dix ans plus tard, dans son Avant-dire d'*Approches du lieu*, il écrit : « La modernité que désignent et revendiquent le discours critique et les manifestes des deux dernières décades me semble désormais du ressort des "habiles", dont la population s'accroît ainsi que Rimbaud en son temps l'apercevait déjà. Un beau masque sur le vide du visage. Reste qu'il faut être à l'écoute au plus près de soi. Quel devoir plus sévère que cette contrainte nocturne. »

> *On marche on s'explique on s'éteint : la vie a coulé*
> *Comme de l'or ou simplement la voix de toutes*
> *Les nuits en nous qui appelle…*

L'écoute au plus près de soi, la contrainte nocturne : « Les mots nous cherchent/leur miroir leur bouche leur écho / leur théâtre leur danse », écrit-il dans *Nuages, nuit* en 1983. Et dans *Matière de nuit* (2004) : « Et le soleil des syllabes / Ancré / Dans l'ombre. » L'enchantement de cette poésie est précisément qu'elle laisse chanter chaque mot sur la scène du vers, que chaque mot, le plus simple, le plus humble, mot usé, le lait, le vin des ombres, le nom des fleurs (il y a beaucoup de fleurs, la glycine, le lilas, les jours jacinthes, les jonquilles), le sable. Chaque mot nous fait entendre à lui tout seul son discours d'image, chargé d'enfance, d'anciens jeudis, de nostalgie, de désir. Il faut s'arrêter pour laisser chaque mot chanter son air. « Poète qui interpelle les noms premiers », les mots pour lui sont des êtres vivants, des regards, des veilleurs implacables.

Lionel Ray aura retenu de Rimbaud, ce que la poésie de l'intelligence et de la clarification du langage des années 1970 méconnaît : la dimension visionnaire (l'écoute nocturne), étrangère au formalisme. « J'écrivais des silences, des nuits, je notais l'inexprimable », disait l'autre. Voyez les titres : *Le corps obscur, Nuages, nuit, Le Nom perdu, Pages d'ombre, Matière de nuit.*

Le poème de Lionel Ray – et en ce sens baroque – déborde d'images, de noms, d'adjectifs qui se bousculent pour dire ce qu'il voit derrière « la face opaque du temps [7] », et jusque dans le jeu des consonnes et des voyelles, « tout ce que la terre donne à *voir* [8] ». Chaque livre est conçu comme un édifice pour offusquer la mort. « Une fée dans la bouche il voit le visage des morts », dira-t-il en clôture d'*Une sorte de ciel* (1990). Ou encore, dans le même livre : « Écrire / comme on déchire / Comme on écarte / La nuit. »

L'écart lyrique proprement dit…

Il considère la poésie comme une « partition bruissante de paroles », « *logos* de l'aube », jouissance sensible avant que d'être jouissance intellectuelle, jouissance par l'ouverture de possibles. Porte ouverte sur l'inconnu, même si la beauté, comme disait Rilke, n'est que « le commencement du terrible ». Dans *L'Invention des bibliothèques* : « Être soi-même en l'autre, dit-il, écouter cette voix qui peut-être n'est pas réductible aux mots et qui serait la musique même, porte ouverte sur l'invisible. » Pour lui, selon la belle formule de Leopardi, la poésie aura toujours pour fonction d'« entretenir l'âme dans un mouvement, dans une activité intense et continuelle en la transportant à tout instant, souvent brusquement, d'une pensée, d'une image, d'une idée, d'une chose à une autre parfois très éloignée et très différente ». Relisons par exemple, dans *Le Nom perdu*, un poème comme « Métamorphose » (dans la continuité des *Métamorphoses du biographe*) : « j'étais le petit-fils du fleuve et de l'escalier ».

Je suis frappé d'une chose. Après 1973, il y a comme un silence de trois ans, puis en 1976 la publication de ce Rimbaud des « Poètes d'aujourd'hui », où l'on ne peut manquer de constater que les analyses qu'il consacre à la poétique et au style du voleur de feu peuvent être rapportées – tant il est vrai qu'en parlant des autres c'est souvent de soi-même qu'on parle – à sa propre poétique et à son propre style, notamment en ce qui concerne les poèmes versifiés de cette première période de son œuvre. Il faut encore attendre deux ans pour qu'en 1978 paraisse le livre d'une nouvelle métamorphose : *Partout ici même.* Inauguration d'une seconde manière ? Affirmation réitérée de l'écart lyrique, car paradoxalement, ce livre est peut-être celui de Lionel Ray qui se situe au plus près de la mouvance formaliste, entièrement structuré sur le jeu du chiffre cinq et du chiffre sept, qui sont ceux du *renga* japonais. Mais lyrique au plein sens du terme.

Au moment où Rimbaud, après les *Illuminations* et la *Saison en enfer*, entre dans le silence définitif, Lionel Ray entre dans une autre forme de lui-même en même temps que dans une autre forme de poème. L'écart lyrique est désormais consommé. Au reste, dans *Nuages, nuit* (1983), un livre qui s'affirme comme tel, ne retrouvons-nous pas la même fête sauvage des mots, qui était celle des premiers livres, mais cette fois intégrée dans la forme classique (voire dans l'alexandrin, mâché ou non) ? Voyez par exemple toute la première partie du livre : « Césure ».

À partir des années 1980, il écrira donc (pour soi seul ?) des « vers anciens ».

Mais, singulièrement, au moment même où il regarde en arrière (vers les poèmes « coups de cymbales » de ses premiers livres), au moment même où, comme Rimbaud, une fatigue le saisit, dans ces « vers anciens », ce sont les mêmes coups de cymbales, les mêmes pavés jetés dans les flaques. La fulgurance des images, par exemple, vient alors se loger dans la régularité des distiques d'*Une sorte de ciel*[9].

Mais la maturité lui enseigne que « nous appartenons à un art du passé » en même temps qu'une certitude pour lui demeure : « tant qu'il y aura des roses et des cœurs vivants, il y aura des poèmes [10] ».

Peut-on alors parler de rupture (d'une fin de règne de la modernité ?), d'une infidélité à soi-même chez celui qui proclame celle-ci comme une vertu cardinale de son écriture ? La question se pose : « Je suis le même encore, étranger / Neuf, par-delà mes ruines mes replis / Mes égarements[11]. » Et il dira plus tard que « le poète *est celui qui cherche ce qu'il est dans ce qu'il cache* [12] ».

Dans un de ses derniers livres, *Ce qui retourne au silence*, Claude Esteban a bien décrit ce parcours de l'ambition somme toute romantique affichée dans la *Lettre à Paul Démeny* et qui a conduit Rimbaud à l'écroulement des illusions. Ce qu'il écrit peut très bien s'appliquer au parcours de Lionel Ray : « Si l'attaque est menée furieusement contre le Moi frileux des romantiques et de leurs épigones – locomotives abandonnées –, le souci principal de Rimbaud outrepassant la raillerie et les exécrations jubilatoires est d'accéder au monde supérieur de l'esprit, de précipiter l'éclosion d'une personnalité plus vaste et moins asservie à l'autorité de l'individuel, et qui transcenderait à la fin ses limites. »

Lionel Ray n'a-t-il pas été un des poètes contemporains à réactiver avec le plus d'ardeur et de passion non feinte la flamme prométhéenne de cette haute illusion d'une poésie impersonnelle ? Et cependant, de même que Rimbaud s'écrie : « j'ai cru acquérir des pouvoirs surnaturels. Eh bien ! je dois enterrer mon imagination et mes souvenirs… Moi qui me suis dit ange ou mage, dispensé de toute morale, je suis rendu au sol avec un devoir à chercher, et la réalité rugueuse à étreindre ! Paysan ! », n'est-ce pas à une semblable désillusion qu'aurait été conduit Lionel Ray ? Ou à la prise de conscience qu'il était sur la voie d'une impasse qui ne pouvait conduire qu'à la stérilité, à l'artifice, au silence ? Il n'est que de lire « En marge du poème » qui ouvre le livre de 1978 pour entendre comme un passage de la tonalité majeure à la tonalité mineure : « Mais rien n'y fit, mon entreprise de démolition, de destruction, de démembrement de la phrase et du vers, de l'un par l'autre ou inversement, n'empêchait pas le littéraire de resurgir de tous côtés, le lyrisme de s'affirmer d'autre façon peut-être, mais il persistait irrémédiablement collé au corps du mot, enraciné en lui. »

Aussi lorsqu'il affirme dans le même texte que « l'infidélité à soi-même est une qualité nécessaire », je ne suis pas tellement sûr qu'il faille prendre ceci à la lettre. C'est plutôt de fidélité sinon à soi-même, du moins de fidélité à une idée originelle, à une étoile fixe de la poésie qu'il s'agit : « l'étoile lyrique » invoquée dans *Approches du lieu.* S'il on est ce qu'on devient, « Autrement autre », on devient toujours ce qu'on est...

Dès lors, assumant pleinement l'écart lyrique, Lionel Ray pourra proclamer librement : « Je n'ai pas peur de l'émotion » (que les modernités rejettent comme un scandale, un oripeau démodé du romantisme). À la fin de *Matière de nuit*, il affirme : « L'émotion ? Mais elle est partout, chez Reverdy, par exemple, chez Du Bellay, chez Apollinaire, etc. Sans épanchement abusif cela va de soi, mais surveillée, discrète, contenue. »

Assumant résolument l'héritage de Verlaine, d'Apollinaire (« Tu récites pour toi seul des vers anciens »), d'Éluard (très présent dans *Nuages, nuit*, par exemple) ou Supervielle, ou Milosz (« tu te grises de tristesse / pâle en lisant un poème de Milosz[13] »). Puis tout au long de l'œuvre qui s'accomplit (dans *Comme un château défait* par exemple ou *Syllabes de sable*) multipliant les échos de Celan (« *Rose de nulle part / au large du temps* »), de Paz, de Bonnefoy (celui de *Douve* ou de *Pierre écrite*), de Rilke, voire de Montale. C'est dire la proximité des grands poètes européens. Devenir dit-il :

> *Du sommeil flottant dans un rosier fleuri*
> *ou dans l'étreinte d'un regard extrême :*
> *tel est l'art insensé de la poésie*

Mais l'écart de Lionel Ray, ce qui fait de lui un poète lyrique atypique (ou *classique* ?), c'est que de *Partout ici même* en passant par *Nuages, nuit, Comme un château défait*, jusqu'à *Syllabes de sable*, le poème sera toujours régi par la rigueur formelle, la réappropriation de formes anciennes, la régularité strophique, l'usage du tercet, du distique, de l'alexandrin (mâché) qui seront des constantes formelles, sans oublier la rime cachée, l'anaphore, dans ces admirables « élégies[14] » – pour moi un sommet de son œuvre.

Ainsi qu'il me le rappelait dans l'entretien cité que nous avions eu ensemble : « Oui, le comptage, la composition sont de façon évidente, je crois, une marque visible de mes livres de poèmes » (p. 70). « Ces contraintes que je me donne avant d'écrire [notez bien "avant" !] ou plutôt elles m'apparaissent au cours des premiers moments d'élaboration du livre, et s'imposent, répondent sans aucun doute à une nécessité intérieure. Mais à l'intérieur de telles contraintes, je me sens libre, et le chant déborde. » Et voilà bien l'écart lyrique de Lionel Ray, aux antipodes du relâchement, du « lâche soulagement » du vers libre standard. Tout en maintenant, ainsi que le dit Olivier Barbarant « cette grâce qui fait que la parole s'accomplit, cet envol du souffle faute de quoi il paraît inexact et peut-être bien arrogant de parler encore de poésie ». De là cette petite pique lancée à Francis Ponge à la fin de *Matière de nuit* : « Ne serait-il pas davantage un merveilleux professeur de langue française et de poésie, un pédagogue très averti plutôt qu'un poète. »

Je vous fais juges, et me permettrai ici de citer Paul Louis Rossi : « Nous sommes en accord sur ce point, toute poésie est lyrique dans son essence [...]. Il faut donc nous appuyer sur le dur métier de poésie. Ou le dur métier de vivre, si vous voulez. Qui s'écarte de ce que nous avons nommé ensemble : le poétisme [15]. »

Comment le définir alors, ce lyrisme-là ? Pas seulement par la référence au chant, par l'usage de la métaphore. Tout ce qui concourt à l'enchantement, au surgissement d'une émotion qui soit émotion sensible autant qu'émotion d'intelligence. Mise en mouvement de l'être lisant.

Le propre de l'émotion poétique telle qu'on la voit ici à l'œuvre, c'est la fusion de ce plaisir de la vitesse, de la célérité des écarts, que signalait déjà Leopardi, dans un vers comme : « Plumes et torrents, livres et ruchers, les neumes, les griffes [16] », et de la plongée dans l'être profond, l'état chantant.

Mais aussi une mélancolie, la nostalgie d'un paradis perdu. La gravité qui semble s'accentuer dans les années 1990 dans les livres de la grande maturité que sont *Comme un château défait, Syllabes de sable, Pages d'ombre...*

« Tu vieilliras parmi les saisons et les morts », disait-il déjà dans *Une sorte de ciel.* Tout ce qui relève peu ou prou de la dépossession (c'est le titre d'un des poèmes de ce livre)... Tel Dante au milieu du chemin de la vie, il pouvait écrire

dans la forêt sans rive
nous marchons
à pas d'aveugle
égarés en nous-mêmes

C'est là la nature même de l'élégie (autre épouvantail des « modernes ») : voyez encore les titres *:* ***approches*** *du lieu, le nom* ***perdu****, comme un château* ***défait****,* ***entre*** *nuit et soleil.* Il peut certes exister une poésie non élégiaque (on en voit de nombreux exemples dans les nouvelles écritures d'aujourd'hui), mais la composante élégiaque demeure essentielle. Rimbaud est élégiaque dans les derniers vers. Un poème comme *Mémoire* est une élégie inoubliable : « L'eau claire comme le sel des larmes d'enfance... Regret des bras épais et jeune d'herbe tendre », etc.

L'élégie est présente chez les plus grands. Cet héritage dont je parlais en commençant. Sans parler de Rilke, citons Claude Esteban, *Élégie de la mort violente,* Jude Stefan, *Élégiades,* Jaccottet, *À la lumière d'hiver,* et beaucoup de livres de Jacques Reda placés sous ce signe. Et, du plus loin qu'on se souvienne, *Les Regrets* de Du Bellay ou « le temps s'en va madame » de Ronsard dont j'entends un écho dans la première élégie : « le temps/s'en va les jours les heures les semaines les mois ». Dans *Comme un château défait,* dans *Syllabes de sable,* le temps et la mort, « l'âge au pied de voleur [17] », l'effondrement des preuves, le vertige immobile des choses font irruption dans le vers. C'est « l'heure grave » de Rilke [18], l'entrée dans le labyrinthe de soi-même, dans la « *selva oscura* ». La fièvre des métaphores s'est comme apaisée, la prolifération des signes s'est décantée, ce qui donne à présent des poèmes resserrés (le 3-2-3, le 14), plus denses, plus tremblés et qui résonnent comme dans des chambres vides ouvertes sur la nuit, le fleuve obscur :

Nous n'atteindrons jamais l'or triomphal des astres
dans l'engloutissement sans fond de la nuit

Syllabes de sable : le mot « sable » ne cesse, dans ces années-là, d'en appeler au mot « nuit » (« Le sable s'était changé en nuit [19] ») ce qui, au reste, est dicté par son sens héraldique. Hamlet vêtu d'un habit de sable (*sable dress*). Dans *Matière de nuit*, il alterne avec le mot nuit (p. 131, 133, 135). On peut lire ces vers : « tout ce noir / En nous et hors de nous/cette circulation du noir / cet envahissement ».

La mélancolie, la tristesse élégiaque proviennent du « sentiment des choses ». De ce qu'éprouve l'homme devant le Monde, devant « la nature des choses », les éléments : la lumière, le feu l'eau, la terre. C'est là son étoile fixe : les poèmes que nous aimons sont ceux qui définissent la posture de l'homme dépossédé de lui-même devant le monde, devant la réalité à la fois changeante et éternelle. « C'est l'objet de l'écriture poétique et, si vous voulez, sa grandeur, que de perpétuer un monde sur le point de disparaître. »

Pages d'ombre (2000), *Matière de nuit* (2004), qui contient un « Poème de la dépossession », sont des livres qui sonnent presque comme un adieu. Comme l'aboutissement du mouvement élégiaque des deux précédents ouvrages. Livres dans lesquels résonne de manière inquiétante le sentiment de la perte : « Je sais maintenant combien peu / dure le cœur… tout semblera / futile comme un chapeau d'enfant… tu avances dans le désaisissement / nu dépouillé de toi-même à jamais. » Même si, à la fin, un vers magnifique semble dissoudre les monstres : « des liserons fragiles enserrant le secret du monde / la vie rien que la vie ».

Oui, l'essence même de la poésie a quelque chose à voir avec le « dur désir de durer ». Ou le désir tout simplement, la pulsion vitale qui nous agit, nous autres, mortels, contre son contraire : la pulsion de mort, et qui nous projette en avant de nous-mêmes. C'est ce dépassement de soi-même que Lionel Ray qualifie d'« infidélité à soi-même ». Être ce que l'on devient, se chercher dans ses manques, est aussi une modalité poétique du doute, une preuve de sincérité, une marque de l'effroi ou de l'inquiétude ou, pour le dire comme Pessoa, de « l'intranquillité » que je rencontre dans la plupart de ses poèmes. Voyez la fréquence de l'interrogation quasi obsessionnelle : qui es-tu ? qui êtes-vous ? est-ce toi ? Ou encore : « Qui suis-je ? dit Nerval. Qu'est-ce que je fais en ce monde ? interroge Verlaine. Qui vive ? Est-ce vous ? Est-ce moi ? s'étonne André Breton » (« Comme une encre invisible [20] »)…

L'urgence et l'inquiétude : « Je crains qu'en fin de compte ma vie soit qu'erreur » a dit Robert Browning (« Un poète qui s'appelle revolver »). Et Lionel Ray pour sa part, dans *L'Invention des bibliothèques* : « Des questions m'assaillent, sans réponse : ne me suis-je pas trompé de vie, partant à la rencontre de quelqu'un qui n'existe pas. » Ou encore : « Ce que je suis : un être stupéfait / changeant, enraciné en plein vertige [21]. »

Toute l'œuvre « lyrique » de Lionel Ray est dans cette problématique de l'écart, dans cet entre-deux, *Entre soleil et nuit*, entre Naissance, épiphanie de la lumière et obscurcissement (*Pages d'ombre, Un besoin d'azur, Nuages, nuit*).

La beauté de certains de ses poèmes n'est peut-être rien d'autre que cet affrontement entre la joie d'être au monde, d'écouter, de voir, de jouir, et le sentiment de la dépossession. Il le dit très fortement, à la fin du « Portrait d'un poète imaginaire[22] » : « Le lyrisme exhibe cette passion, je veux dire cette souffrance d'un vouloir être qui ne peut trouver son point d'équilibre… Il [le poète, l'être lyrique] croit fermement qu'il est dans notre nature de tendre vers la résolution du débat douloureux que nous entretenons avec le temps, avec le mal de vivre, avec nous-mêmes et que le poème est l'une des expressions les plus hautes et les plus indispensables de ce débat. »

Sentiment de l'éphémère (dont il fait l'une des clés de son art poétique dans les pages de carnet qui clôturent *Matière de nuit*), de l'instant de vie, de l'immersion dans la nature des choses. « Ma vie est un rituel du disparaître et de la perte, un jeu perpétuellement perdu », écrit-il dans ces mêmes pages. « L'étrangement à soi-même » dont parle Hegel est peut-être un des ressorts essentiels de l'écart lyrique. Mais c'est par la vertu des mots, des ressources du langage, métaphores, rythmes, phrasé, que cette confrontation entre Éros et Thanatos devient « le stupéfiant image », que la dépossession se change en jouissance pérenne. Parce que le poème (comme la musique) est essentiellement matière de mémoire. « La mémoire est ma muse », dit-il. Les plus beaux poèmes sont ceux qui déposent ainsi en nous ce qu'Aragon nomme quelque part « le falun des rêves ». Ce qui reparaît ensuite à la surface scintillante du langage. Cette scintillation a toujours été ce qui m'a le plus émerveillé dans la poésie de Lionel Ray. Ses plus beaux vers, si magnifiquement scandés, sont pour moi cette « flamme qui dans son miroir jamais ne s'endort », ainsi que l'a dit une fois Pierre Reverdy. Ce coup au cœur, vivre encore, nulle autre chose ne me l'a fait plus intensément ressentir que le chant limpide qui coule dans certains vers de Lionel. Écoutons-le, dans *Le Nom perdu* :

> *Tout en toi se sépare assourdi se retranche*
> *poète des crépuscules et de l'eau capricieuse*
> *en quel lieu t'en es-tu allé*
> *toi que je n'ai pas trouvé*
> *ma seconde mémoire mes décombres ma poudre.*

Pages d'ombre, Matière de nuit, je l'ai dit, sonnaient comme un avertissement. Il semble que se soit répétée ici, comme après les trois premiers livres des années 1970, la même hésitation. La prise de conscience face à « la montée des ombres page après page », du risque d'aller vers une impasse, élégiaque cette fois, vers le silence par trop d'effroi et d'amertume. « Tu n'es plus que vieillerie / un petit tas d'ombres… tu as pris le chemin de septembre / vers les fruits la mer le silence… » Ou encore : « Poésie tu t'éloignes sans apparence de douleur[23]. »

Ainsi se profilait la nécessité, l'urgence du renouvellement salutaire, qui se produira avec l'irruption de Laurent Barthélemy.

Il reste à dire en effet comment « l'écart lyrique se maintient jusque dans les derniers livres », dans cette *Invention des bibliothèques* où apparaît ce nouvel hétéronyme, qu'on retrouve ensuite dans les *Lettres imaginaires/vers et proses.*

Ainsi, cet état chantant qui n'avait cessé de s'infléchir vers un lyrisme plus mesuré, « plus sage », plus grave, « un art policé avec un je-ne-sais-quoi de fragile et de secret », et de tendre toujours plus vers ce qu'il nomme à la fin du livre « cet automne des choses » (l'élégie en somme), voici qu'avec l'apparition de Laurent Barthélemy, après des années de « Nocturnes » (Chopin, pourquoi pas ?), il retrouve le culte solaire de la langue, le goût de la danse, l'humour, le mordant de la provocation, son goût des violences explosives, « le déportement du style vers des régions nouvelles du langage ». Le premier poème du livre en appelle à nouveau à « la grâce imprévisible / Du retour du soleil », et tel autre texte déclare : « c'était beau comme / Un opéra entendu un soir d'avril par vent frais ». Il retrouve cette « promesse de plaisir », cette « jouissance d'ordre musical » que les mots portent en eux. L. B. lui permet de renouer, ainsi qu'il est dit dans les *Lettres imaginaires* (2010), avec une *liberté*, une *désinvolture* qui participe de la gaieté du texte, *un toucher de rêve*, l'allégresse de *la poésie aléatoire*, un *idéal de poésie neutre* (c'est-à-dire qui échappe à l'emprise élégiaque). Même si l'écart lyrique persiste, si la tonalité mineure demeure présente, même si le Lionel Ray des « Nocturnes » s'immisce dans les textes de L. B., voyez : « mourante poésie » (p. 25), « les sympathies changeantes » (p. 60), « Rien ne finit » (p. 62), « le mouvement des ombres » (p. 63), « la vareuse de Staline » (p. 83), « cette année-là » (p. 85), « une machine à envahir » (p. 92).

Comment ne pas citer :

ce trou dans l'épaisseur du temps
Ce qui s'appelle l'âge ou la vie quand la voix n'est plus
Que l'eau montante qui vous prend aux genoux je ne sais
Quelle intime mémoire quel théâtre d'ombres : la marche
Infinie, si lente, si lourde tellement et ça

Même si son dernier livre s'intitule *Entre nuit et soleil* et peut sembler une victoire précaire (un ensemble de poèmes a pour titre « Éclats, brisure, soleil froid »).

C'est comme si Lionel Ray, à l'entrée du grand âge, avait rencontré son double, l'image orpheline de sa jeunesse, tel Aragon sur le Pont-Neuf, « l'ancienne image de moi-même[24] ». Celle-là même des *Métamorphoses du biographe*. Rencontre qui lui permettra de faire le point dans l'échange de lettres qui suivra, sur les questions essentielles : le risque de la dérive élégiaque les limites de la dépossession, le rôle de la « muse-mémoire », place que Rimbaud a tenue dans sa vie. Mais cette rencontre se déroule à présent comme il est dit dans « un climat désenchanté ». Et c'est cette gravité de l'âge qui se souvient de la grande gaieté des premiers livres, qui donne une autre couleur au jeu brillant du virtuose, à la danse des mots (« ô ta voix mon miroir ma danse mon opéra[25] »), à « l'adorable éclat de la vraie vie absente », qui donne une autre dimension au théâtre des métaphores et des métamorphoses. Qui *se souviennent* autant qu'elles *inventent*. C'est ce qui enchante les « proses trouées » (« Visages », « lieux d'ombre », « Variabilité ») d'*Entre nuit et soleil* (2010).

Si « un poète n'est jamais que le résultat de tous les autres, venus avant, venus avec », ainsi qu'il l'affirme, j'oserai dire alors que le Lionel Ray ou le Laurent Barthélemy de ces trois dernières années n'est rien d'autre que le résultat de tous les autres Lionel Ray venus avant, venus avec.

Ses trois derniers livres sont la parfaite synthèse par quoi se définit l'écart (ou le paradoxe) lyrique : ou comment fonder une éthique de la poésie sur la conjonction de l'objectivité, de l'indéterminé, du jeu changeant des images à la surface de la langue, avec ce qui a rapport à la citerne obscure où gît l'état chantant. Voila qui nous ramène au Lionel Ray des premiers livres, à ses premières ambitions rimbaldiennes et au Lionel Ray, poète de l'être, « poète des questions originelles ».

Et même si le tissu biographique demeure secret ou ne se présente à nous que par énigmes, dans une sorte de morse. Il avoue ici son « goût prononcé de l'allusion et de l'énigme » : « savons-nous qui nous sommes ? Les années sont dans / La nuit : quel visage l'enfance même… Qui êtes-vous au-dedans au-dehors ? », ces apparitions nous troublent parce qu'elles sont l'âme du poème (comme on dit « l'âme » de la tapisserie), « Pour le retour du temps au centre vivant des phrases… ce fil unique du vivre et du mourir [26] ». Elles sont ce qui soudain, de la trame serrée du vers, se dégage « et vole selon », échappant aux démons de l'analogie.

Tel est l'écart lyrique de Lionel Ray, être resté jusqu'à aujourd'hui celui qui « prononce Webre et regarde la mer » et peut dire : « Moi je me souviens du nom des îles [27] ». Incroyable miracle d'être parvenu à concilier les termes opposés d'un débat entre le mal de vivre (« les roses de l'extrême »), le sentiment du temps, « cette sale / Respiration du temps derrière les yeux », les sanglots d'une condition désolée, et le souci constant de la gravité, de la rigueur formelle, du renouvellement par le jeu des masques, entre infidélité à soi-même et fidélité à l'héritage chantant, être celui qui ouvre « le champ d'exploration de l'indéterminé, de ce qui échappe à la définition objective, de ce qui a rapport avec l'intimité du sujet [28] ».

Il récite pour lui seul des vers anciens
Il ne lui reste que le nom
De quelques îles,
Isis voilée fut toujours son vrai visage,
Son nom perdu,
Là se mesure enfin cette capacité de la poésie
À être pulsion profonde du soleil apollinien.

Poète et critique littéraire, ***Claude Adelen*** *est né en1944. Il a enseigné en région parisienne. Ses premiers poèmes sont publiés par Elsa Triolet dans* Les Lettres françaises *en 1969. Il est membre du comité de rédaction de la revue* Action poétique *depuis 1971. Il a publié une dizaine de livres de poèmes.*

1) Entretien Claude Adelen, Lionel Ray, in *Lettres imaginaires vers et proses,* 2010.
2) L'expression est d'Emmanuel Hocquard dans *La Bibliothèque de Trieste.*
3) *Approches du lieu,* « Avant-dire ».
4) *Trente et un au cube,* 1973.
5) Desnos : « Je dors debout le corps exposé à toutes les apparences de la réalité. »

6) *L'interdit est mon opéra.*
7) *Approches du lieu,* « Béances ».
8) *Approches du lieu,* « L'attente ».
9) *Résidence dans les froissements.*
10) *Approches du lieu,* « Avant-dire ».
11) *Une sorte de ciel.*
12) *Matière de nuit.*
13) *Le Nom perdu,* « Poème de nuit ».
14) *Le Nom perdu.*
15) Paul Louis Rossi, « Avant-dire » de mon livre *Légendaire.*
16) *Une sorte de ciel.*
17) Qui m'évoque Aragon : « Maintenant que la jeunesse/a fui voleur généreux. »
18) « Qui maintenant meurt dans la nuit/me regarde. »
19) *Comme un château défait,* p. 57.
20) *Comme un château défait.*
21) *Une sorte de ciel.*
22) *L'Invention des bibliothèques.*
23) *Matière de nuit.*
24) Aragon, *Le Roman inachevé.*
25) *Entre nuit et soleil,* « Un monde parfait », p. 25.
26) *Nuages, nuit,* p. 28.
27) *L'Invention des bibliothèques,* p. 29.
28) *L'Invention des bibliothèques.*

Griser la voix : Lionel Ray entre flamboyance et sourdine

Olivier Barbarant

« … elle est rouge, la petite fleur bleue ! »
Gaston Bachelard, *La Psychanalyse du feu*

La réflexion que je souhaiterais tenter ici naît de ce que certains appelleraient une anecdote, terme auquel je préfère celui de circonstance. Il y a quelques années de cela, nous étions nombreux à avoir été invités à procéder à des lectures pour une de ces festivités autour de la poésie dont notre époque a le secret : le souci d'afficher la vitalité de celle que Lionel Ray appelle non sans distance ironique la « vieille dame » – pour ajouter aussitôt que « la mourante se porte bien[1] » – y conduit à multiplier diverses « activités » au goût du jour, avec force appels aux arts dits « vivants » (comme si les autres ne l'étaient pas) et donc aux musiciens, comédiens, clowns variés parasitant de leur jubilation obligatoire l'écoute d'une parole apparemment jugée ennuyeuse si elle était laissée à la splendeur de ses seuls moyens. Ajoutons que le désir de ne froisser personne, de ne favoriser aucune esthétique, et de ne pas laisser au bord du chemin l'un des amateurs de celle qui paraît, en dépit des meilleures intentions, considérée comme une momie à dynamiser fait que chaque poète dispose, dans la foule mobilisée et au milieu des divertissements de toute espèce, de fort peu de temps de lecture. Dans les couloirs et esplanades d'une prestigieuse institution livresque, pêle-mêle parmi les chanteurs et les agitateurs de bâtons de pluie, je fus un peu inquiet de penser à l'accueil qui risquait d'être fait à l'écriture de Lionel Ray. Tout semblait organisé – le plus involontairement du monde – pour favoriser une poésie « spectaculaire » ou ludique, les vociférations plutôt que la subtilité, le vacarme de la *performance* et non pas les beautés contenues. Comme j'avais eu la chance de m'égosiller un peu avant Lionel Ray, je me suis précipité à l'autre bout de la grande salle où il s'apprêtait à lire, au milieu d'un cercle d'auditeurs attentifs et orientant d'avance la tête pour tenter de s'abstraire du grand cirque alentour.

Ainsi ai-je découvert ce soir-là tout un pan de l'écriture de Lionel Ray : la note pâle et frêle, l'écriture de sable, qui eussent pu être encore atténuées par la voix si délicate du poète lecteur, passaient largement la rampe, sans apparents efforts. La grâce, la délicatesse n'empêchaient nullement le poème en ce contexte défavorable de s'accomplir, et d'atteindre comme de plein fouet chacun des membres du public. Alors que Lionel Ray lisait des poèmes récents, ceux-là mêmes de la période que nous avons été nombreux à considérer comme la plus obscure, la plus délicatement attentive à l'effacement des formes, la grise étoile d'une poésie de l'estompe resplendissait plus énergiquement que je n'aurais cru, et avec une force que je me suis aussitôt reproché de ne pas avoir suffisamment considérée. J'ai depuis retrouvé dans une récente parution du poète de quoi m'inviter à rêver : *Entre nuit et soleil*[2] semble insister par son titre sur l'ambivalence dont je n'avais d'abord perçu que l'une des faces ; et le dernier poème du livre, « Je voyais », pourrait tout dire dans une magistrale définition : « voix grave raison ardente [3] », qu'on aurait aussi envie de renverser. D'où mon titre, ici, et l'envie de m'expliquer sur ce mystère à mes yeux, en considérant, avec la « sourdine » si particulière à l'écriture de Lionel Ray, ce que j'ai choisi d'appeler la « flamboyance », de manière à distinguer ce néologisme du plus attendu « flamboiement » défini comme « état de ce qui flamboie », quand il me semble que l'éclat, chez Lionel Ray, ne nous confronte pas à une flamme, mais aux restes mystérieusement affleurants d'un feu déjà révolu. J'appellerai donc « flamboyance [4] » cet état très particulier d'un souvenir de feu : pas même une braise, donc, mais quelque chose d'à la fois plus infime et plus résistant, comme la mémoire d'une brûlure, la rémanence d'un foyer.

Le soleil parle bas [5]

L'envie de cerner cette part mystérieuse d'une écriture ne doit pas inviter à négliger l'évidence : le lyrisme que défend avec une belle énergie Lionel Ray suppose de sa part un examen critique, une forme non de prudence mais de justesse, tant dans la forme que dans le ton. De même que la voix donnée à la quête d'une identité toujours précaire et le refus de toute vision purement formaliste de l'écriture ne signifient nullement « l'autocomplaisance, l'épanchement, et tous les sirops du sentimentalisme [6] », de même le souci du chant ne conduit pas à une mélodie répétitive et sûre d'elle-même qui peut toujours courir le risque de verser dans la proclamation. Le souci scrupuleux de l'exactitude est, chez Lionel Ray comme chez d'autres, au cœur du « nouveau lyrisme », comme l'appelle Michel Collot, ou de ce qu'on a appelé le « lyrisme critique », dont la trajectoire de création de Lionel Ray définit précisément la mesure. Qu'on pense ici, parmi les contemporains, aux leçons répétées de Philippe Jaccottet se défiant de « Trop de beauté [7] », à la célébration, plus solennelle cependant, de « la voix mêlée de couleur grise » d'Yves Bonnefoy trouvant chez Kathleen Ferrier un modèle [8], à la très légère mais persistante réserve de Claude Esteban dans sa reconnaissance à Saint-John Perse ayant fait jaillir, « presque trop pure, cette flamme [9] », ou du point de vue théorique aux considérations de Laurent Jenny appelant à une « parole taciturne » renouant « l'intimité essentielle de la parole avec le silence » dont elle émane [10], l'on verra que les spécificités de ces écrivains dissemblables se retrouvent autour d'une atténuation nécessaire de la langue, d'une défiance qui fonde en droit et en valeur l'écriture. « Les mots ne sont pas sûrs [11] », rappelle ainsi Lionel Ray. À cette réserve partagée se nouent cependant chez Lionel Ray des préoccupations plus personnelles, un fil esthétique qu'il convient de remonter plus avant. Ce que l'on pourrait appeler la poétique de la sourdine dispose d'une généalogie, et par là même d'une véritable cohérence dans la modernité. *Matière de nuit* contient ainsi en troisième poème un « Hommage à Jules Supervielle [12] » (« Nous écoutions comme on écoute un cœur/Les battements légers de l'horloge ») quand les *Lettres imaginaires* échangées entre deux avatars de l'écrivain rappellent la lointaine visite de Robert Lorho alors débutant à l'écrivain confirmé (« [...] le nom de Supervielle revenait souvent dans votre discours [13] »). Un entretien avec Nicolas Tabuteau se fait encore plus explicite : « C'est l'objet selon moi de l'écriture poétique et, si vous voulez, sa grandeur, que de perpétuer un monde sur le point de disparaître, l'automne des choses. Nous ne sommes pas dans un contexte de vif éclat mais pas non plus dans les teintes froides : le fané lui aussi a son charme et n'est pas neutre. Grisaille de la “chanson grise”, celle d'un monde en cendres [...] loin des rutilances et des coups de trompettes. Puis, comme Jules Supervielle, je pourrais dire que je n'aime pas les “richesses trop apparentes”, pas de clinquant au niveau de la métrique, des effets de style, je me méfie de toute rhétorique insistante [14]. » Avec la « chanson grise » se mêle ici à Supervielle une référence à Verlaine, lequel eut droit à un hommage appuyé dans la revue *Europe* en 2007, Lionel Ray rappelant à cette occasion que « le verlainisme fut ma première fascination et probablement celle à qui je dois en profondeur l'essentiel de mon ancrage en poésie [15] ». Bien des poèmes mettent en œuvre un tel dialogue avec une source profonde, jouant parfois délibérément de l'intertexte, pour mentionner « le peu de poids que l'on pèse / dans le soir [16] » (où palpite le souvenir du poème « sans rien en lui qui pèse ou qui pose ») ou pour apostropher le « je » poétique : « Qu'as-tu fait de tant de jours / des fruits de ciel et de silence », notait *Comme un château défait* [17], et plus récemment *Matière de nuit* : « Mais toi, / Qu'as-tu / Fait / De tout ce temps ? / Qu'as-tu fait / Dis / Pour être / Là [18] ? », où chacun entendra écho et déplacement du célèbre : « Qu'as-tu fait, ô toi que voilà [...]/Dis qu'as-tu fait, toi que voilà, / De ta jeunesse » de « Le ciel est par-dessus le toit ».

« Une sorte de chant [...] / furtif, jusqu'à l'herbe pauvre [19] », attentif à l'éphémère, à l'effacement des formes, au jour friable, à la fragilité surtout du poète, à « la beauté qui vient avec les lilas / Sur champ d'abîme [20] », a toujours représenté l'une des sources de ma profonde admiration pour une œuvre dont les « roses furtives [21] » ne sont jamais affirmatives, la clarté qui s'en dégage me paraissant plus probante de ne jamais recouvrir le défaut, la fugitivité, de ne pas s'en laisser compter sur « ces grands trous de la vie [22] », de ne bâtir que d'incertaines demeures, « avec un cœur ou un trèfle/Un murmure d'abeille / Avec les pétales du pommier / Le gâchis des saisons [23] ». Comme le dit parfaitement le premier poème de *Syllabes de sable*, « Illisible visage », seul un « jour maigre », me semble-t-il, peut donner accès à « l'irrécusable lumière [24] ». Reprenant une expression de la section « La roue des jours s'accélère [25] », j'ai proposé de nommer, quand Lionel Ray m'a fait le plaisir de me proposer de le préfacer, « ordre du sable » cette attention à ce qui se délite, cette considération d'une discrète mesure affrontée sans cesse à l'effondrement. Le poète encore une fois définit et explique mieux que quiconque ses préoccupations et préférences : « J'aime les mots qui s'étonnent, l'hésitation et le tremblement, comme cette façon qu'ils ont d'approcher l'invisible, de le dévisager, de lui donner corps, même fragile », expliquera-t-il un peu plus tard dans « Éloge de l'éphémère », pages de carnet ajoutées à la publication de *Matière de nuit* [26].

De sable et de cendre

Il est permis de décrire à grands traits, forcément imprécis, et avec le sentiment de l'inadéquation du discours critique, les moyens propres à Lionel Ray pour griser la voix, s'en tenir « à la lisière des mots [27] ». Quand chez Verlaine la liquidité confinait au brouillage du sens, aux *Romances sans paroles*, à l'estompe de l'impair, on ne perçoit que rarement chez Lionel Ray l'équivoque des registres, entre élégie et ironie, d'une chanson qui ne pleurerait « que pour nous plaire ». La singularité se joue ailleurs, tout particulièrement me semble-t-il dans le rapport extraordinairement précis à la construction textuelle. D'*Une sorte de ciel* à *Entre nuit et soleil*, en vingt années de création, de 1990 à 2010, le distique représente l'une des distributions favorites : très rarement rimé, le vers tient dans un équilibre de nombres et d'accents toujours réinventé, qui frôle souvent, en l'aérant par ses irrégularités et souplesses, des formes traditionnelles. Le fantôme d'un « sonnet » non pas ici *dénaturé* mais plutôt *aéré* invente une architecture incertaine au passage de la voix, et de huit à quatorze vers ou syllabes des unités se cristallisent et se décomposent, soit que le livre s'installe dans la régularité tremblée d'une forme continue (c'était le cas par exemple de *Comme un château défait*, selon un dispositif précis de trois vers – deux vers – trois vers), soit que l'alinéa confère aux mots les plus simples un rayonnement inattendu, comme on peut notamment le constater dans les vers les plus courts de *Matière de nuit* :

Un chien
Bouge,
Le vent
Aboie.

Si le subtil déplacement des deux verbes favorise ici l'effet par la réinvention du propos, plus mystérieuse encore me paraît la profondeur, digne du haïku, de notations jalonnant les poèmes suivants : « Un arbre / Tournoie », « La lumière / Secoue / L'arbre », « La terre / Boit / L'eau / Du temps »[28]. Peut-être s'approche-t-on du secret d'une écriture en se fiant aux passages qui se sont d'emblée inscrits dans notre mémoire : j'aurais envie de citer encore, pour le plaisir et l'étrange puissance de mots aux allures d'évidence, dans *Matière de nuit* encore : « La clarté des pierres / Que le vent froisse[29] », où la simplicité du ton occulte et révèle à la fois l'audace des images, l'échange secret dans l'économie ordinaire du monde, la réinvention du réel sans tambours ni trompettes. Il faudrait encore évoquer l'art du rejet – capable de dynamiser le sens sans tomber dans le « coup de théâtre » – et la diversité des emplois du blanc typographique qui ne se contente pas de séparer les strophes mais joue à l'intérieur du vers, évitant à son tour la dramatisation du manque et le systématisme (« Le ciel mal fermé / Souvent glisse[30] ») sans prétendre épuiser ni même vraiment tenir autre chose que de vagues repérages de qualités d'autant plus efficaces que discrètes.

La fragilisation des formes maintenues rentre en cohérence avec un imaginaire des matières friables, le plus évident étant celui du « sable ». Si les « syllabes » en sont faites, les « châteaux défaits » aussi que sont les demeures de mots paraissent soumis à l'érosion et la fragilité. Je voudrais ici compléter ce thème aisément repérable (d'autant qu'il figure dans les titres mêmes de Lionel Ray) par celui de la cendre, non moins insistant, et fort proche, comme le montre le titre d'un des poèmes d'*Une sorte de ciel* : « Les châteaux de cendre[31] ». « L'Adieu » d'*Une sorte de ciel* présentait le siècle comme « insoucieux/Des boues et des cendres », pour s'en aller « Pourrir en paix[32] ». Dans *Comme un château défait* et *Syllabes de sable*, le mot devient récurrent : « le peu / de cendres !

comme entre les mots/Le soudain silence ! », « La vie a défait pour toi sa robe/de cendre » ; « Et toi, tu veilles/dans la poudre et la flamme du temps simple » ; « rien ici ne parle/sous la cendre : la mort n'a pas de rive » ; « d'un mot à l'autre tu vois/se dissiper des mondes,/pierres et cendres » ; « qui donc/est protégé de la cendre ? » ; « L'heure tombe,/invisible cendre,/en poussière de silence :/tu songes à des jardins » ; « Du jour qui se répand à tes pieds/comme l'huile du sommeil tu ne connais/ni la cendre ni les consonnes légères » ; « toute réponse soustraite/à la cendre »[33]. On note que le terme désigne aussi bien la condition humaine, celle du monde que celle du langage : c'est parce qu'ils sont également soumis à ce qui se consume et se défait que le jour, le « je » et la parole peuvent sans doute espérer se réunir. La « cendre » est la destruction de nos corps, le temps qui passe, mais aussi ce qui dévore et ruine le précaire édifice de sons et d'images qu'organise fugacement le poème. « Les mots avec toi se dissipent[34] », rappelle le poète, ce que couronne à mes yeux la strophe admirable qui suspend le troisième texte de la section « La roue des jours s'accélère » :

Tandis que de minuscules abeilles noires
mi-vivantes, mi-mortes, tombent du livre
dans l'oblique lumière[35].

Si l'image fascine, ici, c'est qu'outre le renouvellement de l'antique image des abeilles en matière de poésie, elle paraît conjoindre le désir profond du poète et l'impression souvent ressentie à la lecture des textes de Lionel Ray : on y accompagne le poème de sa construction à son effritement, comme dans ces concrétions de sable ou de cendre que ruine le passage du moindre vent : sons et lettres ici se défont, mais aussi se disséminent, dans une ambiguïté que soulignent « l'oblique » lumière et l'hésitation entre la « vie » et la « mort » des signes, « abeilles noires » s'éparpillant en bas de page. Dans *Matière de nuit*, le lien paraît encore plus manifeste, encadrant le volume depuis « De cendre en cendre », titre du poème en page 27, et « (le poète)[36] », à la page 152 (sur 159) établissant un autoportrait « Comme un que la mer efface », « Comme un qui cherche entre les feuilles un visage/Presque éteint et ne perçoit que la fumée des jours » :

Ainsi, quand la nuit pénètre sa lampe et que le ciel
Vibre dans ses yeux, le poète,
les mains pleines de cendres,
Mesure l'espace de l'inaccompli.

Grisé de cendres[37]

Peut-être avons-nous déjà un peu avancé dans le mystère de la force d'une parole, qui m'apparut lors de la lecture dont je parlais en introduction. On voit d'abord que la fragilité tonale dans la poésie de Lionel Ray reste travaillée souterrainement par une exigence formelle qui contient et ramasse l'énergie du texte, par une architecture discrète mais volontaire. Sans doute la tension entre l'exigence de composition et l'émiettement de formes toujours éphémères éclaire-t-elle la puissance dissimulée d'une écriture qui refuse en même temps de graver ce qu'elle conquiert et de s'abandonner à l'informe. D'où – en mémoire peut-être une fois encore de Supervielle – l'antithèse assourdie mais régulière de certains titres : ce qui se « défait » demeure un « château », la « nuit » obscure est une « matière » et donc une substance à pétrir, et non pas seulement de l'invisibilité ; le sable, enfin, comme je l'ai rappelé déjà, est certes un matériau friable, mais qui entre dans la composition des solides mortiers et bétons[38]. Lionel Ray nous met pour sa part sur une autre piste quand il évoque dans un entretien l'un de ses lecteurs lui écrivant que son « travail lui faisait penser à celui du souffleur de verre », le poète ajoutant aussitôt entre parenthèses « (souffleur de vers !)[39] ». L'homophonie entre le verre des vitres et la mesure du texte poétique révèle en effet dans une métaphore à longue portée l'importance du « sable » dans les « syllabes », puisqu'il crée une matière à la fois résistante, transparente et fragile, laquelle se fait par la rencontre du souffle et du sable chauffé à vif... Mais si le « sable » peut « luire » – Verlaine nous l'a appris – comme une « neige incertaine », la « cendre » est pour sa part la relique du feu. L'insistance, souvent remarquée, pour la consumation, les choses détruites, l'obscurité, au moins dans la suite de livres formée par *Comme un château défait*, *Syllabes de sable*, *Pages d'ombre* et *Matière de nuit*, ne devrait dès lors pas occulter, sous l'incontestable coloration élégiaque et le ton de mélancolie, une autre tension constitutive de cette parole : non que la cendre brasille, qu'une « flamme » de triomphe ici s'exhibe ou s'exalte, mais plutôt que la poésie dépasse les antithèses de la pensée logique ou chronologique, comme si la cendre la plus froide et la plus éteinte gardait encore la mémoire occultée de la brûlure qui l'a fait – faut-il dire naître ou mourir ? Ainsi, de même que « griser » signifie à la fois la grisaille et l'ivresse, de même la cendre, si elle est, reste, demeure la trace du feu.

Bien des éléments invitent alors à compléter l'image de Lionel Ray, et de ses riches ambivalences. Au regard de la tradition de la sourdine précédemment étudiée, notons d'abord que le poète refuse pour sa part d'exclure, au nom d'une cohérence théorique, quelque versant que ce soit de l'histoire poétique. La connivence particulière avec Verlaine n'interdit pas à Lionel Ray d'écrire un remarquable ouvrage consacré à Rimbaud[40] : s'il est incontestable qu'il s'inscrit dans la filiation des voix secrètes, des adorateurs de la brume, des pluies les plus délicates, il n'ignore pas le camp plus âpre et plus virulent des « voleurs de feu ». Et, j'y suis plus sensible encore – on le comprendra aisément –, une autre affection jamais démentie lui a fait, après de constantes références, consacrer son activité critique dans la même collection à Aragon[41]. Parmi les jeunes talents salués et accompagnés au fil des années 1960 par le directeur des *Lettres françaises*, la fidélité et la reconnaissance sont suffisamment rares – quand il semblerait plutôt que d'aucuns tentent de faire oublier au plus vite un encombrant appui – pour être ici soulignées... Or si Aragon ne se réduit pas à la seule pleine voix, il apparaît assez éloigné d'une poésie de la sourdine. À cet égard, Lionel Ray est un très bon guide pour prendre la mesure justement de la diversité aragonienne, et de la variété, entre « les ivresses dionysiaques de l'inspiration de Claudel » et une démesure qui « n'a de validité que si la discipline l'organise, celle du vers mesuré qui y introduit un ordre et la contient, évitant la gesticulation dans les fumées[42] ». Aussi le poète critique révèle-t-il à propos de son prestigieux aîné :

« Si toujours je reviens à Aragon, peut-être y a-t-il quelque raison que je ne cherche pas du côté des premiers poèmes que j'ai signés d'un nom nouveau et qu'il salua généreusement dans *Les Lettres françaises*, il y a de cela plus de trente ans, mais à cause de quelque chose de plus intime, d'essentiel et d'indéfinissable que je ne pourrais dire. C'est d'une lumière noire qu'il s'agit [43]. »

Si Lionel Ray a su montrer dans cet essai, à très juste titre à mes yeux, la diversité tonale et vocale d'un poète trop souvent réduit aux virulences surréalistes ou au romancero de la résistance, en évoquant notamment le lyrisme intime et déchirant qui dialogue avec Marceline Desbordes-Valmore, et l'inventivité qu'il faudra un jour reconnaître pleinement de la dernière période d'Aragon, il a su aussi ne pas le tirer à soi, et montrer par là même la variété des admirations et des possibilités plus ou moins révélées de sa propre esthétique. L'un et l'autre poètes se retrouvent d'ailleurs dans la fascination pour le « jeu », et le « je », sous quelque forme qu'on écrive les deux termes, comme suffirait à le rappeler le récent exergue de *L'Invention des bibliothèques*, emprunté aux *Beaux Quartiers* : « Nous sommes à l'époque des hommes-doubles [44]. » La question identitaire, le goût amer des masques, ce qu'ils contiennent de vertige, d'effarement et de jubilation me paraît aussi justifier les connivences entre des écritures apparemment éloignées.

Soleil, tu te caches… [45]

Avec Rimbaud, avec l'admiration pour Claudel, avec Aragon, on voit que le refus de « choisir un camp », qui paraît aussi l'une des belles libertés de Lionel Ray quand il a connu pourtant l'ère d'un terrorisme théorique assez belliqueux [46], s'accompagne d'une diversité non pas seulement d'admirations mais aussi de possibilités plus ou moins affichées par l'œuvre, et qui me paraissent éclairer la tension caractéristique d'une écriture plus oblique et complexe, et à coup sûr plus tendue, qu'elle ne le laisse apercevoir d'abord. Les « flamboyances » ne sont pas rejetées, expulsées hors du poème cendreux, mais plutôt intégrées, absorbées par la délicatesse d'une voix. La parole si claire dans l'opacité des choses, la parole de l'impalpable garde en mémoire le passage du feu.

Quelques indices d'ailleurs devraient nous en avertir. Tout d'abord, Lionel Ray vient du flamboiement : si ce n'est pas la part qui me retient le plus dans son œuvre, *Les Métamorphoses du biographe*, et plus encore, comme il l'a lui-même noté, *L'interdit est mon opéra*, faisaient entendre « des joies au paroxysme [47] ». Dans l'œuvre ultérieure à *Une sorte de ciel*, l'importance de la sourdine, de la ponctuation interrogative, des lumières sombres n'empêche pas la présence de l'exclamation, origine, comme on sait depuis Valéry, de tout lyrisme. Ainsi de l'ouverture d'*Une sorte de ciel*, sous forme d'invocation : « Salut à l'imperceptible jardin du fond de l'œil ! / Aux paupières de l'instant bref ! Aux cils secrets [48] ! » ; ainsi dans le plus obscur *Comme un château défait* :

Passagers du silence,
oiseaux dans le bleu unanime,

jaillissant par salves et nuées !

Voyelles avec des cris[49] !

Il serait loisible de multiplier les exemples de ce registre exclamatif, parfois (mais pas toujours) récusé par la suite du poème, gage d'une énergie lyrique et d'un appel au sursaut qui n'ont jamais abandonné Lionel Ray. Contentons-nous ici de mentionner dans *Syllabes de sable* le désir d'élévation et d'intensité qui peut aussi se manifester, en contrepoint subtil de l'élégie dominante :

« Oui, l'épée irrécusable !
L'aveuglante épée lyrique,
Grave, et qui surgit
Avec déploiement d'azur ! »[50]

Strophe dont la lecture et l'interprétation ne sont pas aisées : si « l'épée lyrique » est dite « aveuglante » et semble donc critiquée, elle est aussi qualifiée de « grave », et même auparavant d'« irrécusable ». L'élan vers une forme conquérante, s'il demeure circonscrit dans les limites délibérées de la forme brève, s'il ne donne pas lieu à l'« Ode » que le ton pourrait engendrer, apparaît à la fois revendiqué et bousculé de l'intérieur, comme un chemin offert mais qui ne sera pas jusqu'à son terme ou son épuisement arpenté. Lionel Ray me paraît rappeler ici le goût du surgissement, l'aspiration du désir, et les laisser, selon la formule consacrée, « demeurer désir » sans se jeter aveuglément à la poursuite d'une piste qui ne manquerait sans doute pas de s'effondrer : restent l'intensité et l'éclat d'un éveil, d'une énergie à marquer, à rappeler parmi les possibilités d'une vie et d'une voix. Dans la tessiture dominante des recueils ici consultés, Lionel Ray n'est donc pas un poète systématique, et l'œuvre bénéficie aussi de cette contestation interne.

Mais il ne s'agit pas seulement de constater qu'affleurent çà et là des brasillements dans la cendre partout ailleurs répandue. Plus intéressante à mes yeux que la juxtaposition d'intensités diverses réglées par la discrète rigueur de la forme est la tension intérieure à la plupart des textes, entre l'obscurité mise en avant et ce qui demeure d'une lumière comme calcinée. C'est de cette tension, comme l'indique le titre du dernier livre aujourd'hui publié *Entre nuit et soleil*, que me semble relever la richesse secrète, et la force obscure de la voix dont j'ai fait l'expérience lors de la lecture qui m'a conduit à ces réflexions. Ainsi la ruine, tant vécue que verbale, est-elle la demeure d'un feu disparu, mais non pas oublié, dont la cendre garde la trace mystérieuse : l'énergie du poème tient à cette flamboyance inscrite plus ou moins en creux, mais toujours agissante. Ainsi du dernier poème de la section justement appelée « Autre et le même » d'*Entre nuit et soleil* : « La maison est en feu, même les ombres brûlent / et le jardin et la colline et les mots avec leurs noms », dit le premier distique, tandis que le texte s'achève « Avec des lampes éteintes, des sommeils / Inhabités, une matière vague, un vide » où « Tu reconnais, toi, ta patrie / Désolée, cendreuse, tu sais maintenant / Que le temps est inconnaissable, et la paix / S'installe enfin dans cette lumière froide »[51]. De l'éveil intense ici explicitement formulé à la « paix » des cendres, n'y eut-il qu'affaissement, disparition ? Tout ne répond-il qu'à la logique désespérante de la perte ? Il semble plutôt que la « froide lumière », moins intense, est aussi moins aveuglante, moins suspecte d'ivresse, en un mot – pour reprendre un terme souvent employé par Lionel Ray – plus « juste », et partant plus utile. Le poème intitulé « (sable) », dans *Matière de nuit* déjà le laissait entendre : c'est lorsque « La mémoire s'allège / de tous ses miroirs / Inutiles » qu'il nous reste « Seulement des empreintes peu / Visibles sur un sable froid »[52]. Le « défaire » si marqué par les titres comme par l'évolution des textes ne relève pas de la « défaite », mais plutôt d'un gain plus secret qui, joint au fait que la forme demeure au moment même de sa dissipation dans la légèreté de la voix, fait accéder au « feu enseveli »[53]. Il faut d'autant plus y insister qu'au fil des polémiques – il y en a – concernant le lyrisme, est régulièrement dénoncée une forme de « prudence », de stratégie de l'atténuation, qui viserait à « sauver » le chant en le prononçant le plus faiblement possible. S'il est, à l'horizon des justes scrupules devant le langage, un péril d'étouffement dans la discrétion et l'enfouissement (une sorte de lyrisme qui ne pourrait plus se dire qu'en s'éteignant) il se trouve que le reproche, concernant Lionel Ray, apparaît comme particulièrement infondé. Loin d'opposer des esthétiques « prudentes » de la ténuité à des aventures du langage à quoi seuls les obsessionnels de la modernité se livreraient, il convient de mettre en avant l'audace sous-jacente à la fausse discrétion d'une forme, le soleil évanoui sous son masque de cendres.

Les avatars du feu

D'autres indices auraient dû m'inviter à prendre plus tôt en considération cette énergie souterraine qui explique à mes yeux désormais la force enfouie de la poésie de Lionel Ray, à commencer par les connotations du pseudonyme. Il s'agit là d'une autre forme d'audace et d'aventure de la part du poète : rares sont les contemporains à pratiquer le changement de nom, et à construire ainsi des figures de leur propre diversité. En passant en 1970 de Robert Lorho à Lionel Ray, le poète a incontestablement joué du miroir des initiales, R/L devenant L/R. Mais le nom choisi, forcément motivé (fût-ce inconsciemment), se trouve contenir bien des connotations solaires, puissantes : le « lion » du prénom, le « rayon » du soleil. Il m'est arrivé de proposer de lire aussi dans le nom propre, en même temps que le « rayonnement », la « rayure », le trait qui barre et rature, lui-même interrompu... Lionel « rayonne » et « raie » : l'identité littéraire contient ainsi toute une gamme de déclarations esthétiques, entre la mutilation et le rayonnement. Or cette subdivision vertigineuse, qui tend vers les hétéronymes de Pessoa, mais explique aussi, me semble-t-il, par le vertige identitaire au cœur de l'écriture, certaine connivence avec Aragon, s'est au cours de la création de nouveau refendue, puisque le même nom couvre désormais l'exploration un peu tempétueuse de *L'interdit est mon opéra*, et les plus récents livres relevant du lyrisme « grisé ». L'alimentation souterraine d'un chant de la dépossession par l'appétit des élans contenus se trouve ainsi marquée à la fois par les richesses sémantiques du nom et par la diversité des esthétiques qu'il couronne.

Il convient surtout de se méfier des poètes vivants, et tout particulièrement quand ils réclament, comme Lionel Ray après Aragon, le droit de se contredire, et d'être multiples plus encore. Or le dernier avatar du poète, né, nous raconte-t-il, à l'occasion d'une proposition d'écriture sous pseudonyme en 2001, qui publia son premier volume avec *L'Invention des bibliothèques* (sous-titré *Les Poèmes de Laurent Barthélemy*) et avec la correspondance des *Lettres imaginaires* (Lionel Ray, sous son pseudonyme, dialoguant avec son nouveau double, Laurent Barthélemy, pour prendre la mesure des proximités et différences des deux auteurs…), semble renouer avec le goût du feu. Le phénomène me paraît perceptible dans l'onomastique : si Lionel Ray confie que le prénom « Laurent » sonne à son oreille en écho à son nom de naissance, « Lorho », mais aussi que « Lorand » ressemble à « Roland, qui fut le prénom de l'auteur du *Plaisir du texte* [54] », déployant devant nous une galaxie d'interprétations, je ne peux m'empêcher pour ma part de penser à ce que le martyre de saint Laurent contient de flammes, qui se conjoignent dans l'intensité à un « Barthélemy » m'évoquant aussi un événement particulièrement intense et sanglant… Dérive, ou délire interprétatif de ma part ? Aurais-je trop beau jeu à retrouver la flamboyance qui me préoccupe dans l'horreur des massacres et des supplices ?

Le martyre de saint Laurent invite cependant, dans la tradition chrétienne, à comparer les intensités respectives des feux intérieurs et extérieurs[55]. Tel m'apparaît aussi le rapport à l'intensité dans la poésie de Lionel Ray : puissance encore une fois non pas refoulée (comme on le reproche au lyrisme dit « critique ») mais bien plutôt contenue dans une ardeur feutrée, non pas ici par l'amour du Sauveur, mais par celui de la langue… Et l'invention de « Laurent Barthélemy » apparaît, aux yeux mêmes du poète, comme l'occasion d'un retour sur son amour pour l'éclat : « Moi qui me suis orienté vers un art policé, avec un je-ne-sais-quoi de fragile et de secret, j'ai toujours gardé un goût, plus profond qu'il n'y paraît, viscéral même, pour certaines violences explosives (Rimbaud, Cendrars, Claudel) jusqu'à l'anarchie provocante de certains tempéraments farouches, adeptes d'un art pseudo-naïf, primordial (en peinture : Soutine ou Dubuffet et son art brut). Je crois qu'il en passe quelque chose dans Laurent Barthélemy, tout au moins je l'ai voulu (je l'aurais voulu) ainsi[56]. » Le poème liminaire de *L'Invention des bibliothèques* confirme ce souci revendiqué par le créateur : d'emblée, le dispositif typographique (textes d'un seul bloc doublement encadrés par des lignes horizontales) évoque celui des lointaines *Métamorphoses du biographe*. Le titre (« oubliez-moi ») a valeur de programme, et l'imaginaire igné qui constitue le fil directeur de notre travail y apparaît d'emblée : « … les cendres ce ne sera qu'après », dit le premier vers du livre, après des points de suspension inauguraux, tandis que les vers 13-14 et derniers évoquent « La cendre des lassitudes » mais aussi « la grâce imprévisible / Du retour du soleil[57] »… « J'aurais voulu d'un mot tout éclairer », dit pour sa part le dernier vers du livre[58]. L'invention des bibliothèques ne manque d'ailleurs pas d'explorer une diversité de registres : la polémique grinçante (« lui écrivant comme on crache[59] ») marque aussi une préoccupation de l'histoire qui n'a jamais abandonné Lionel Ray : des titres comme « Palestine » ou « la vareuse de Staline » le montrent suffisamment[60].

Nouvelle figure et nouveau masque d'un être multiple et plus riche de tonalités et de désirs que nos habitudes de lecture ne tendraient à le considérer, Laurent Barthélemy, en exaltant « la part du feu » dans l'imaginaire de Lionel Ray, favorisera-t-il l'éclat et l'intensité ? Au contraire l'extériorisation d'une lumière secrète, jusqu'ici occultée dans les cendres, ne court-elle le risque d'amoindrir la force tapie qui faisait le rayonnement assourdi des œuvres précédentes ? Il est encore un peu tôt pour se prononcer : Laurent

Barthélemy est un jeune auteur. Mais la revendication qu'avec son nom nouveau Lionel Ray tient à faire d'un goût marqué pour la virulence me paraît bien moins contredire que révéler le rayonnement qui n'a cessé de sourdre dans la lumière opaque, gris et mauve, des cendres. Libre à chacun ensuite de porter sa préférence vers le soleil surgi ou sa lumière enfouie. Il me suffit pour ma part d'avoir montré que l'opposition entre l'éclat et l'obscurité, comme entre la cendre et la flamme, se trouve dépassée par le rayonnement d'une écriture poétique, dont j'avais fait l'expérience à l'écoute de la voix si puissante en même temps que feutrée du créateur, égaré mais victorieux dans le tumulte de *l'animation culturelle.*

Comme toujours, la parole du poème contient et renferme davantage que nos pauvres explorations. Un vers fulgurant de *Comme un château défait*, vers que j'aime et admire peut-être par-dessus tout, me paraît contenir l'essentiel du propos ici tenté. Qu'on s'en tienne désormais à lui, puisqu'il désigne clairement l'intensité particulière de ce qui pourtant a été consumé, de la voix étouffée parce qu'elle a connu le feu, et qui préserve dans ses cendres la trace mystérieuse, secrète et encore agissante de sa force. Lionel Ray ouvre ainsi son poème, d'un trait sûr résumant mon dédale : « Le dieu descend dans les syllabes brûlées[61]. »

Olivier Barbarant *vit et enseigne à Saint-Quentin. Tous ses livres ont paru aux Éditions Champ Vallon. Il a dirigé l'édition des* Œuvres poétiques complètes *d'Aragon (Gallimard, « Bibliothèque de la Pléiade», 2007).*

1) Lionel Ray, « Éloge de l'éphémère », *Matière de nuit*, Gallimard, 2004, p. 167.
2) Lionel Ray, *Entre nuit et soleil*, Gallimard, 2010.
3) Lionel Ray, *Entre nuit et soleil*, *op. cit.*, p. 101.
4) Notons que Lionel Ray utilise le terme, sans le redéfinir comme nous le faisons ici, quand il parle des anciennes « flamboyances de *L'interdit est mon opéra* » lors d'un entretien avec Claude Adelen, repris dans *Lettres imaginaires*, *op. cit.*, p. 74.
5) Jules Supervielle, *Le Forçat innocent*, poésie/Gallimard, p. 110.
6) Lionel Ray, *op. cit.*, p. 75.
7) Philippe Jaccottet, « Trop de beauté ? », article de 1965 consacré à Saint-John Perse, repris dans *L'Entretien des muses*, Gallimard, 1968, p. 33. L'idée depuis est régulièrement reprise par Philippe Jaccottet, tant dans son discours critique que dans son écriture poétique.
8) Yves Bonnefoy, « À la voix de Kathleen Ferrier », *Hier régnant désert*, 1958, repris dans *Poèmes*, poésie/Gallimard, p. 159.
9) Claude Esteban, *Critique de la raison poétique*, Flammarion, 1987, p. 90.
10) Laurent Jenny, *La Parole singulière*, Belin, 1990, p. 164.
11) Lionel Ray, *Comme un château défait*, poésie/Gallimard, p. 54.
12) Lionel Ray, *Matière de nuit op. cit.*, p. 11.
13) Lionel Ray, *Lettres imaginaires*, *op. cit.*, p. 6.
14) Lionel Ray, entretien avec Nicolas Tabuteau, *Lettres imaginaires*, *op. cit.*, p. 78.
15) Lionel Ray, « Singulier Verlaine », *Europe*, n° 936, avril 2007, texte repris dans *Lettres imaginaires*, *op. cit.*, p. 100 à 103.
16) Lionel Ray, *Comme un château défait*, poésie/Gallimard, p. 23.
17) Lionel Ray, *Comme un château défait*, *op. cit.*, p. 64.
18) Lionel Ray, *Matière de nuit*, *op. cit.*, p. 88-89.
19) Lionel Ray, *Syllabes de sable*, *Comme un château défait* suivi de *Syllabes de sable*, poésie/Gallimard, p. 178.
20) Lionel Ray, « Les emmurés », *Une sorte de ciel*, Gallimard, 1990, p. 85.
21) « Ces roses furtives/pour vous dire que nous sommes vivants/encore un peu », Lionel Ray, *Comme un château défait*, poésie/Gallimard, *op. cit.*, p. 132.
22) Lionel Ray, « La Mémoire », *Une sorte de ciel*, *op. cit.*, p. 42.

23) Lionel Ray, (« art poétique 1 »), *Matière de nuit, op. cit.*, p. 111.
24) Lionel Ray, *Syllabes de sable, op. cit.*, poésie/Gallimard, p. 157.
25) Voir *Syllabes de sable, op. cit.*, p. 200.
26) Lionel Ray, *Matière de nuit, op. cit.*, p. 165-166.
27) Lionel Ray, « Lisière », *Matière de nuit, op. cit.*, p. 26.
28) Lionel Ray, *Matière de nuit, op. cit.*, respectivement p. 79, 80, 88 et 70.
29) *Op. cit.*, p. 113.
30) Lionel Ray, *Une sorte de ciel, op. cit.*, bas de la page 61.
31) *Op. cit.*, p. 19.
32) Lionel Ray, « L'adieu », *Une sorte de ciel, op. cit.*, p. 26.
33) Lionel Ray, *Comme un château défait, op. cit.*, p. 23, 35, 28, 116 et *Syllabes de sable, op. cit.*, p. 164, 266, 280, 289, 305.
34) Lionel Ray, *Syllabes de sable, op. cit.*, p. 261.
35) Lionel Ray, *Syllabes de sable, op. cit.*, p. 191.
36) On peut noter que le titre ici refuse la majuscule et place le poète entre parenthèses : autre procédé d'estompe et d'effacement, définition même d'une présence précaire.
37) Lionel Ray, *Matière de nuit,* op. cit., dernier poème, « (critique de la poésie) », p. 158.
38) Voir sur ce point « À peine une voix dans l'ordre du sable », ma préface à l'édition de *Comme un château défait* suivi de *Syllabes de sable*, poésie/Gallimard, p. III à XV.
39) Lionel Ray, entretien avec Claude Adelen, *Lettres imaginaires, op. cit.*, p. 76.
40) Lionel Ray, *Arthur Rimbaud*, présentation et anthologie, Seghers, collection « Poètes d'aujourd'hui », 1976 et 2001.
41) Lionel Ray, *Louis Aragon*, présentation et anthologie, Seghers, collection « Poètes d'aujourd'hui », 2002.
42) Lionel Ray, *Louis Aragon, op. cit.*, p. 83 et 87.
43) *Op. cit.*, p. 91.
44) Lionel Ray, *L'Invention des bibliothèques*, Gallimard, 2007, p. 9. La citation n'y est pas référencée : c'est qu'elle renvoie, au-delà des *Beaux Quartiers* où elle apparaît pour la première fois, à tout un fil de l'œuvre et de la réflexion d'Aragon allant (au moins) jusqu'à *La Mise à mort*.
45) Lionel Ray, *Syllabes de sable, op. cit.*, p. 176.
46) « "Lionel, me disait un jour Jean-Marie Gleize, il faut choisir entre Ponge et Saint-John Perse !" Ce n'est pas sur ce chapitre des comparaisons et des métaphores que je verrai de l'un à l'autre une différence bien profonde… Ce qui compte, quels que soient les moyens, c'est que les mots soient justes, et prononcés juste, ce qui compte c'est de parler d'une voix juste et de vivre juste […] », Lionel Ray, entretien avec Claude Adelen, *Lettres imaginaires, op. cit.*, p. 72.
47) Lionel Ray, *Les Métamorphoses du biographe*, Gallimard, 1971 ; *L'interdit est mon opéra*, Gallimard, 1973. La citation est extraite de « mise en ordre des joies », *Les Métamorphoses du biographe*, p. 90.
48) Lionel Ray, *Une sorte de ciel,* op. cit., « Prose au tableau noir », p. 9.
49) *Op. cit.*, p. 134.
50) Lionel Ray, *Syllabes de sable*, poésie/Gallimard, *op. cit.*, p. 308.
51) Lionel Ray, *Entre nuit et soleil*, Gallimard, 2010, p. 81.
52) Lionel Ray, *Matière de nuit, op. cit.*, p. 133 -134.
53) Lionel Ray, *Comme un château défait, op. cit.*, p. 139.
54) Lionel Ray, « Ce mythe appelé poésie », prose introductive à *L'Invention des bibliothèques*, Gallimard, 2010, p. 11.
55) Saint Augustin, *Sermons*.
56) Lionel Ray, « Ce mythe appelé poésie », *L'Invention des bibliothèques, op. cit.*, p. 13.
57) Lionel Ray, « oubliez-moi », *L'Invention des bibliothèques, op. cit.*, p. 17.
58) *Op. cit.*, p. 103.
59) *Op. cit.*, p. 47.
60) *Op. cit.*, p. 43 et 83.
61) Lionel Ray, *Comme un château défait, op. cit.*, p. 65.

Langage est horizon

Les mots sont pensés
comme on les prononce,
c'est un métier
comme de vivre
au plus près de soi.

Voici venue l'heure des comptes
c'est le silence cruel du cri
quand tout à coup bouche ouverte
on cesse d'entendre et voir.

Fenêtre blanche comme
interdite
quand le jour tombe
et s'abandonne.

Sur tes yeux
ce bandeau d'oubli…

*

Comme un écho d'abîme
et ce n'est plus
que du temps qui s'en va.

Comme au fond des yeux
la vie
qui lentement brûle.

Comme cette eau qui se perd
mais elle vit pourtant
et l'ombre bat
dans l'absence d'être
et de profondes aventures.

Ainsi de grands arbres calcinés
se dressent
au plus secret du cœur :
ils bougent encore
dans les saisons…

*

Perte jour après jour,
tu t'effaces
et disparais.
Mais il y a une source
entre les mots entre les heures,
ce parcours en toi-même.

Et chaque fois
la page tourne
lisible aveuglément,
trace éteinte
à grands pas.

Croyais-tu que cela
s'appelle vivre
dans le flux et la répétition
dans l'insistance des saisons
le non-retour ?

Comme on respire
inlassablement
l'inaccessible
qui perd toute mesure…

*

S'il faut vivre encore
que ce soit dans une pierre
au plus profond de l'absence
et peu importent les lointains
la lumière et l'immédiat.

Tu es en partance vers
un soleil mort – si froid si calme –
passeur ténébreux sans bagage
vers ce rien impérissable
infertile et souverain,

rien qui rayonne
azur parfait
dans l'abaissement
et l'en-dessous…

*

Parfois il arrive que les jours
sont comme les branches mortes
d'un arbre éternel
alors que ton visage ancien
s'anime dans la défaite.
Ce qui vient après
par la voie du souffle
est l'oiseau d'une seule note
et la nuit coule dans tes veines
heureuse paisiblement…

Le « génie » de Lionel Ray

Jean-Luc Steinmetz

Génie

… chacun pose une main sur les ordures publiques à défaut des mouettes et des pétrels celle-ci les cheveux tressés dans une résille apparaît : mon Dieu à quoi pensiez-vous donc ?
des cailloux dans les poches (ou des poèmes) l'enfant a pris la septième route qui conduit à cette robe noire brodée de flammes peintes salut aux genêts inassouvis ! à la chute d'eau ! aux pommes de la dernière attente ! salut aux sapins ! aux guimpes ! aux cornettes aux larges ailes de la prochaine fois ! à l'Irlande ! à l'âge des cavaliers fabuleux ! à l'érection du pendu ! à l'éclair du couronnement il se répand aux escaliers le formidable enfant de la septième « qu'est-ce que c'est votre nom ? » ah cette rumeur des livres confessions et confections au nord au sud les derniers lambeaux de la pudeur jetés au feu classique : « des saletés ! des rinçures ! »
et l'implacable rayon d'une étoile sur tout cela !

Ce qui se passe entre la nuit et le soleil pourrait être le crépuscule du matin. On sait la déception qu'en éprouva Baudelaire, même si l'un de ses plus beaux poèmes en résulta. Je ne sais pas trop s'il faut se fier aux titres, mais je sais leur importance pour Lionel Ray qui, de fait, dans son nom trouvé, à côté de son nom perdu, garda le germe d'un rayon. De Lorho à Ray, il serait audacieux de lire *l'aurore*, ce mot ancien qui ne se trouve plus que dans les traductions d'Homère pour énoncer l'Eos rhododactulos grec.

Ce préambule pour consentir à une manière de métaphore qui me ferait passer de la nuit du texte à la clarté du commentaire, encore que la proposition puisse en être strictement inversée, à savoir que du texte émane un rayonnement souverain que ne ferait qu'obscurcir toute interprétation à son égard.

À m'adonner au commentaire je suis conscient de m'abandonner à une forme de paresse consistant à ne pas reconnaître la frontalité du poème, absolument lui, sans rien qui s'y ajoute, sinon par le dévoiement d'une pratique qui lui attacherait des pendentifs pléonastiques, le répéterait.

Dans *Entre nuit et soleil*, j'ai choisi le premier poème de la section « Éclats, brisures, soleil froid ». Il a pour titre « Génie ». « Génie », pour autant que l'œuvre de Rimbaud nous est familière, nous parle. Je ne pense pas qu'il soit audacieux d'avancer immédiatement un tel rapprochement. Il m'apparaît qu'il fut voulu par Lionel Ray, comme son texte par la suite tend à le prouver. Le fait d'avoir repris ce titre hypothèque assurément le regard critique, si bien que je ne peux le lire en toute innocence. Dans l'immédiat du premier abord, de la première vue, il se diffracte, se dédouble. Cette doublure implique une pratique. Du moins, suppose que l'auteur ne la récuse pas : le poème ne naît pas selon une certaine innocence primordiale ; il se détache *a priori* d'un ensemble, d'un fond, depuis lequel il prend parole. La témérité de Lionel Ray est d'avoir osé doubler le poème de Rimbaud qui compte parmi les plus étonnants, les plus beaux, et paraît à certains lecteurs comme l'aboutissement absolu des *Illuminations.* « Sur le vide papier que la blancheur défend », Ray a choisi de poser ce mot lourd de conséquences, chargé d'une antériorité obérante.

« Génie », sitôt imprimé, éveille en nous une réminiscence à laquelle nous ne sommes pas forcés de nous attacher, mais qui ne saurait être tout à fait remisée. Le premier enseignement du titre implique, d'entrée de jeu, que le poème n'existe pas seul, qu'il se développe sur une mémoire de la poésie, et ne s'exerce pas dans le cadre d'une origine pure. Il ne se conçoit pas sans un précédent littéraire avec lequel il joue et dont – tout aussi bien – il dispose avec gravité.

Son apparition typographique montre un dispositif qui exhibe un rectangle imprimé relativement plein, qui ne refuse pas diverses aérations minimales, dont il revient au lecteur de faire usage. Soit un moment de pause dans la diction interne du poème, soit un suspens analogue au paragraphe de la prose ou au blanc découpant la strophe. Dans cet ensemble, par conséquent, s'indiquent des *phases* (qui ne sont pas nécessairement des phrases), des moments dont la signification du texte permettra (on le pressent) de préciser le statut.

« Génie » est composé de 15 lignes inégalement remplies, la justification à gauche n'opérant pas, par deux fois : à la 4e et à la dernière ligne.

D'autres espaces blancs interviennent dans le cours même du poème, parfois discrets, parfois plus largement visibles. Je les énumérerai dans leur ordre d'apparition :

après « publiques », 1re l. ;
après « pétrels », 2e l. ;
après « noire », 5e l. ;
après « peintes », 6e l. ;
après « couronnement » 10e l. ;
après « septième », 11e l. ;
après « nom ? », 12e l. ;
après « confections » et « sud », 13e l. ;
après « classique », 14e l.

Constater ce phénomène engage à réfléchir sur les modalités d'une nouvelle ponctuation, rythmique et respiratoire, à côté des signes ponctuatifs traditionnels. Je laisserai provisoirement une telle réflexion, quitte à y revenir, si nécessaire, au cours du « comment dire ? » envisagé.

Pas de virgules, par conséquent, mais des ponctuations fortes : points d'exclamation ou d'interrogation, et encore les deux-points et les guillemets, ce qui implique un fort rapport à l'oralité et, dans le cas présent, à une personne qui parle. Pour avoir lu souvent Lionel Ray, je n'ignore pas que cette personne est plutôt le « personne » menaçant son identité première pour qu'elle s'ouvre à la fonction énonciatrice de l'écrivain.

Que le texte soit faussement autonome, on le perçoit d'autant mieux si l'on observe tous les poèmes de cette série, proches, à coup sûr, de poèmes en prose. Les introduisent tous, en effet, des points suspensifs qui rendent improbables leur commencement *ex nihilo,* comme si autre chose avait été dit auparavant – un texte antérieur que l'on se murmure au for de soi, une méditation exprimée qui en vient enfin à la parole de l'écriture. Le texte émerge après quelque chose. Aucune initiale ne l'inaugure. L'aparté est en travail. Voyons-nous là une résurgence ?

Pour rabattre sur l'ordinaire une telle impression, pour se conforter d'un usage, on pensera assurément à une forme d'écriture automatique, au jaillissement de la pensée sans contrôle apparent à cette différence près qu'aucune illusion gratifiante ne s'attache ici aux premiers mots. Il semblerait qu'implicitement soient remis en cause les incipit oraculaires des *Champs magnétiques.* Il n'en demeure pas moins qu'avec une certaine autorité ces textes de Ray posent la question du premier mot (outre le titre), question très vite évacuée en apparence, par la présence des trois points de suspension, lesquels coupent court au surgissement de l'événement dont ils préviennent l'inégale inauguration.

Après une première lecture de « Génie », mon intention était de me servir de la première phrase, ou plutôt du premier membre de phrase donné à la première ligne, soit « chacun pose une main sur les ordures publiques », et de la continuer – les poèmes que j'écris en ce moment se prêtant à ce genre d'exercice. Que vaut une première phrase ? Un premier vers soufflé par les dieux, comme le disait Valéry. Ou encore une première phrase donnée par l'autre (un livre, une parole entendue ; *Lundi, rue Christine*), de sorte que la lourde responsabilité de l'engendrement est évacuée sous l'excuse implicite « ça n'est pas de moi » – ce qui permet d'autant mieux que la langue parle. Et, pour cela, bravant toute inspiration miraculeuse, sont à notre portée les phrases dites formulaires aimées de Ponge, les maximes ou la Sagesse des nations.

« Chacun pose une main » emprunte un tour gnomique et ne se dérobe pas au risque, du demi-hexamètre, avant-coureur d'un fatal alexandrin. Nous qui vivons à l'heure de la « Vieillesse d'Alexandre », nous aimons pressentir d'autres mesures. Que « chacun pose sa main », et l'accord sans tarder se fait avec le lecteur, à condition que l'on sache sur quoi on la pose ; « les ordures publiques » ne nous rassurent qu'à moitié. Mais nous consentons à croire que dans l'hygiénisme d'aujourd'hui, le contact quotidien avec le déchet n'a pas de raison de nous être épargné. À vouloir comprendre – et il le faut –, le sens en est satisfait, y compris dans la séquence suivante, quoique, dans l'expérience de chacun, le contact avec les plumes d'un pétrel ou d'une mouette soit infiniment plus rare. Je ne le conseillerais pas au demeurant.

Le fil tenu jusque-là (malgré tout) s'amincit quand « celle-ci » apparaît, pour laquelle nous n'avons aucun point de repère. On veut bien lui accorder une certaine beauté, mais quelle est-elle ou quel est-il, ce pronom féminin, qui tient par les deux « l » d'une résille ? Une énonciatrice occasionnelle peut-être ! À cet endroit, pas de guillemets qui s'ouvrent et plus loin se referment. Nous voilà bien avancés. Nous voilà peu avancés.

Ces trois premières lignes ouvrent la suite. Il en va ainsi, structuralement. Quant au « Génie » du titre, on attend qu'il se manifeste. La figure de l'enfant nous rassure cependant. C'est un personnage de conte, avec des cailloux dans les poches. Par le titre nous attendions Rimbaud. Or « Ma bohême », le sonnet « Ma bohême », intervient, sans hésitation possible : « Petit-Poucet rêveur, j'égrenais dans ma course/Des rimes ». Rimbaud nous laissait dans l'hésitation avant le rejet. Ray dit la même chose avec une disposition autre : des cailloux ou des poèmes. L'identité enfantine n'en est pas mieux nommable, alors que la précision « la septième route » met sur la voix du secret, un secret exposé. On pourrait passer à la suite. Ray ne le souhaitera pas. D'une part la caractéristique de l'enfant est dûment reprise à la 11e ligne : « le formidable enfant de la septième » ; d'autre part il est question plus tard que soit dit le nom secret « qu'est-ce que c'est votre nom ? »

L'enfant de la septième route deviendra – je le répète –, un peu plus bas, « le formidable enfant de la septième ». M'interrogeant sur cette septième qui n'a rien à voir avec un stade scolaire (sixième, cinquième, etc.), j'en ai conclu (sans grand génie cette fois) au chiffre sept traditionnel, plus tard célébré par Cocteau, combinant le pair et l'impair – et l'auteur me le confirma. Je ne pouvais cependant m'en contenter et bientôt, à la lumière du septuor de Mallarmé, remontai à la constellation de la Grande Ourse. Alors, tout naturellement, l'enfant de « Ma bohème », le Petit-Poucet rêveur, rencontrait sa réelle destination : « mon unique auberge était à la Grande-Ourse », ce qui, dès lors, amorçait la ligne conclusive du texte de Ray. Un peu mieux se figurait aussi, filigranée, la robe noire de la nuit, brodée non pas de flammes peintes, mais de feux astraux en leurs diverses configurations.

La partie médiane de « Génie » saute aux yeux. L'italique l'impose comme centre. Elle s'ouvre au lyrisme libre ; elle décline un salut déjà présent dans un autre recueil, aussi bien qu'une reconnaissance. Ressources multipliées d'éléments poétiques. Chacun sustente le commentaire. Ricochet, dans la sensibilité mentale, de ces images court-circuitées. De ce trésor j'extrairai seulement pour mémoire la « chute d'eau », qui renvoie au « wasserfall blond » du poème « Aube ». Vous savez : « je ris aux wasserfall blond qui s'échevela à travers les sapins » (ces mêmes sapins que l'on retrouve dans le deuxième salut). Je relèverai aussi le mot « cornette » qui, vu sa proximité avec « guimpe », désigne plutôt une forme de coiffure. Pensons surtout à « Dévotion » de Rimbaud et à la sœur Louise Vanaen de Voringhem dont la cornette bleue est tournée vers la mer du Nord.

L'ensemble de l'énumération-litanie fait jouer quantité de mots suscitateurs d'images, comme dans un kaléidoscope. Beaucoup, admirables, ont valeur d'énigmes, que Rimbaud ne suffit pas à rendre solubles. Lionel Ray, interrogé par moi à propos de certaines d'entre elles, pointa les « cavaliers fabuleux », juste après l'Irlande, comme issues de propos du Leopold Bloom d'*Ulysse*. J'ai feuilleté encore une fois, et à la hâte, l'*Ulysse* que m'avait dédié à Belle-Île l'un de ses traducteurs, Auguste Morel. En vain, dois-je dire, sans y relever davantage « l'érection du pendu », ni « l'éclair du couronnement » espérés.

La louange lyrique centrale inscrit bien – quels que soient les éléments qui la forment – une période d'enthousiasme. Le « Petit-Poucet rêveur » est devenu l'enfant à la poursuite de l'Aube. Le déplacement de la scène vers l'Irlande (mais où se trouvait-on auparavant et, après tout, les mouettes pouvaient effleurer la tour Martello dans la rade de Dublin) n'obéit à première vue qu'à une logique onirique où la *joie* de *Joyce* en tant qu'épiphanie trouve son déploiement, procède à son « expansion », comme il sera dit plus tard, bien que Joyce, comme chacun sait, ait lu avec plus d'attention Mallarmé que Rimbaud.

De A à Z, le texte se poursuit, fût-il circulaire. En route donc, ce génie, enfant de la Grande Ourse et enfant en quête de l'Aube à l'immense corps, entre nuit et soleil. De là une course éperdue où se succèdent nature, architecture – ces « escaliers » qui brusquement surviennent, comme les « quais de marbre » dans « Aube ». À coup sûr, nous sommes dans l'univers des mots (chacun géniteur, suscitateur) et dans celui d'une fantaisie aux allures de rêve éveillé actionné, de plus, par la célérité d'un mode d'écriture quasi automatique.

« qu'est-ce que c'est votre nom ? » Le nom propre existe toujours au fond d'un texte ou en surface, anagrammatisé parfois. Lionel Ray ne savait pas si bien dire. S'il ne le savait pas bien, c'est parce que l'inconscient sait, parce que c'est l'inconscient. C'est la faute à l'inconscient. Dans « Aube », l'enfant atteint ce qu'il cherche, un immense corps à la fin, soit ! Mais auparavant une fleur qui lui parle, une fleur qui me dit son nom, c'est-à-dire le nom qu'elle porte et le nom de l'aube. Rien n'est plus simple : l'aubépine.

À propos de ce passage, la formulation dont use Lionel Ray paraît inutilement embarrassée ou triviale. Non pas « quel est ton nom ? », très interrogatoire, mais en quoi consiste-t-il. Autant dire, quelle est la substance de votre patronyme ?

L'avancée du texte, la quête (la recherche du nom, en fin de compte) progresse, paratactique, interjective. Les mots se suivent, jeton après jeton : « confessions » / « confections », / « nord » / « sud », lambeaux de pudeur, l'un se déduisant de l'autre au fil des paronomases ou des énantiosémies. La « rumeur » est un mot rimbaldien (tout comme l'effarement appartient à Hugo). On se rappelle « la rumeur du quartier » dans les « Poètes de sept ans ». Mais tout est rumeur et remémoration. Ainsi dans « Génie », celui des *Illuminations*, que précède peut-être *Une saison en enfer*, cette confession occidentale par excellence. L'automatisme vite contrôlé de l'écriture perçoit bien que se dit dans le texte beaucoup plus qu'il n'est avouable. Les souvenirs d'enfance mènent à cela, à ça – et la confession fait tomber « les derniers lambeaux de la pudeur jetés au feu ». *Une saison en enfer* fut brûlée, d'après Isabelle Rimbaud. Geste classique. On brûle tout ce dont on veut se débarrasser. Dans la cheminée de Roche, quelques cendres. Plus tard, pour peu que Rimbaud se soit souvenu de telles erreurs de jeunesse, le jugement fuse porté sur ses textes et récupéré par André Tian : « des rinçures ».

Nous voici revenus au début, aux « ordures publiques ». On ne pouvait savoir alors (1re ligne) qu'il s'agissait très vraisemblablement d'un livre considéré par l'auteur lui-même comme saletés, comme rinçures, comme ordures, livre désormais publié, public, livré à tous. « Chacun pose une main sur lui », chacun s'approprie l'enfant du septénaire astral. Les ogres lecteurs que nous sommes le dévorent, le Petit Poucet.

Et Lionel Ray dans tout ça ? Il n'est pas loin. Au plus près même, à la sortie aussi bien que dans l'interstice. Qui, après Rimbaud, dans l'après-Rimbaud, n'est pas tenté de jeter sur ses poèmes l'implacable regard dénigreur, de remettre à leur juste place, très secondaire, ses écritures prétendues parfaites, de saccager, par excès critique, la beauté ?

Une conclusion s'impose, métaphysique en désespoir de cause, faisant agir la citation dans l'ordre d'un déplacement nécessaire. La dernière ligne formulaire est judicative, forte comme le destin dont rayonnent les astres. Influence. L'étoile brillait dans le septuor. Arcture la Grande Ourse. Sur la page du livre ouvert viennent le regard et cette autre contemplation, venue de l'étoile.

« et l'implacable rayon d'une étoile sur tout cela ! »

Autrement dit, le livre sera offert au jugement des siècles. Mieux, il tiendra non plus face aux heures passagères, mais en tant qu'il appartient au cosmos. Le « tout cela », suffisamment vague, contient toute la cargaison poétique, le bazar, l'archive, le va-tout des ordures publiques, des bibliothèques. S'entassent là aussi l'œuvre de Rimbaud, celle de Lionel Ray, celle de Hugo (*Contemplations* : « Et que tout cela fasse un astre dans les cieux ! »).

Rimbaud : « La douceur des étoiles et du ciel et du reste descend en face des talus, comme un panier contre notre face et fait l'abîme fleurant et bleu là-dessous. »

L'implacable rayon d'une étoile – je le redis, après cette phrase de Rimbaud qui osait encore parler de la douceur. La charge d'influence est nouvelle cette fois, l'influx stellaire plutôt saturnien. Exposé au rayonnement, plus rien n'est à dire. Le texte s'arrête avec un point d'exclamation, point exclamé à cela près que vient de se nommer, dans l'interstice, à la limite de la conscience, celui qui le fit, devant aborder coûte que coûte son pseudonyme en aparté, soit l'implacable *rayon.* À quelques lettres près, rayonnement – Ray l'auteur signe « Génie », proclamé en titre, alors que le texte dissémine « Ma bohème » et « Aube ».

Un itinéraire peu commun fut restitué, selon des coudoiements allusifs, des gauchissements, détournements, voire collages. La lecture produit une leçon sur fond d'écriture automatique révisée, ouvrant, puis refermant les angles, à la faveur d'une spéciale liberté par instants surveillée. Conclusion : quelque chose encore peut se dire après Rimbaud, à la limite, dans la déformation et la défactuation, fragments ouverts à une recomposition. « Tout cela » reste aléatoire, promis à la perte, soumis au jugement négateur. La plus grande quête du génie, génie d'enfance, vaut ordures et rinçures. *Letteris a liter.* Voici revenu Joyce. Puis le XXIe siècle, pauvre de son avenir menacé.

L'implacable jugement de Lionel Ray réduit le bref festival d'images. « Génie » s'est ingénié à projeter par fragments une beauté défaite. La poésie de Lionel Ray accomplit, non sans élégance, un tel projet – de confection momentanée et de défection continue.

Poète, essayiste, professeur émérite de littérature française à l'université de Nantes, ***Jean-Luc Steinmetz*** *a publié les œuvres complètes de Rimbaud en trois volumes (Garnier-Flammarion, 1989). Il est l'auteur de plusieurs essais, dont d'importantes biographies :* Stéphane Mallarmé, l'absolu au jour le jour *(Fayard, 1998) et* Arthur Rimbaud. Une question de présence *(Tallandier, 1999).*

Lionel Ray et le nouveau lyrisme

Michel Collot

Je commencerai par un bref rappel des principales étapes de la carrière poétique de Lionel Ray. Les premiers poèmes qu'il a publiés très jeune, sous son vrai nom de Robert Lorho, étaient d'un lyrisme assez convenu, encore imprégné des modèles enseignés à l'école ; mais ils révélaient aussi l'influence d'un poète singulier, Jules Supervielle, auquel il avait consacré un remarquable mémoire d'études supérieures, dont on retrouve des éléments dans un article paru dans le dossier d'*Europe* consacré à Supervielle en 1984 [1]. Et ses poèmes de jeunesse doivent à cette lecture attentive quelques-uns de leurs accents les plus prenants, qui ne trouveront leur véritable écho que bien plus tard dans l'œuvre de Lionel Ray. Cette dette envers Supervielle n'a jamais été reniée, puisqu'on trouve encore un poème en son hommage au tout début de *Matière de nuit* [2].

En adoptant à partir de 1970 un pseudonyme pour signer ses publications, Lionel Ray a voulu rompre avec cette première manière et trancher les liens qui rattachaient le poète au sujet biographique. N'écrivait-il pas dans sa *Lettre à Aragon* que « l'auteur » doit « réussir à supprimer sa personne même pour ne laisser subsister que la trace d'un rapport entre son texte et son projet [3] » ? On reconnaît là l'ambition du textualisme, qui dominait alors la scène littéraire française et dont Lionel Ray pouvait apparaître comme un des meilleurs représentants dans le domaine de la poésie. Pourtant, il reconnaîtra lui-même un peu plus tard que « son entreprise de démolition, de dislocation, de démembrement de la phrase et du vers » « n'empêchait pas » « le lyrisme de s'affirmer d'autre façon peut-être » mais qu'« il persistait, irrémédiablement collé au corps du mot, enraciné en lui [4] ».

Cette persistance ou cette résistance du lyrisme est perceptible dans le titre même des recueils parus à cette époque. Dans *Les Métamorphoses du biographe* [5], le sujet lyrique est bien présent, mais il s'y trouve mis en question. Au lieu de rester prisonnier d'une identité et astreint à un pacte de sincérité, il s'y ouvre à toutes les métapmorphoses qu'autorise le passage d'un lyrisme autobiographique à une fiction avouée, où le poète devient un « opéra fabuleux ». Les résonances rimbaldiennes du titre suivant, *L'interdit est mon opéra* [6], n'excluent nullement mais me semblent au contraire impliquer la référence à une dimension du lyrisme que Lionel Ray n'a jamais reniée : celle du chant. Il est vrai qu'un autre de ses maîtres, celui-là même qui l'a fait connaître et reconnaître, lui avait appris que le chant est tout sauf l'expression transparente du moi : « Un chant qui se soucie aussi peu de moi-même / Que la flamme de l'âtre ou du rideau le vent [7]. » Le dernier Aragon lui montrait aussi que le « mentir-vrai » de la fiction est le détour nécessaire pour accéder aux vérités les plus enfouies d'une existence [8].

La recherche de dispositifs typographiques inédits, le travail sur le texte et l'intertexte, les jeux de mots eux-mêmes ne relèvent pas dans ces recueils d'une simple expérimentation verbale : ils constituent pour le sujet une véritable expérience, dont l'enjeu est le *je* lui-même, qui se remet en jeu pour se découvrir autre. Je risquerai à ce propos un parallèle avec Jacques Roubaud qui, après avoir publié dans sa jeunesse des poèmes inspirés par l'exemple d'Aragon, a semblé tourner le dos à toute forme de lyrisme en publiant un recueil qui arborait comme titre un symbole mathématique imprononçable et qui s'organisait à la fois comme un sonnet de sonnets, et sur le modèle d'une partie de jeu de go [9]. Pourtant, à qui sait lire, les poèmes qui le composent, en vers ou en prose, vont peut-être plus loin dans les recoins les plus secrets de la conscience et de l'existence du poète que ses récits autobiographiques.

Rétrospectivement, on peut penser que ces expériences d'inspiration textualiste ont permis à Lionel Ray de s'arracher à la naïveté et à la facilité de ses débuts et qu'en mettant son lyrisme à rude épreuve, elles ne l'ont pas anéanti mais lui ont permis de mûrir et de se transformer. Comme d'autres poètes de sa génération, il a éprouvé, vers la fin des années 1970, le besoin de sortir des limites d'une démarche qui avait épuisé son pouvoir d'invention et de subversion, pour renouer les liens entre la poésie et l'expérience, voire l'existence. Comme il l'écrit au seuil d'un recueil paru en 1978, il a alors « décidé » de « faire table rase » de « tout terrorisme linguistico-théorique » pour « saisir la coïncidence la plus exacte possible entre vivre et écrire [10] ».

Il n'était pourtant pas question de revenir à la naïveté lyrique de ses débuts, mais plutôt d'intégrer ce que lui avait appris une pratique textualiste à l'invention d'un « nouveau lyrisme ». Telle était aussi l'ambition d'une nouvelle génération de poètes, impatients de se soustraire à la tutelle d'un modèle devenu dominant. Contrairement à ce que leur ont souvent reproché leurs adversaires, il ne s'agissait pas pour la plupart d'entre eux d'un retour aux recettes les plus éculées de la tradition lyrique, mais de la recherche de ce « lyrisme neuf » qu'Apollinaire appelait déjà de ses vœux. Sur cette voie et dans ce combat, Lionel Ray leur est apparu comme un allié et un guide, plus éclairé et plus éclairant que d'autres, animés d'un esprit de revanche ou de restauration des formes anciennes. C'est pourquoi la jeune revue *Incendits* lui a demandé en 1984 de participer à un numéro qui interrogeait la résurgence du lyrisme, avant de lui consacrer un dossier complet deux ans plus tard.

En devenant un des acteurs du renouveau lyrique qui a marqué la poésie française au tournant des années 1980, Lionel Ray n'a nullement renié l'esprit d'innovation qui animait sa démarche depuis la fin des années 1960 et qui se traduit notamment par une inventivité formelle qui ne s'est jamais démentie. Le lyrisme qu'il n'a cessé, depuis, de défendre et d'illustrer sous des formes multiples et toujours variées, s'écarte résolument des travers que lui attribuent ses détracteurs. Selon eux, le lyrisme est fatalement narcissique, idéaliste et conservateur. Il serait l'expression d'une subjectivité, d'une identité et d'une intériorité enfermées en elles-mêmes, et coupées du monde et des autres. Il serait incapable d'inventer des formes nouvelles, car, opposant l'esprit à la lettre, il serait toujours en quête d'un sens qui transcende les ressources du langage.

Une telle caricature prouve que les antilyriques n'ont pas lu Lionel Ray, ni quelques-uns des poètes les plus importants et les plus novateurs de la modernité. Il existe, au moins depuis Rimbaud, un lyrisme moderne qui valorise l'objet plus que le sujet, l'altérité plus que l'identité, l'ouverture vers l'extérieur plus que l'intériorité, le réel plus que l'idéal, la matière plus que l'idée, la lettre autant que l'esprit, la forme autant que le sens [11]. Je voudrais donner quelques exemples de cette réévaluation du lyrisme telle qu'elle se manifeste dans la pratique et dans la réflexion de Lionel Ray.

JE est un autre

Le premier écart que la poésie de Lionel Ray manifeste vis-à-vis d'une définition datée du lyrisme, celle qu'on trouve dans l'*Esthétique* de Hegel par exemple, c'est évidemment la remise en cause permanente de l'identité et de l'unité du sujet qui s'y exprime. Cette « conception fausse » de la poésie lyrique, censée refléter fidèlement l'image d'un moi toujours identique à lui-même, ne se vérifie guère d'ailleurs que chez les plus mauvais poètes ; les plus grands lyriques y échappent, à commencer par les romantiques eux-mêmes, pour qui le moi apparaît le plus souvent comme un « moi fugitif, insoluble problème / Qui ne se connaît pas et doute de lui-même [12] ». Et depuis Rimbaud, les poètes n'ont cessé de répéter et de montrer que « JE est un autre ». Mais cette altération du sujet lyrique n'équivaut pas nécessairement à son effacement, contrairement à une interprétation devenue courante de la célèbre proposition de Mallarmé, selon laquelle l'initiative cédée aux mots, « remplaçant l'ancien souffle lyrique » aboutirait à « la disparition élocutoire du poète [13] ».

Cette interprétation, Lionel Ray l'avait faite sienne, comme beaucoup de ses contemporains ; sa lettre à Aragon se terminait par ces mots : « je me tais maintenant/et dites oh dites à tous que je n'existe pas [14] ». Converti au lyrisme, Lionel Ray ne renonce pas pour autant au « travail sur les mots et la phrase », mais celui-ci est devenu inséparable d'un « travail sur soi-même [15] ». L'écart qui sépare le sujet de l'énoncé du sujet de l'énonciation est pour le poète l'occasion d'interroger une identité essentiellement instable et fuyante : « *Qui suis-je* ? est la grande, peut-être la seule question à laquelle la poésie tente de répondre[16] », ne cesse de redire Lionel Ray : « Je cherche dans les mots / qui je dis / qui je suis », lit-on par exemple dans *Le Corps obscur* [17].

La poésie n'est pas l'expression d'un moi qui lui préexisterait mais la création d'un sujet lyrique, qui s'avère autre dès lors qu'il dit « Je ». « S'expliquant » en 1983 sur ce qui pouvait paraître comme une palinodie ou un reniement, Lionel Ray revendiquait « la liberté aventureuse de livre en livre de se réinventer par l'écriture singulière [18] ». S'il pouvait faire ainsi de « l'infidélité à soi-même » « la règle de toute sincérité [19] », c'est que la vérité la plus profonde du sujet ne réside pas dans une quelconque identité, mais dans une intime altérité. Dès lors, chaque poème apparaît comme « une tentative de coïncidence avec l'autre » que chacun porte en soi. « Cet autre / en moi fragmentaire [20] » défie toute saisie et toute énonciation unitaire ; il ne se révèle qu'à travers les profils successifs et changeants que tente de capter le miroir brisé du poème.

Et dès lors, son expression ne saurait être un monologue, comme le veut un autre préjugé concernant la poésie lyrique ; elle est foncièrement dialogique. À la question « *qui suis-je* ? » répond « un *qui es-tu* ? façon non pas de se concevoir autre qu'on est, mais d'établir une relation intime avec soi-même, d'engager le dialogue avec ce moi étrange, non pas étranger [21] ». Dans les poèmes de Lionel Ray, le sujet lyrique s'énonce aussi souvent en seconde qu'en première personne, comme c'était déjà le cas chez Apollinaire, chez Reverdy et chez Celan :

« Quant à l'usage du *tu* et du *toi*, j'y vois un principe d'accord intime entre lecteur et auteur ou une condition incontournable et singulière du lyrisme. Il est vrai qu'on parle vers quelqu'un plutôt qu'avec : je conçois le poème comme écoute paradoxale d'un interlocuteur absent et qui ne peut répondre. Est-il identifiable ? C'est moi, c'est l'autre, personne ou quelqu'un [22]. »

Sans minimiser la part du lyrisme de Lionel Ray tournée vers l'Autre, et notamment vers la femme aimée, qui est son interlocutrice privilégiée, c'est d'abord avec ses autres moi, ceux qui se sont succédé au cours de son existence, qu'il dialogue. Sa poésie se nourrit de sa vie et la nourrit. C'est sur ce point que sa rupture avec le textualisme des années 1970 est la plus nette : retournant une formule provocatrice de *L'interdit est mon opéra* (« Je ne me souviens pas, j'invente [23] »), il écrit désormais : « Je n'invente pas, je me souviens. » Et il y insiste encore dans ses récentes *Lettres imaginaires* : « Je ne me souviens pas, j'invente"... rien de plus faux ! Les constructions imaginaires doivent l'essentiel de ce qu'elles sont à tout ce que nous avons appris, senti, rêvé, espéré même. Pas une de nos phrases où n'agisse quelque bribe de notre passé [24]. »

On ne saurait pour autant parler d'autobiographie, car les poèmes ne sont pas des récits de vie continus : ils ne restituent que des bribes du passé et des fragments d'un moi changeant. Et si la mémoire est la muse du poète, elle est « oublieuse [25] », comme le lui avait appris Supervielle. C'est précisément ce qui, du vécu, a été oublié, voire refoulé, qui sollicite l'attention du poète, car cela lui semble s'être passé dans une autre vie et lui révéler une part inconnue de lui-même. Ces « événements indéchiffrables de la vie privée » elle-même sont autant d'énigmes qui restent à interpréter : ils appellent non pas une reconstitution mais une recréation du passé qui n'est pas une pure et simple invention, et qui aboutit à « des ébauches de récits allusifs qui restent à mi-chemin entre l'obsession autobiographique et son rejet » ; « la poésie s'insinue dans cet entre-deux, cette hésitation [26] ».

Ce qui affleure à travers ces souvenirs épars, c'est ce que Lionel Ray appelle le plus souvent, comme Supervielle, le « moi profond », mais qu'il lui arrive aussi de nommer l'Inconscient, étant donné l'importance qu'il accorde à ce qui lui vient du sommeil et du rêve : « Ce que j'appelle "matière de nuit", c'est la poésie justement, ou plutôt ce qui la nuit s'élabore, au niveau de l'Inconscient, et que le poème du matin recueille [...], ce qui se prépare dans l'épaisseur obscure du sommeil et du rêve [27]. »

La nuit est un motif omniprésent dans l'œuvre de Lionel Ray, inscrit dans le titre de plusieurs de ses recueils. Ce motif est polysémique et il doit sans doute quelque chose à la tradition romantique des Hymnes à la nuit, mais il n'oriente pas Lionel Ray vers une interrogation métaphysique ; il me semble plutôt inviter le poète à sonder l'épaisseur du monde et du moi : la part d'ombre qui échappe au regard de la conscience, le « corps obscur » dans lequel elle s'incarne, mais aussi la chair du monde auquel il est indissolublement lié. À l'encontre de l'idéalisme souvent reproché au lyrisme, Lionel Ray choisit comme matériau de poésie cette matière noire située à la fois en nous et hors de nous, et qui est source d'émotions, non de pensées claires et distinctes :

Il y aura de nouvelles nuits
Elles ne sauront rien non plus
De ce qu'elles sont

Peut-être pensent-elles
Hors de toute pensée [...]

Mais nous les aimons
À cause du noir
Et des clartés errantes
À cause de tout ce noir
En nous et hors de nous[28].

Bien sûr le travail du poète vise à éclaircir cette substance opaque pour atteindre une transparence, qui confine parfois à une sorte de dématérialisation ; mais celle-ci me semble exprimer le plus souvent une hantise du vide et du manque auquel seule une plongée dans l'épaisseur des choses lui permet de parer. Le sujet lyrique n'est pas une monade acosmique ; il a besoin de se projeter dans le monde pour s'exprimer : « comme le rêve, le poème est un moyen de pallier la division du monde et du moi, d'en assurer au contraire la rencontre et la réunion, de supprimer la conscience séparatrice[29] ».

Le monde

Contrairement à Hegel, qui faisait du lyrisme l'expression d'une intériorité pure, Lionel Ray, comme beaucoup d'autres poètes, place le sujet lyrique hors de soi : « Ton lieu est vers le dehors », écrit-il dans *Syllabes de sable*, et l'on trouve dans ce recueil des formulations particulièrement fortes de cette ouverture qui conduit le poète à s'identifier aux choses : « Tu serais un arbre / [...] Tu serais l'étreinte de l'eau / et du vent », à devenir animal, végétal ou minéral :

devenir un battement d'aile d'oiseau

La saveur de l'air, la gaieté du chemin,
l'eau profonde d'un puits [...]

Circuler dans le hennissement des chevaux,
dans la sève du sycomore et la senteur
heureuse des pierres : devenir

Du sommeil flottant dans un rosier fleuri
ou dans l'étreinte du regard extrême :
tel est l'art insensé de poésie[30].

Le poète peut paraître « insensé » parce qu'il ne vit pas dans la sphère de l'intelligible ; il « n'est sensible qu'au sensible », comme Ponge le disait de l'artiste. Loin de rester confiné dans sa tour d'ivoire, il n'est pas seulement au monde, il est *de* monde :

il lui appartient par toutes les fibres de son corps et de son âme :

Ceci est mon ombre : je suis là.
Se pourrait-il que j'existe comme
Le peuplier, une corde ou une crevasse ?

Vous, églises, vous, raisins,
Feuillage des voix proches, non écoutées,
Vous, pierres et grains, mémoire visible,

Se pourrait-il que je sois un peu de vous-même [...][31] ?

Si ce devenir-monde apparaît comme une définition de la poésie, ce n'est pas seulement parce qu'elle est l'art de la métaphore et de la métamorphose, mais parce qu'elle vise à rapprocher les mots des choses, en mettant en valeur leur matérialité, seule capable d'évoquer la substance du monde. La « matière de nuit » que travaille le poète, c'est aussi le langage, « le corps obscur des mots[32] », qui leur permet de s'inscrire dans la chair du monde :

Il fait nuit dans les mots
Quelquefois
Pourtant nous partons
Avec eux
Vers le dehors.

C'est une affaire très intime
Entre eux et nous
Un alcool
Noir
Un souffle une faim de monde[33].

Les mots

Même après sa « conversion » au lyrisme, Lionel Ray n'a eu garde d'oublier l'enseignement de Mallarmé et la leçon des incipit d'Aragon ; pour lui, comme pour eux, « il n'y a pas au commencement quelque chose à dire, mais seulement un besoin, un désir de dire, vécu dans l'intensité » : « les mots sont premiers[34] ». Cette initiative reconnue aux mots s'accompagne d'une attention privilégiée à leurs propriétés physiques, à leur signifiant phonique ou graphique : « nous nous approchons de l'oreille des mots / les vérifiant lettre à lettre », écrit le poète[35].

Mais comment une approche aussi littérale de la poésie est-elle compatible avec le lyrisme ? C'est qu'elle n'est nullement littéraliste. Si Lionel Ray, comme Rimbaud, refuse de soumettre le poème à un vouloir-dire préalable, il n'exclut pas pour autant qu'il veuille dire quelque chose « littéralement et dans tous les sens ». Le fonctionnement autonome du langage n'implique pas qu'il soit à lui-même sa propre fin, ni qu'il mette fin au monde et au moi ; il est porteur de sens multiples, indissociables de la lettre du poème, mais aussi révélateurs d'une sensibilité, c'est-à-dire d'une subjectivité et de ses rapports avec le monde sensible : « Nous sommes des êtres lyriques [...]. Que le poème parle du poème, c'est toujours son auteur qu'il met en scène, c'est toujours sous les mots et par eux le moi et le monde qui sont confrontés, exaltés [...][36]. »

Les signifiants eux-mêmes sont en poésie vecteurs de signifiés qui expriment les affects d'un sujet et les qualités sensibles du monde. C'est ce qu'avait montré Rimbaud dans son célèbre sonnet des « Voyelles ». À son exemple, Lionel Ray, dans une suite poétique publiée au moment même de son « tournant lyrique », associe à chaque voyelle une série de vocables qui la contiennent et qui dessinent une sorte de « paysage intérieur », c'est-à-dire à la fois un état d'âme et une image du monde. Voici les premières variations que lui inspire la première lettre de l'alphabet :

Les mots les plus ouverts en quoi s'inscrit pour
moi le plus durablement le plus en profondeur la
pente des songes
les mots les plus habitables où du temps
circule, s'amasse ceux dont je fais mon
paysage intérieur

ce sont les mots en a

comme avec amour autre
mots de l'âme de l'accueil et de l'attente
mots d'ailleurs
et mots continents Afrique Asie Amérique[37]

La mise en valeur du « matériau phonique » soustrait la signification poétique à l'abstraction, la fait passer de la dénotation à la connotation, porteuse de résonances affectives ; ainsi de la récurrence du « i » dans un vers du «Bateau ivre », auquel Lionel Ray fait écho dans une séquence où la voyelle se charge d'évocations érotiques et mythiques :

entendre quatre fois circuler dans le vers de
Rimbaud le i diérésé alors le sourd
étouffement d'une finale abstraite s'éloigne
le vers allégé respire c'est la circulati-on
des sèves inou-ïes

poudroiement ivre du i dans l'iris et dans l'archipel
l'énigme inspire Icare chimère et signe
livre viril[38].

En mobilisant les qualités sensibles et la tonalité affective des mots, le poète s'adresse au cœur et au corps autant qu'à l'esprit : « Pas de jouissance de l'idée qui ne procède d'abord d'une poésie de l'oreille et de la bouche, des nerfs et du cœur[39]. » Lionel Ray approuve l'équivalence établie par Spire entre plaisir poétique et plaisir musculaire[40] : « la bouche, les dents, le souffle, la poitrine sont en effet de la partie », écrit-il dans ses *Lettres imaginaires*[41]. Mais la jouissance éprouvée à manier le signifiant resterait un plaisir solitaire, un simple jeu verbal, si ce n'était une manière de faire corps avec la chair du monde. En exploitant la matérialité du langage, le poète explore la substance des choses et des éléments ; en témoigne une belle page, d'inspiration bachelardienne, où la rêverie sur l'eau se mêle à des variations sur la voyelle « o » :

> *Le Lison. J'aimais ce torrent. Au reste ma rêverie se prolongeait sur un plan tout lexical et tout phonétique. L'eau-voyelle, l'o du torrent, le mot lui-même était fraîcheur, terme si évocateur où la dentale l tient si bien son rôle de consonne explosive, propulsive, où la seconde syllabe rappelle si bien le liant de l'eau, folle présence, eau d'impatience et de colère*[42].

Cette rêverie matérielle où les éléments du langage s'allient à ceux du monde relève certes d'une vieille tradition mimologique, mais aussi d'une tendance du lyrisme moderne. L'émotion n'y apparaît plus seulement comme un état d'âme, mais aussi comme un état du corps et un état des choses qui s'inscrit dans la matière du monde et des mots. De cette interaction entre le moi, le monde et les mots naît ce que j'appelle avec Char la « matière-émotion » du poème. L'émotion poétique, dans ce qu'elle a de spécifique, n'est pas antérieure ni extérieure au poème, elle est inséparable de sa forme et de sa formulation. Dans une conférence récente, Lionel Ray semble même « exclure que les sensations brutes, le vécu dans ce qu'il a de direct, choses vues, rêveries, sentiments, émotions soient à l'origine du texte que l'on écrit[43] ».

Cette prise de position se présente comme une conséquence logique de la primauté accordée aux mots ; inversant le schéma classique de l'expression, ce n'est pas l'émotion qui suscite les mots, ce sont les mots qui produisent l'émotion. Celle ci serait donc liée à un matériau purement verbal. Il est permis d'en douter. Dans la suite de cette conférence, Lionel Ray suggère que « l'émotion naît » aussi d'une « rencontre » entre le poète et le poème « qui lui ressemble » ; or, comment pourrait-il s'y « reconnaître » si, « dans le miroir des mots », il ne trouvait le reflet « de ce qu'il cherche et de ce qu'il est » ? Et, dans le texte que j'évoquais à l'instant, c'est sans doute la rêverie sur l'eau qui a provoqué l'apparition du mot torrent, dont les propriétés phonétiques ont en quelque sorte donné corps à l'émotion du poète.

Les mots et l'émotion sont en poésie unis indéfectiblement par une relation complexe, qui n'est ni d'équivalence ni de cause à effet, mais d'interaction et de modification réciproque. Une émotion ressentie mais encore indéterminée appelle des mots qui lui serviront de révélateurs et de catalyseurs, mais aussi de transformateurs. Il en résulte, conformément au vœu de Reverdy, « une émotion neuve et proprement poétique », mais qui ne saurait toucher le lecteur si elle n'était pas liée en profondeur à l'expérience du poète. Comme Lionel Ray le disait à Claude Adelen : « Il n'y a pas d'émotion esthétique pure, les mots choisis ou dictés répondent à l'appel de circonstances intérieures ou extérieures, celles-ci sont indémêlables des sentiments, des pulsions, des réactions émotives, ils atteignent leur cible lorsque justement ils éveillent dans l'inconscient du lecteur des émotions du même ordre[44]. »

C'est sans doute une des raisons pour lesquelles Lionel Ray est resté fidèle, en vrai lyrique, à travers ses métamorphoses successives, au chant, si décrié par ses contemporains, y compris parfois par ceux-là mêmes qui se réclament du lyrisme. « Le chant est existence », écrivait Rilke : il est à la fois l'expression des émotions humaines et une réponse à la souffrance ou à la beauté du monde. Un « lyrisme bien compris », ce serait, selon Lionel Ray, le « chant dans la langue » et le « chant du monde[45] ». S'il cherche à atteindre cet « état chantant » que Valéry plaçait à l'origine du poème, c'est pour tenter, malgré tous les discords et les déchirements, de renouer l'alliance entre le moi, le monde et les mots : « il s'agit pour moi, non pas d'affirmer un état de scission et d'opposition, mais de retrouver un état d'accord, d'harmonie[46] ». Lionel Ray, en musicien subtil, écrit, comme Supervielle, « pour harmoniser des dissonances ». Mais contrairement à la tradition lyrique, qui valorise l'élan enthousiaste de la phrase, l'éloquence voire l'emphase, il a su imposer à voix basse un lyrisme ténu et retenu, qui fait entendre, même lorsqu'il recourt à l'ellipse, aux ruptures voire aux dissonances, « cet air ou chant sous le texte » dont Mallarmé affirmait la nécessité[47].

Même dans les poèmes les plus déconcertants de Laurent Barthélemy, « souvent, c'est vers la grâce imprévisible d'une mélodie que ça tend et que les derniers vers [...] évoquent "une voix mobile et tout d'interrogation" "et le silence en vous qui vibre"[48] ». Par-delà le clivage simpliste et rebattu qui partage le champ poétique français contemporain entre lyriques et antilyriques, Lionel Ray a ainsi frayé une troisième voie : celle d'un nouveau lyrisme, littéral mais non littéraliste, lié à la matière du monde et des mots mais non matérialiste, qui n'oppose pas le travail conscient sur la forme et sur la lettre à l'expression d'une émotion qui touche aux profondeurs de l'être. Nul doute que sur cette voie d'autres le suivent aujourd'hui, et pas seulement son cher Laurent Barthélemy.

*Né en 1952, **Michel Collot** est poète et essayiste. Professeur de littérature française à l'université Paris-III, il dirige une équipe de recherche sur la poésie contemporaine. Son dernier livre,* La Pensée-Paysage, *a été publié par Actes Sud en 2011.*

1) « Le travail du poème », *Europe* n° 792, avril 1995, p. 62-76. Le mémoire est conservé à la bibliothèque de la Sorbonne.
2) « Hommage à Jules Supervielle », *Matière de nuit*, Gallimard, 2004, p. 11
3) *Lettre ouverte à Aragon sur le bon usage de la réalité*, Les Éditeurs français réunis, 1971, p. 9.
4) *Partout ici même*, Gallimard, 1978, p. 7.
5) Gallimard, 1971.
6) Gallimard, 1973.
7) Aragon, *Elsa*, Gallimard, 1959, p. 123.
8) Louis Aragon, *Le Mentir-vrai*, Gallimard, 1980.

9) Jacques Roubaud, ∈ (signe mathématique d'appartenance), Gallimard, 1967.
10) *Partout ici même, op. cit.* p. 7.
11) Voir à ce propos mon essai sur *La Matière-émotion*, PUF, 1997.
12) Lamartine, « Novissima verba », *Harmonies poétiques et religieuses* (1830), *Œuvres poétiques complètes*, Gallimard, « Bibliothèque de la Pléiade », 1963, p. 481.
13) Mallarmé, « Crise de vers », *Œuvres complètes,* tome II, Gallimard, « Bibliothèque de la Pléiade », 2003, p. 211.
14) *Lettre ouverte à Aragon sur le bon usage de la réalité*, p. 107.
15) *Ibidem*, p. 8.
16) *Lettres imaginaires*, « Les écrits du Nord », Henry, Montreuil-sur-Mer, 2010, p. 83.
17) *Le Corps obscur*, Gallimard, 1981, p. 109.
18) *Nuages, nuit*, Gallimard, 1983, p. 13.
19) *Ibidem.*
20) *Ibidem*, p. 14.
21) *Lettres imaginaires, op. cit.*, p. 83.
22) « L'atelier des poèmes », *Syllabes de sable*, Gallimard, 1996, p. 171.
23) « La poésie aléatoire », *L'interdit est mon opéra*, Gallimard, 1973, p. 7.
24) *Lettres imaginaires, op. cit.*, p. 27.
25) *Ibidem*, p. 13.
26) *Ibidem*, p. 12.
27) *Ibidem*, p. 80.
28) *Matière de nuit, op. cit.*, p. 106.
29) *Le Procès de la vieille dame : éloge de la poésie*, La Différence, 2008, p. 213.
30) *Syllabes de sable, op. cit.*, successivement p. 22, p. 12 et p. 159.
31) *Ibidem*, p. 83.
32) *Le procès de la vieille dame : éloge de la poésie, op. cit.*, p. 217.
33) *Matière de nuit, op. cit.*, p. 135.
34) « Les mots et l'émotion poétique », dans Ridha Bourkhis (dir.), *L'Émotion poétique*, Sahar Éditions, Tunis, 2010, p. 20-21.
35) *Approches du lieu*, Moulins, Ipomée, 1986, p. 69.
36) *L'Invention des bibliothèques*, Gallimard, 2007, p. 118.
37) *Approches du lieu, op. cit.*, p. 87.
38) *Ibidem*, p. 89.
39) *L'Invention des bibliothèques*, Gallimard, 2007, p. 112.
40) André Spire, *Plaisir poétique et plaisir musculaire* [1949], nouvelle édition, Corti, 1986.
41) *Lettres imaginaires, op. cit.*, p. 15.
42) *Approches du lieu, op. cit.*, p. 91.
43) « Les mots et l'émotion poétique », dans *L'Émotion poétique, op. cit.*, p. 21.
44) *Lettres imaginaires, op. cit.*, p. 75.
45) *Le Procès de la vieille dame : éloge de la poésie, op. cit.*, p. 16.
46) *Ibidem*, p. 213.
47) « Le mystère dans les lettres », *Œuvres complètes*, tome II, *op. cit.*, p. 234.
48) *Lettres imaginaires, op. cit.*, p. 7

LIONEL RAY

Bio-bibliographie

Né en 1935 à Mantes-la-Ville (Yvelines), Robert Lorho est agrégé de lettres modernes, professeur honoraire de chaire supérieure. Il enseigna la littérature française à Paris en classes de khâgne. Sa famille paternelle est originaire de Bretagne (Morbihan), sa famille maternelle de la Belgique wallonne.
Il a d'abord publié sous ce nom trois recueils de poèmes :
Les Chemins du soleil, Nouvelles Éditions Debresse, Paris, 1956 ;
Si l'ombre cède, Gallimard, coll. « Jeune poésie NRF », 1961 ;
Légendaire, Seghers, 1965, prix Guillaume-Apollinaire ;
et une monographie consacrée à Charles Le Quintrec, présentation et choix de textes (Seghers, coll. « Poètes d'aujourd'hui », 1971).
Robert Lorho prend le pseudonyme de Lionel Ray en 1970 à l'occasion de la publication de nouveaux poèmes présentés par Aragon dans *Les Lettres françaises* : « Salut à Lionel Ray » (11 mars 1970). Vingt-six livres seront ensuite publiés (poésie, essais critiques, critique d'art).
Pour l'ensemble de son œuvre poétique, Lionel Ray est lauréat du prix Goncourt de poésie en 1995 et du Grand Prix de poésie de la Société des gens de lettres en 2001.

Aux éditions Gallimard

Les Métamorphoses du biographe (1971)
L'interdit est mon opéra (1973)
Partout ici même (1978)
Le Corps obscur (1981), prix Mallarmé
Nuages, nuit (1983), prix Méridien (Montpellier)
Le Nom perdu (1987)
Une sorte de ciel (1990), prix Antonin-Artaud
Comme un château défait (1993), prix Supervielle (1994)
Syllabes de sable (1996)
Pages d'ombre (2000), prix Guillevic (Ville de Saint-Malo), prix Kowalski (Ville de Lyon)
Matière de nuit, suivi d'*Éloge de l'éphémère* (2004)
Comme un château défait suivi de *Syllabes de sable*, préface d'Olivier Barbarant (poésie/Gallimard, 2004)
L'Invention des bibliothèques (2007)
Entre nuit et soleil (2010), prix de la Fondation Pierrette Micheloud (Lausanne)

Chez d'autres éditeurs

Lettre ouverte à Aragon sur le bon usage de la réalité, Éditeurs français réunis, coll. « Petite sirène », 1971
Arthur Rimbaud, Seghers, coll. « Poètes d'aujourd'hui », 1976, réédition mise à jour en 2001
Approches du lieu, Ipomée, coll. « Tadorne », 1986
Le dessin est une mémoire, autour de l'œuvre graphique d'Alain Le Yaouanc, livre-objet, Éditions de La Licorne, Poitiers, 1996
Joaquin Ferrer ou L'Imaginaire absolu, monographie, Éditions Palantines, Quimper, 2001. 22 x 28 cm, 192 pages, 130 illustrations

Aragon, Seghers, « Poètes d'aujourd'hui », 2002
Non à la guerre, anthologie, poésies du monde, photographies, histoire, Éditions Turquoise, Levallois-Perret, 2006
Tout est chemin, anthologie de poésie bengalie contemporaine, en collaboration avec la traductrice Sumana Sinha, Le Temps des Cerises, 2007
Le Procès de la vieille dame, suivi d'*Éloge de la poésie* (essais), Éditions de La Différence, mars 2008
Poesía francesa contemporánea, antologiá, Colección Lancelot 6, Serie Inverso, Murcia, Espagne, 2008
Lettres imaginaires, vers et proses, Les Écrits du Nord/Éditions Henry, 2010
Voix de femmes, poèmes du monde entier, anthologie, préface et choix par Lionel Ray, Éditions Turquoise, Levallois-Perret, 2012

Lionel Ray est président de l'académie Mallarmé, membre du comité de la revue *Europe*. Il a été membre du comité directeur de la revue *Action poétique* (1973-2000) et du journal mensuel *Aujourd'hui poème* (1998 à 2007).

Livres d'artistes

En collaboration avec Pierre Lartigue, Paul Louis Rossi, Jacques Roubaud et le peintre Gaston Planet :
Inimaginaire I, Imprimerie du Marais, Beauvoir-sur-Mer, 1975
Inimaginaire IV, Imprimerie B. Gallier, La Ferté-Macé, Éditions Le Verbe et L'Empreinte (Marc Pessin), Saint-Laurent-du-Pont, 1978
Aveuglant aveuglé, avec huit gravures de Kemal Bastuji, 1981
Voyelles et consonne, avec deux reliefs de Marc Pessin, 1984
L'Inaltérable, encre de Chine de Nicki Tillinghast, gravée par Marc Pessin, 1984
Empreintes, avec deux reliefs de Marc Pessin, 1984
Menu, Cuadernos de Poesia, Cuenca (Espagne) ; *Téatro de sombras* (*Théâtre d'ombres*), édition bilingue, traduction espagnole de Francisco Torres Monreal, avec deux sérigraphies de Joaquin Ferrer, Rémy Maure éditeur, Paris, 2007
Célébration de l'éphémère, avec huit lithographies de Julius Baltazar, 2003
Le Travail des mots, avec huit lithographies originales en six couleurs de Jean Cortot, 2010
Une aiguille de silence, poème calligraphié par l'auteur en trois exemplaires, aquarelles de Christian Sorg, 2011
Mémoire d'ombre, soleil noir, avec huit gravures de Patrice Vermeille, Éditions Parole gravée, Albertville, 2012
Le Savoir des signes, avec cinq gravures d'Alain Bar, Éditions Transignum, Paris, 2005
Shumona, avec sa traduction en bengali par Sumana Sinha et dix peintures de Bardet C.J., Éditions Sanchez-Alamo, 2004
Comme nuage et vent, avec quatre eaux-fortes d'Els Baekelandt, Éditions Laure Matarasso, Nice, 2006
La Dérive des heures, avec deux gravures de Julius Baltazar, Éditions Rivières, 2009
Cette heure seule…, avec une aquarelle de Julius Baltazar, 2009
Paysage Baltazar, avec une aquarelle de Julius Baltazar, 2009
Parcours croisés, avec des gravures de Pierre Pardon, 2009
Visages, avec des gravures de Guy-Paul Chauder, Éditions du Douayeul, coll. « Les carnets du Douayeul », 2009
Une aiguille de silence, suivi de *Langage est horizon*, avec des gravures de Lacombled, 2012, poèmes calligraphiés par l'auteur
Les Mots et la mémoire (« Le Livre pauvre »), avec un dessin original de Joaquin Ferrer, sept exemplaires, 2001
Nuages, 1-2, avec des aquarelles de Laubiès, dix exemplaires, 2005
Regards en automne assombri, avec cinq aquarelles de Laubiès, 3 exemplaires, 2005
La Clef, avec trois aquarelles de Laubiès, 3 exemplaires, 2005
Dans cette lumière froide, avec trois gravures de Laubiès, Benrrath, Baltazar, 4 exemplaires, 2006

À consulter (choix)

Articles, chroniques, études :
Adelen Claude, *L'Émotion concrète*, essais, Éditions Comp'Act, 2004
Ancet Jacques, « L'ordre du sable », *Prétexte*, n° 16, 1998
Aragon, « Salut à Lionel Ray », *Les Lettres françaises*, 11 mars 1970 ; « Spécial poésie », *Les Lettres fran-*

çaises, 11 novembre 1970 ; « Le quatrième chant », *Les Lettres françaises*, 27 janvier 1971 ; « Trois états d'un texte », *Les Lettres françaises*, 19 janvier 1972
Bosquet Alain, « Lionel Ray revient au lyrisme », *Le Monde*, 19 mai 1978 ; « Les séductions de Lionel Ray », *Le Monde*, 24 avril 1981 ; « Le besoin de charmer de Lionel Ray », *Le Figaro*, 31 mars 1988) ; « Deux poètes sur le qui-vive : Lionel Ray, André Velter », *Le Figaro littéraire*, 7 janvier 1994
Bourkhis Rhida, *Lionel Ray : la beauté de l'éphémère*, essai, L'Harmattan, 2012
Dobzynski Charles, « Le nouveau ne s'attrape pas par la queue : Henri Deluy, Bernard Noël, Lionel Ray », *Europe*, n° 652/653, 1983 ; « Un chant qui garde mémoire du chant : Lionel Ray, Jean-Claude Pirotte, Franck Venaille », *Europe*, n° 976/977, 2010 ; *Un four à brûler le réel*, essai, Éditions Orizons, 2011
Giraux Jean-Paul, « Lionel Ray ou la modernité se moque de la modernité », *Poésie/première*, n° 21, 2002 ; *Aragon, Césaire, Guillevic et 21 invités du mercredi des poètes*, Maison de la poésie d'Amay/L'arbre à paroles, 2011
Grandmont Dominique, *Le Visage des mots*, essai, Dumerchez, 1997
Juin Hubert, « La voix triomphante de Lionel Ray », *Combat*, 5 août 1971 ; « Lionel Ray, un lyrique né », *Le Magazine littéraire*, novembre 1974
Lartigue Pierre, « Une langue où les mots n'engendreront que du bonheur », *La Nouvelle Critique*, n° 51, mars 1972
Lemaire Jean-Pierre, « *Nuages, nuit*, Lionel Ray », *La revue des Belles-Lettres*, janvier 1983
Marcenac Jean, « Poète de notre temps », *L'Humanité*, 28 avril 1978
Masson Jean-Yves, « Lionel Ray : *Entre nuit et soleil* », *Le Magazine littéraire*, juin 2010
Maulpoix Jean-Michel, « Un lyrisme nouveau », *La Quinzaine littéraire*, 16 juin 1983
Mazo Bernard, *Sur les sentiers de la poésie*, essai, Melis Éditions, 2008
Meschonnic Henri, *La Rime et la Vie*, Verdier, 1989
Michel Jacqueline, *Une difficile simplicité : Lionel Ray, Guy Goffette, Paul de Roux*, essai, Caractères, 2004
Pétillon Monique, « Lionel Ray et la force du nom », *Le Monde*, 11 décembre 1987
Regnaut Maurice, « Lionel Ray et l'état chantant », *Action poétique*, n° 91, 1983
Rossi Paul Louis, « Faites entrer l'histoire. Lionel Ray, *L'interdit est mon opéra* », *La Nouvelle Critique*, n° 95, juin-juillet 1976
Stil André, « À deux pas du jour, Lionel Ray : *L'interdit est mon opéra* », *L'Humanité*, 7 juin 1973

Revues (dossiers Lionel Ray)
Incendits, n° 13/14, Paris, 1986 : études de Gérard Noiret, Jude Stéfan, Henri Meschonnic, Maurice Regnaut, Jean-Pierre Cascarino, Rémi Faye, Sylvain Gressot
Vagabondages, n° 38, Paris, avril 1982 : « De Robert Lorho à Lionel Ray », par Gérard Noiret
La Sape, n° 23/24, Montgeron, 1990 : entretien avec Michel Méresse, lettre de Richard Rognet ; n° 38,1994 : études d' Emmanuel Laugier et Michel Méresse
Œuvres et critiques XV, 1, 1990, Éditions Gunter Narr (Tubingen)/Éditions Sedes, Paris : études d'Henri Meschonnic, Guy Goffette, Claude Adelen
Poésie/première, n° 39, 2008 : « Lionel Ray et ce mythe appelé Poésie » ; « Ray ou la modernité se moque de la modernité », par Jean-Paul Giraux
Autre Sud, n° 15, Éditions Autres Temps, Marseille, 2001 : études de Bernard Mazo, François-Michel Durazzo, Jean-Luc Steinmetz, Claude Adelen, Richard Rognet

Anthologies et dictionnaires
Bernard Delvaille, *La Nouvelle Poésie française*, Seghers, 1974
Dictionnaire des littératures de langue française, tome III, Bordas, 1984, article de Benoît Conort
Jean Orizet, *Anthologie de la poésie française*, Larousse, 1988 ; *La Poésie française contemporaine*, Le Cherche-Midi, 2000
Robert Sabatier, *La Poésie du vingtième siècle*, tome III, Albin Michel, 1988
Henri Deluy, *Poésie en France 1983-1988, une anthologie critique*, Flammarion, 1989
Alain Bosquet, *Anthologie de la poésie française contemporaine, les trente dernières années*, Le Cherche-Midi, 1994
Marie-Claire Bancquart, *La Poésie en France du surréalisme à nos jours*, Ellipses/Éditions Marketing, 1996
Dictionnaire des œuvres de tous les temps et de tous les pays, Laffont-Bompiani, 1996, article de Claude Adelen

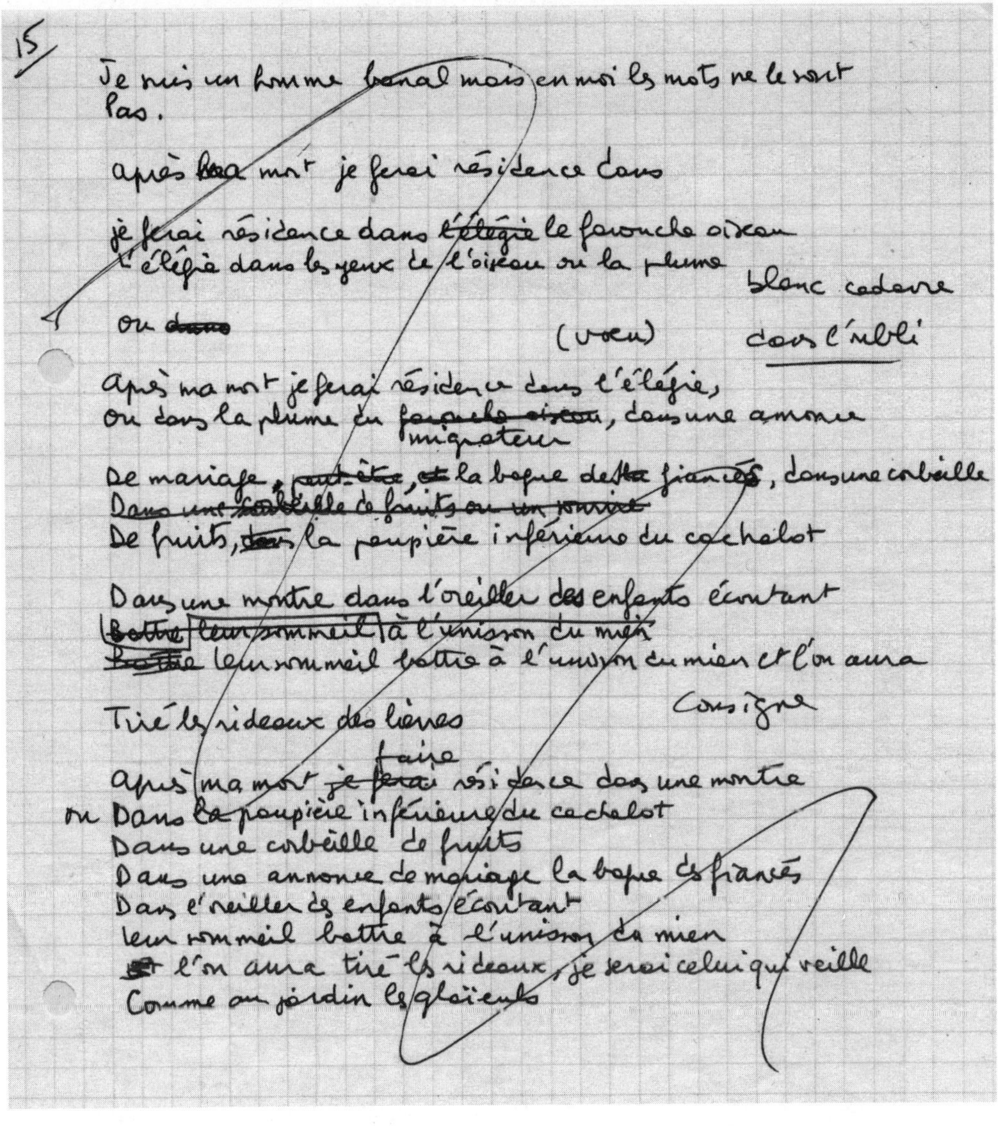

15

Je suis un homme banal mais en moi les mots ne le sont pas.

après ma mort je ferai résidence dans

je ferai résidence dans l'élégie le farouche oiseau
l'élégie dans les yeux de l'oiseau ou la plume
blanc cadavre
ou dans (voeu) dans l'oubli

Après ma mort je ferai résidence dans l'élégie,
ou dans la plume du farouche oiseau migrateur, dans une annonce
De mariage, peut-être, la bague des fiancés, dans une corbeille
Dans une corbeille de fruits ou un sourire
De fruits, dans la paupière inférieure du cachalot

Dans une montre dans l'oreiller des enfants écoutant
Battre leur sommeil à l'unisson du mien
Battre leur sommeil battre à l'unisson du mien et l'on aura consigné

Tiré les rideaux des lièvres

Après ma mort je ferai faire résidence dans une montre
ou Dans la paupière inférieure du cachalot
Dans une corbeille de fruits
Dans une annonce de mariage la bague des fiancés
Dans l'oreiller des enfants écoutant
leur sommeil battre à l'unisson du mien
et l'on aura tiré les rideaux, je serai celui qui veille
Comme au jardin les glaïeuls

Extrait de « Une sorte de ciel », p. 27 (1990)

Pascal Boulanger, *Une Action poétique de 1950 à aujourd'hui*, Flammarion, 1998
Guy Goffette, *Vingt Poètes pour l'an 2000*, Gallimard jeunesse, Folio junior, 1999
Jean-Baptiste Para, *Anthologie de la poésie française du XXe siècle*, Poésie/Gallimard, 2000
Anthologie de la poésie française du XVIIIe siècle au XXe siècle, choix de Michel Collot pour le XXe siècle, Gallimard, coll. « Bibliothèque de la Pléiade », 2000
Dictionnaire de poésie de Baudelaire à nos jours, PUF, 2001, article de Benoît Conort
Passeurs de mémoire, de Théocrite à Alfred Jarry, la poésie de toujours lue par 43 poètes d'aujourd'hui, préface de Jean-Baptiste Para, Poésie/Gallimard, 2005
Un siècle de poésie française, Gallimard 1911-2011, préface d'Antoine Gallimard, Poésie/Gallimard, 2011

Marketing viral

Jérôme Vérain

Virus (*substantif masculin*) : « *Principe de transmission de plusieurs maladies contagieuses. Du latin* virus : *suc, bave, poison.* »
Dictionnaire Littré

Rumeur (*substantif féminin*) : « *Bruits qui courent, qui se répandent.* »
Dictionnaire Littré

La publicité, on le sait, adore les métaphores militaires : les consommateurs sont depuis longtemps une *cible*, les marchés ont toujours été *à conquérir*, et le *slogan* lui-même n'est rien d'autre, à l'origine, que la clameur des troupes irlandaises ou écossaises marchant au combat [1].

Avec l'avènement récent du « marketing viral », tout se passe comme si l'on faisait un saut qualitatif : c'est à la guerre bactériologique qu'on semble vouloir emprunter, désormais, ses recettes et ses prestiges. En réalité la locution renvoyait, initialement, non aux germes pathogènes qui menacent périodiquement notre santé, mais à la diffusion malveillante des virus… informatiques. On aurait pu penser, malgré cela, qu'elle comportait suffisamment de connotations négatives pour être déconsidérée *a priori*. Imagine-t-on une agence vantant à ses clients les vertus d'une promotion grippale, les bienfaits d'une campagne pandémique, l'efficacité d'une publicité variqueuse, l'impact d'une vidéo bubonique, la puissance suggestive d'un clip syphilitique, ou les gains d'image à espérer d'un *buzz* variolique ? On comprend que la très officielle Commission de terminologie et de néologie ait souhaité en condamner l'emploi, pour recommander, à la place, le doux euphémisme de « bouche à oreille électronique [2] », formulation rassurante mais trompeuse, car le marketing de propagation, voire de contamination, auquel la locution renvoie, n'a rien de spontané. Le « marketing viral » s'est donc imposé en quelques années seulement, dans les faits et dans les mots, sans que le cynisme de l'expression ne paraisse gêner quiconque. Il semble avoir acquis, chez les professionnels de la communication, une légitimité définitive.

Ceux-ci, en effet, ont vite compris que la montée en puissance des réseaux sociaux, en particulier dans la génération « du millénaire », offrait des perspectives inédites et alléchantes. Les adolescents qui ont sucé Internet avec la mamelle, moins réceptifs que leurs baby-boomers de parents au matraquage médiatique à l'ancienne, mais accros à Google, YouTube, Facebook, Twitter, Messenger et autres MySpace, ne demandent pas mieux que de répercuter eux-mêmes, au sein des communautés virtuelles qu'ils créent et cultivent spontanément, la bonne parole commerciale ou politique. Non seulement, se dit l'annonceur, la réplication infinie du message ne lui coûtera rien, ou presque rien [3], mais il pourra récolter, dans les blogs et les forums, de précieuses informations sur la façon dont son produit est accueilli, ou sur la perception de son image de marque, s'évitant ainsi de dispendieuses études de marché, en amont, et d'onéreuses enquêtes de satisfaction, en aval. Non seulement, se dit le candidat, une campagne numérique sera cent fois moins coûteuse qu'une campagne traditionnelle, mais le sentiment donné aux supporters qu'ils sont dans le bon camp – celui de la modernité, et donc du renouveau ; celui du ludique, et donc de l'antiringardise ; celui de la convivialité, et non de l'égoïsme – sera par nature bénéfique [4]. Dans les deux cas, la formule du site participatif, où seront proposés concours et votes collectifs, constitue le moyen idéal de mobiliser les troupes ou les prospects, et de les faire grossir par le biais de parrainages infinis : les concepteurs du Monopoly, désireux de substituer, aux habituelles rues de Paris, des noms de villes françaises, demandent donc aux internautes de les choisir [5], et Barack Obama, afin de susciter des clips de soutien, sollicite la contribution des vidéastes amateurs [6].

Encore, le politique ou le défenseur d'une grande cause [7] peuvent-ils, sous couvert de mobilisation spontanée et désintéressée, opérer à visage découvert. Pour s'inviter dans les discussions et dans la tête des internautes, le publicitaire sera bien avisé, au contraire, d'avancer masqué. Le prescripteur spontané et le consommateur potentiel ne doivent pas avoir l'impression qu'ils ont été démarchés, qu'ils collaborent à une opération mercantile : le rejet du vilain capitaliste serait immédiat. Des procédés trop grossiers, telle l'intervention d'un faux blogueur, sont donc à proscrire : la découverte de la supercherie ne tarde jamais, et se révèle contre-productive [8]. Mais qu'on convainque les tribus du Net, championnes de l'engagement éphémère et désintéressé, d'avoir « partagé », de façon quasi militante, une trouvaille, une découverte, un bon tuyau, dans le respect des dogmes du « participatif » (gratuité, convivialité), et le tour est joué.

Pour arriver au résultat escompté, la recette de base est simple : ce n'est pas le produit ou le service qui doit être mis en avant, mais un sketch amusant, un fait divers déconcertant, un gag provocateur. Le marketing viral, qui joue toujours sur l'effet de choc, ne se donne aucune limite en termes de mauvais goût ou de loufoquerie. Et, comme le discours politique, il use de toutes les ressources du *story telling*. Un site de vente de voyages annonce, par exemple, la construction imminente d'un tunnel sous l'Atlantique [9]. Ou bien un constructeur automobile fait surgir de terre un village suédois imaginaire, où se déroulent d'étranges événements [10]. Un fabricant d'oreillettes [11] met en ligne une vidéo où l'on voit les ondes de téléphones portables transformer, en trente secondes, des grains de maïs en pop-corn. Un laboratoire de cosmétiques, soucieux de vanter auprès des adolescentes les mérites de l'épilation totale, fait circuler un dessin animé faussement ingénu, où une petite chatte s'extasie sur « son minou tout doux, qui aime être caressé partout [12] ». Dans tous les cas, le *buzz* enfle de lui-même : tout heureux de sa « trouvaille », chaque internaute se hâte de cliquer sur le bouton pour « partager » avec ses amis de réseau, faisant ainsi « de la pub bénévolement pour un site commercial, dans la bonne humeur, l'ambiance parodique et le deuxième degré [13] ». Une constellation de groupes et de sous-groupes informels, issue d'une sorte de génération spontanée, se retrouve bientôt sur le site véritable de l'annonceur, par le jeu des liens et des redirections. Bien sûr, la « longue traîne [14] » se détricote aussi vite qu'elle s'était formée, dès que le contenu réel devient explicite : il ne s'agissait que d'acheter un billet d'avion, une voiture, un kit *bluetooth* ou une crème dépilatoire. Peu importe, une masse de prospects connaît désormais ce qu'il s'agissait de faire connaître [15]. On s'est bien amusé, et on attend avec impatience le virus suivant.

En fait le marketing viral, que ses hérauts présentent volontiers comme le *nec plus ultra* des nouvelles technologies, ne fait que cultiver et remettre à l'honneur un phénomène vieux comme le monde, c'est-à-dire vieux comme la crédulité et la délation : celui de la rumeur. Même s'il se nourrit, en apparence, de canulars potaches et de sketches déjantés, il ne prospère que sur un fond, beaucoup moins sympathique, de vagues croyances, de méfiances irrationnelles, d'angoisses sourdes, de paranoïa et de révoltes avortées. Sans le racisme ambiant des années cinquante, les habitants d'Orléans n'auraient pas cru si facilement que les magasins de confection de leur ville servaient de plateforme à la traite des Blanches [16]. Sans la conviction, un rien populiste, que toutes les grandes marques nous manipulent, et que les supports traditionnels ne colportent, par définition, que des mensonges, les membres des réseaux sociaux ne se donneraient pas tant de mal pour « partager » un bric-à-brac de chansons parodiées, de vidéos ineptes, de faits divers invérifiables. Dans les deux cas, c'est l'inanité même de ce qui est échangé sous le manteau (ou derrière l'écran) qui en fait, au moins pour un temps, l'intérêt : on se persuade d'échapper au système, de faire pièce aux maîtres du jeu médiatique, de déjouer le grand complot, en échangeant des informations d'autant plus crédibles qu'elles ne le sont pas.

Il y aurait beaucoup à dire sur cet autoconditionnement, sur cette servitude volontaire de l'internaute « participatif », qui se précipite de lui-même dans les rets du marketing en croyant lui échapper, comme Gribouille se jette à l'eau pour éviter la pluie. C'est que le viral, comme la rumeur, joue sur le désir de solidarité, sur la revendication d'un anticonformisme qui semble garantir, à lui seul, qu'on « ne se fait pas avoir », sur une pulsion contestataire en elle-même louable, mais le plus souvent peu soucieuse de nuance et d'analyse. Que le bruit soit colporté par la publicité virale ou par la rumeur, ce n'est pas le recours au raisonnement, mais son énormité, devenue excessive, qui finit par en avoir raison : comment donc, mais c'est bien sûr ! le tunnel sous l'Atlantique ne sera pas achevé en cinq mois… et les Orléanaises enlevées dans les cabines d'essayage ne peuvent, décidément, être transportées ensuite par sous-marin, dans la Loire…

L'autre antienne des viralomaniaques est l'invocation d'un mode nouveau de consommation, du moins de prospection : le *my media* remplacerait les *mass media*, le *I am what I share* remplacerait le *I am what I have* [17]. Un produit ou un service ne seraient plus vantés et vendus avec des caractéristiques définies d'avance, à des catégories sociales segmentées de façon rigide (selon le sexe, l'âge, le revenu, l'instruction, la localisation géographique), mais remodelés et adaptés en continu, selon le profil de l'acheteur, ou du groupe d'acheteurs : un profil évanescent et labile, appelé à varier en permanence, mais dont une technologie interactive et réactive, la fameuse technologie 2.0, permettrait, presque à chaque seconde, de redessiner les traits. Ce sont ces communautés d'amateurs (« amateurs de… », peu importe de quoi), pour mouvantes qu'elles soient, et cet individu virtuel, pour instable qu'il soit, qu'un marketing moderne devrait désormais cibler.

On retrouve sans peine dans cet argumentaire, mais en version moins optimiste, le diagnostic porté sur la postmodernité, tel que le formulent, entre autres, Jean-François Lyotard (*La Condition postmoderne*), Michel Maffesoli (*Le Temps des tribus*) ou Peter Sloterdijk (*La Mobilisation infinie*) : la perte des identités collectives traditionnelles (famille, nation), l'abandon de toute projection confiante dans l'avenir, la mise en cause suspicieuse et systématique de toute rationalité débouchent sur la fragmentation de l'individu en personnalités multiples, sur l'éclatement de la société en groupes d'affinité provisoires et, finalement, sur le règne de la compétition et de la concurrence, sur une vie sociale faite d'interactions sans enjeu, de mobilisations sans engagement, d'affects sans désir, de parole proliférante mais privée d'auteur. Rien n'illustre mieux cet univers purgé d'échanges véritables, où l'on ne perçoit plus que la sonnerie des portables, le bip des SMS et le clic des souris, que le hurlement primal (« Waazaaa ! ») éructé *crescendo* au téléphone par des acteurs survoltés, en guise d'unique dialogue, sur une célèbre vidéo « virale » des bières Budweiser[18] : on ne sait trop s'il faut rire ou pleurer, puisque les personnages eux-mêmes l'ignorent, et ne semblent plus se soucier de le savoir. « Quoi de neuf ? – Rien, rien que ma bouteille de Weiiiiseeeer ! » Une sorte d'hystérie sans contenu, de célébration du non-langage, de cri de ralliement au vide.

Jérôme Vérain *est membre de la rédaction.*

1) *Sluagh-ghairm* en gaélique.
2) *Journal officiel*, n° 134, 12 juin 2007.
3) Ce en quoi il se trompe : une bonne campagne virale nécessite le plus souvent le concours d'agences spécialisées, dont les services sont loin d'être gratuits.
4) On sait que Barack Obama fit appel, lors de la présidentielle américaine de 2008, à l'un des fondateurs de Facebook, Chris Hugues. Celui-ci parvint très rapidement à fédérer, sur MoveOn.org, un demi-million de supporters, représentant plus de huit mille groupes. Grâce à ce réseau, des millions de dollars purent être récoltés, parfois en quelques heures seulement.
5) La société Hasbro fut d'ailleurs désagréablement surprise par le palmarès : le vote organisé à l'automne 2007 plaça largement en tête le village de Montcuq (prononcez « mon cul »), modeste bourgade du Lot, en référence au sketch de Daniel Prévost. Après avoir tenté de nier le résultat, il lui fallut réaliser une édition spéciale du jeu…
6) Mille cent vidéos furent ainsi collectées, et soumises à cinq millions de votants.
7) Le Téléthon tenta de réaliser et de diffuser sur Dailymotion, en 2007, la plus longue vidéo virale : « Tel est ton cœur ».
8) C'est la mésaventure survenue aux laboratoires Vichy, en 2005, qui avaient inventé une fausse blogueuse, Claire, vantant les bienfaits de leur crème antirides.
9) Le site transatlantys.com alimenta ce canular en 2005. Un faux concours y fut organisé, incitant les internautes à inviter leurs propres contacts. Les lauréats gagnaient… des voyages en avion, offerts par l'agence transatlantys.fr, filiale de voyages-sncf.com. La SNCF nia être impliquée dans l'opération, organisée par l'agence DDB. Opération qui contribua pourtant à promouvoir un aspect, méconnu à l'époque, de son offre : la vente de billets d'avion.
10) Le constructeur automobile Volvo lança en 2004 un court-métrage à suspense, *Le Mystère de Dalarö*, pour promouvoir son nouveau modèle, la S40. Sur cette base, des nouvelles fantaisistes du village sont ensuite lancées, qui reprennent toutes le chiffre 32 : 32 disparitions inexpliquées, 32 naissances le même jour, ajout du 32 décembre au calendrier, etc.
11) La société américaine Cardo Systems, créée en 2001.
12) Clip réalisé au printemps 2011 par l'agence Mobiz, pour les produits Veet.
13) Citation empruntée au site www.hoaxbuster.com, dédié aux canulars sur le Web.
14) Chris Anderson, *La longue traîne : la nouvelle économie est là !*, Village mondial, Pearson, Paris, 2007.
15) La stratégie virale semble particulièrement efficace pour imposer un « produit challenger », face à un « produit leader », car le caractère décalé du message convient parfaitement aux attributs dont on cherche à le parer : nouveau, attractif, différent… Ainsi, les oreillettes de Cardo Systems (*cf.* note 11), qui peinaient à s'imposer face aux accessoires des fabricants de portables.
16) Edgar Morin, *La Rumeur d'Orléans*, Seuil, 1969.
17) « Je suis ce que je partage », « Je suis ce que je possède ».
18) « Wassssup ?! » (« What's up ? »), 1999-2008.

Cadeaux furtifs

Marie-Claudette Kirpalani

19 mars. Matinée froide et maussade. Que va-t-il se passer en Libye ? Au Japon ?

Un samedi peu allant. La semaine dernière, on croyait le printemps arrivé. Demain, il sera officiellement là. Les gens marchent vite, épaules crispées. À l'approche de la gare du Nord, devant moi, une femme fend l'air, chaussures noires, jambes nerveuses, bas noirs, manteau noir, cheveux noirs taillés en une courte coupe acide ; un sac en carton rouge – achat matinal ? trace de soldes ? – se balance au bout de son bras. J'arrive à son niveau : quarante-cinq ans peut-être ; profil dur ; regard tendu droit devant elle ; minérale. Je l'ai presque dépassée mais soudain retiens mon allure, médusée : c'est bien un chant ! Pas d'écouteur sur ses oreilles. Sa bouche est fermée. Pourtant… Pas de paroles, pas même une vocalise : un air agile modulé intérieurement sans précipitation, tellement inattendu et vivant que me voici sans défense : « Entendre chanter par cette froidure, quel bonheur ! » Elle se tourne vers moi, sourit, désigne du menton la gare qui se détache, blanche, sur le ciel grisâtre : « Regardez comme elle est belle depuis qu'on l'a ravalée !… » En trajectoires parallèles, nos pas, ralentissant, s'infléchissent légèrement sur la gauche et nos têtes suivent en silence la ligne ascendante des statues de femmes drapées et majestueuses qui représentent des villes d'Europe du Nord : Boulogne, Compiègne ; plus haut, Francfort, Amsterdam, Varsovie, Bruxelles ; tout en haut, Paris, et le drapeau français qui flotte un peu indécis. « Bonne journée ! » Tant pis pour la série descendante : elle reprend son tempo. Moi aussi. Mon pas est plus léger.

Au conservatoire du 10e arrondissement, le professeur de violoncelle a réuni ses élèves adultes amateurs et les fait jouer ensemble. Le morceau déploie simultanément plusieurs lignes mélodiques simples ; les niveaux sont différents, plutôt faibles. Mais sur tous les visages – hors âge, hors compétence, hors détermination sociale ou professionnelle –, la joie. Et sur certains, appartenant sans doute à ceux qui vivent cette expérience pour la première fois, affleure comme un émerveillement.

À un autre moment, dans le même angle de vision, une femme, au premier plan, et derrière elle, un peu en décalé, le professeur, interprètent la même partie de violoncelle d'un trio. Seuls leur bras et leur profil gauches me sont visibles. Concentration égale, parallélisme des mouvements, doigtés et démanchés identiques. Mais ses doigts à lui sont beaucoup plus ouverts et allongés ; sa main, à la fois plus puissante et plus déliée, donne. Le bras ne reste pas collé au torse mais s'en éloigne ou s'en rapproche avec une fermeté souple, dans ce qui me semble d'abord une danse, puis un battement d'aile, et bientôt une respiration ; et je découvre, comblée, qu'un bras peut aussi être un poumon extérieur.

Sur le quai opposé du métro, en fin d'après-midi, après l'agitation du Salon du livre, vision toute rose d'une fillette. Son visage rayonne entre une robe de princesse et la capuche prosaïque de son anorak, qu'elle n'a pas enfilé pour ne pas cacher ou abîmer la robe, sans doute, et qui, rejeté derrière elle, la fait apparaître à mes yeux en Peau d'âne. Je lui souris ; elle s'empourpre de fierté joyeuse et me renvoie mon sourire, amplifié. Plus tard, assise dans la rame, je m'étonne à peine de n'avoir pas vu si elle était accompagnée et, qu'entre-temps, une baguette lui soit née à la main.

Mon voisin de derrière se lève sans retenir son siège, qui me claque bruyamment dans les reins. Remontée à l'air libre, j'apprends en passant devant un kiosque à journaux qu'en Libye les frappes aériennes ont débuté et qu'à Fukushima, la nourriture commence à être contaminée.

Pourtant, quoique accablée, je continue à mieux respirer.

Marie-Claudette Kirpalani *est membre de la rédaction.*

Après 42 années

Khaled Mattawa

(Daté du 25 octobre 2011, Libye)

Traduction Jean Migrenne,
réalisée à partir du texte enregistré et diffusé en ligne par Khaled Mattawa

Cinq ans : putsch, dictateur au pouvoir,
couvre-feu et ville sous éteignoir,
coup d'État sans effusion de sang, disent
beaucoup, qui y voient du positif.
Jeune, timide, timonier solitaire, pieusement incliné, le dictateur
Cache dans son regard l'astre mort de la mégalomanie.
Pas question d'aller au pain ou au journal.
Impossible de sortir de chez soi, d'aller chez ses amis.
Le poste tonne la haine, vomit du chant à glacer le sang.
On aurait dû voir clair :
mainmise sur usines construites, vol de maisons, fermeture de journaux,
journalistes assassinés, décennies de tueries : 42 années.
Et tout ça, maintenant, c'est derrière nous.
« Derrière nous », vous dites, comme ça, après 42 années ?
J'avais cinq ans : le dictateur prend mon frère.
C'est derrière moi : 42 années.
Moitié couvert de sang, moitié sardonique, on croirait voir
Joker dans *Batman*.
Mains en avant, doigts vers le haut
pour dire : « Un moment, du calme, attendez ! »
Attendez 42 années – cinq ans : mon père tué
à la porte d'un hôtel.
Sans effusion de sang, le coup d'État :
le pays pris comme une pauvre adolescente
mariée de force et qui espère un gentil mari.
Interlude : écran blanc qui aveugle autant
qu'un million de soleils.
La mort est partout ; à pleins poumons.
C'était comment entre les mains d'un de ses hommes ?
Doigts arrachés, testicules au chalumeau,
Pendu à une corde à linge, jambes lestées par la maîtresse du dictateur ?
Combien de gens ses hommes ont-ils tués à longueur de décennies ?
Et les crânes fracassés, les charniers, les morts qu'on ne compte plus ?
De quoi et de qui, Ô fils de mon pays, tenez-vous cette si impavide cruauté ?

De lui, dit-on, des 42 années, des 42 années sous sa coupe.
Qui vous a inculqué cet héroïsme de têtes brûlées ?
Cette non-existence qui était nôtre sous son règne, notre existence de morts-vivants.
Vivant ! On le veut vivant ! répète-t-on à l'envi.
Pour qu'il goûte à ses propres remèdes ?
Vivant ! Vivant !
Et tous ceux qui n'en reviennent pas d'avoir mis la main dessus.
Leurs *Allah Akbar* de surprise, à tue-tête.
Qu'ai-je fait, Ô Dieu, pour avoir eu l'honneur d'attraper un rat comme ça ?
On n'en revient pas, on s'exclame.
Le cauchemar – *C'EST FINI*, crient-ils – le jeu de nuit à forcer les portes, arrêter le fils ;
le jeu de jour aux bonnes manières – on vous le ramène dans quelques heures –
On vous le rendra dans 42 années…
Serait-il si facile – *C'EST FINI* – d'attraper un rat de soixante-neuf ans ?
Un clown en tenue couleur de rat, tignasse, perruque,
pistolet d'or de gamin qui joue les héros, bottes de cow-boy…
Notre histoire résumée à ça ?
Non.
Parce que, quelque part, des soleils ne brillaient jamais,
quelque part, l'air saturé de mort était troué,
et que nous avons su retenir notre souffle et vivre notre vie.
Ô Dieu, la fin d'une époque, serait-ce si facile ?
Aux meurtre enlèvement assassinat massacre égorgement test vaginal pour celles qu'il veut sauter viol vaginal viol anal des dissidents qu'il veut humilier – humiliation dénigrement flagellations délocalisées transferts de fonds sur pétroliers eau bouillante sur la tête implorante des bonnes marques au fer rouge sur la chair des domestiques gorges tranchées côtes brisées pieds frappés à en gonfler comme des melons cadavres pendus sur les places publiques.
Cinq ans : mon frère, disparu,
Treize, vingt, soixante-seize ans : jamais pu
voir mon premier jour.
Et maintenant, quoi ?
Une seule minute : et toute cette histoire, rattrapée
Au fond d'un trou à rat, l'histoire faite rat,
cachée dans une buse d'égout.
Une histoire qui brûle les mains.
La voir finir comme ça, comme par enchantement –
Douleur : insupportable d'être trop noire, trop légère, trop froide.
Surprise : insupportable, fatale si prolongée outre mesure.
Mort de ses blessures, paraît-il.

Non, non, tout simplement abattu.
Son magnétisme a peut-être fait sortir le mal du cœur des hommes,
ses mains, des mains pour dire « un moment, attendez ! »,
plongées dans leurs poumons à leur tordre et nouer l'âme à vif,
ce magnétisme qui attire maintenant la cruauté à lui.
Non, non, tout simplement abattu.
J'ai cru entendre « mort de ses blessures »…
C'est trop pour un homme, jeune, devenu tueur malgré lui,
un homme, jeune, qui a fait ce que des millions voulaient faire.
L'écharper, dit un jour l'amie de ma mère,
en mille morceaux : prière de six millions de cœurs –
Ô Dieu, fais que je puisse le voir mort !
une seule balle, ou deux ; trois selon certains
malgré les doigts implorants, maculés de leur propre sang.
Étonné, le dictateur, comme s'il n'avait jamais vu ni entendu parler de sang,
étonné de se voir saigner si on le coupe.
Une seule balle, deux, ou trois et fini la comédie ;
lu le livre des malheurs ;
capturée, malmenée, la bête enragée, balle dans la tête.
Ô Dieu, notre histoire, là, fourrée dans un frigo comme une charogne ?
Ô Dieu, quelle futilité notre vie, quand tant peut se retrouver poussière,
enterrée, perdue, oubliée, au fond d'un trou !
Non, non, parce que
quelque part, à nouveau, brille sur nous un soleil de chez nous.
Et qu'à nouveau, on a de quoi respirer.
Et maintenant, quoi ?
On se lave les mains,
et on se vêt de lin candide.
Il n'y aura d'« après » qu'une fois dites les prières, pour tous les morts.

Poète et professeur d'expression littéraire à l'université du Michigan, ***Khaled Mattawa****, originaire de Benghazi, vient de faire paraître en anglais un recueil de poésie intitulé* Tocqueville. *La revue* Europe *a publié en français ses textes intitulés* « Chant du cœur », « Écho et élixir 2 (Les taxis du Caire) », « Écho et élixir 4 », « Après des années d'interdiction de parler de la Lune ».

Transports

Christiane Baroche

Dans « mon bus » et ses détours à travers le vieux Paris, loin des tours sans graisse et sans grâce, un comble, mais qui s'envole droit vers la Seine éternelle… c'est le bonheur, surtout à l'heure des couchers de soleil ! Moi, j'y monte devant la maison des « métallos », dans le 11e arrondissement, un lieu théâtral désormais, bien loin de ses visées syndicales. Et pourquoi à partir de là ? À cause d'une « estatue » comme rabâchent les gamins, un marbre non signé, mais copie du pauvre Adam en pleine crise de chagrin signé Rodin (Adam…), le coude sur le genou, le menton sur la main pour mieux soupirer, l'action syndicale a chu.

Bref, un matin, à hauteur des Filles du calvaire, vient s'asseoir devant moi une femme de soixante-dix ans, qu'habille une vraie tenue de gamine : des bas résille noirs, à motifs bien sûr, une minijupe en blue-jean, un pull rouge vif qui laisse plus qu'entrevoir des soutiens… mamelles. Très bas-bord, talons de dix centimètres sous lanières argentées. Haut-bord, du maquillage à détrôner Lady Gaga sous une tignasse encore plus rousse que la mienne, jadis. Quant au parfum, le bus entier renifle tout en reluquant la dame avec des moues et des pincements de narine.

Tout à coup, elle se penche vers moi, elle siffle : « Oh, je sais bien que je suis ridicule, croyez-moi ! » et elle tente de se précipiter vers la descente, à toute vitesse. Je l'arrête au vol, « Pourquoi ? » oui, pourquoi tout ce bazar ?

Elle toise, elle recule, elle s'effondre d'un coup : « Si je me montre habillée comme vous, personne ne me regarde, et alors, comment je sais que j'existe encore ? »

Je lui ai tendu un bonbon, le sucre console un tantinet, je lui ai même conseillé le chocolat aux noisettes. Quant au regard des autres… Moi, on me guette et j'ai votre âge, moi, on me regarde et je suis en noir le plus souvent, seulement voyez-vous, je les guette, et eux aussi ont besoin d'exister…

Je lui désigne une petite fille, au bord du trottoir, en train de tendre son pied devant les roues d'un cycliste… « À votre avis, chère madame ? »

Cette envie, ou plutôt ce besoin de se rendre visible, il attrape les gens dès le berceau.

Christiane Baroche est nouvelliste et romancière.

LA FOULE

Le boulevard du Temple, Jacques Daguerre, daguerréotype, 1838.

L'inconnu du boulevard

Jérôme Vérain

Paris, 1838

Ce matin-là, monsieur Daguerre se réveilla de fort bonne humeur. Pour la première fois, après des semaines de grisaille et de nuages bas, il avait aperçu, filtrant entre les rideaux de sa chambre, les rayons tant attendus : le printemps se décidait enfin. « Je suppose que Monsieur va piquer des deux vers sa damnée boîte », lui lança Célestine, la vieille domestique, en écartant les voilages. Sans se donner la peine de répondre, monsieur se leva, en prenant bien garde de ne pas éveiller madame, qui ronflait sous l'édredon. Il expédia sa toilette, revêtit sans façon ses habits de la veille et gagna, tout guilleret, la cuisine, au rez-de-chaussée. « Monsieur, au moins, prendra le temps de déjeuner ? » Non, il ne le prendrait pas. Une tasse de chocolat, avalée debout, lui suffirait. La promptitude, tout était là. Sans écouter les reproches que Célestine marmonnait à voix basse, d'une voix de verjus, il entra dans son atelier. Voyons, que lui fallait-il ? La chambre optique, bien sûr, la fameuse «boîte», et son chevalet. Des plaques de cuivre argenté, deux ou trois pour le moins : le beau temps semblait s'être installé pour de bon, et il était encore tôt ; sans doute aurait-il le temps de réaliser plusieurs épreuves. Par bonheur, il en avait préparé quelques-unes d'avance : il les enveloppa soigneusement de grosse toile. Il lui fallait aussi sa montre. Sa montre, bon Dieu ! où était sa montre ? Le temps de fouiller désespérément ses poches, il se souvint l'avoir laissée à l'étage, sur sa table de chevet. Bousculant Célestine dans l'escalier, il remonta quatre à quatre vers la chambre, trouva l'oignon, l'accrocha nerveusement à sa chaîne de gousset et redescendit aussitôt, tout essoufflé, maudissant son étourderie. Allons, ce n'était pas le moment de traîner. La promptitude, tout était là.

À peine s'était-il engagé dans la rue des Marais, tout encombré de son attirail, qu'il faillit être renversé par une charrette à bras descendue, sans doute, de Belleville, et qu'il n'avait pas vue. Le chargement manqua verser avec tous ses légumes, et l'une des plaques tomba à terre, en même temps que quelques choux et un cageot de laitues. Le maraîcher se lança dans une diatribe bien sentie contre ces maudits bourgeois qui croyaient que la rue leur appartenait. Sans lui laisser le temps d'évaporer sa bile, monsieur Daguerre ramassa son paquet enchiffonné, que menaçaient de souiller les eaux grasses du caniveau, et se remit en chemin, aussi vite qu'il le pouvait. La place du Château d'eau n'était qu'à deux pas, mais la cohue, qui enflait déjà sur le trottoir et la chaussée, l'empêchait d'avancer comme il le voulait. Les commerçants couraient ouvrir leurs boutiques, les modistes se pressaient vers leurs clientes, les rapins gagnaient leurs ateliers, les concierges voisinaient sans façon entre commères, devant leurs loges. Tous semblaient s'être donné le mot pour lui barrer la route. Ce flot composite de grisettes insouciantes, de saute-ruisseau goguenards, d'artistes grêlés de dettes, d'émigrés à l'habit râpé, d'ouvriers déguenillés, de blanchisseuses en cheveux lui avait toujours inspiré une crainte sourde. Si encore on avait pu se fier au costume, pour savoir à qui on avait affaire. Mais les voleurs à la tire, les escrocs à billet et les fourbisseurs patentés recouraient volontiers, disait-on, au port de la redingote, de la cravate et des gants de peau pour mieux tromper leurs victimes. Même Lacenaire, ce surineur sans foi ni loi, avait longtemps réussi à se faire passer pour un monsieur. N'était-ce pas à quelques rues de là qu'il avait commis, naguère, son crime le plus abominable ? La foule lui semblait, par nature, grosse de désordre et d'émeute. Un ramassis de porte-misère, tout juste bons à vociférer et à s'enivrer, en période de carnaval. Et à dresser des barricades, de temps à autre.

Enfin, il franchit la porte du théâtre, de son théâtre. À cette heure, il était à peu près désert. Guère plus, hélas, qu'aux heures des représentations. Il était loin, déjà, le temps où l'on faisait triomphe à son attraction. Le public, bon enfant, s'était longtemps entiché de ses immenses toiles peintes et de ses savants jeux d'éclairage ; on s'émerveillait, à tout âge, d'être transporté, comme par magie, sur les pentes des Alpes, au cœur d'un sérail de Constantinople ou dans les rues d'Édimbourg. Hélas, six ans auparavant, le choléra avait vidé Paris d'un jour à l'autre. Des semaines durant, nul, de peur d'être contaminé, n'était plus sorti de chez soi. Quand on s'était à nouveau risqué dehors, les théâtres avaient retrouvé peu à peu leur public. Tous, sauf le sien : l'intérêt pour les splendeurs suisses, écossaises ou orientales du Diorama était retombé. Depuis lors, pour la plupart, les immenses panneaux, qui lui avaient coûté tant de travail, prenaient la poussière dans l'entrepôt. Après avoir frôlé la banqueroute, l'établissement avait été sauvé de justesse ; mais il n'attirait plus que des provinciaux ignares et des touristes mal renseignés. À peine si monsieur Daguerre rentrait dans ses frais. Croisant le caissier, il ne prit même pas la peine de s'informer des recettes de la veille.

Que lui importait ? Son nouveau projet, d'une tout autre ambition, était près de réussir. Les derniers essais s'étaient révélés prometteurs. Bientôt, il ne serait plus un entrepreneur de spectacles passés de mode, mais le prince de l'héliographie, le dompteur de la lumière, le nouveau Prométhée auquel l'humanité rendrait grâce et achèterait, fort cher, son brevet. Bientôt, il pourrait présenter son invention à ces messieurs de l'Académie. Il ne manquait que quelques épreuves bien faites. Et de raccourcir encore, s'il était possible, le temps de pose. La promptitude, tout était là.

Sans plus attendre, il traversa la salle du théâtre plongée dans l'obscurité, grimpa jusqu'au dernier étage et, de là, monta sur la terrasse. Un chaud soleil l'y attendait. Monsieur Daguerre installa aussitôt son chevalet, insensible à la vague rumeur qui montait jusqu'à lui, à l'écho des sabots d'omnibus qui claquaient sur le pavé, au concert assourdi des cris de rémouleurs, de vitriers, de vendeurs à l'étalage. Comme toujours, la place grouillait de fiacres et de calèches, de gardes à cheval, d'un flot humain qui s'écoulait perpétuellement, dans un double mouvement de sac et de ressac : d'est en ouest, les maçons limousins, les bateleurs bohémiens, les mendiants en tous genres venus, depuis leurs taudis de la Bastille et leurs cours interlopes du Faubourg Saint-Antoine, chercher travail et pitance ; d'ouest en est, les dandys et les bourgeois délaissant les magasins et les cafés chic des grands boulevards pour venir s'encanailler dans les cabarets, frissonner sur les bancs du cirque, se régaler de pantomimes ou se gausser des mélodrames. La place se trouvait au confluent de deux marées contradictoires : un point de partage, ou plutôt de rencontre des eaux, où la foule des oisifs venait se heurter, et se mélanger dangereusement, à celle des besogneux.

Sur son perchoir, monsieur Daguerre se sentit soulagé : il était hors d'atteinte de tout ce qui s'agitait en bas, soulevant des volutes capricieuses de poussière blanche. En regardant la foule, à ses pieds, il eut l'impression d'un essaim de mouches tombées dans du lait.

*

Trois heures plus tard, il était revenu dans son atelier. Les deux premières plaques, aussitôt révélées, lui avaient donné toute satisfaction. Le soleil étant encore bas, il avait braqué son objectif vers Montmartre, qu'on pouvait contempler à loisir depuis les toits du Diorama. La finesse des dégradés, le piqué des murailles, tout était parfait. Grâce à la lumière généreuse d'avril, il avait pu ouvrir au maximum, comme il le souhaitait, son diaphragme à iris. Le jeu des lumières était cohérent : on était loin des balbutiements du vieux Niepce, avec son bitume de Judée, qui enregistrait sur un même cliché les ombres portées du levant et celles du couchant. Comment ces ébauches contre-nature auraient-elles pu rivaliser avec l'art des graveurs ? Grâce à l'iodure d'argent, bien plus sensible, il obtenait, lui, Daguerre, des vues d'un rendu exceptionnel, avec un temps d'exposition bien moindre : pas plus de cinq minutes, pour les essais les plus longs. C'est le recours au mercure qui avait été décisif : au lieu de chercher à faire apparaître l'image immédiatement, comme il s'y était d'abord échiné, il avait appris à attendre, à laisser monter doucement le dessin sur la plaque. À vrai dire, cette dernière découverte avait tenu à un heureux accident, plus qu'à son génie de chimiste. Que lui importait ? La technique de l'image latente lui avait permis de gagner en promptitude : tout était là.

Pour la troisième épreuve, c'est vers la place elle-même, juste en bas, qu'il avait tourné son appareil. Le panorama, de ce côté, n'avait rien de pittoresque. Mais la saignée du boulevard du Temple, qui s'ouvrait juste de l'autre côté et se perdait dans le lointain, vers la Bastille, offrait une perspective nouvelle, et un défi particulier, celui de la profondeur de champ : tout serait-il net, du premier au dernier plan ?

Il se pencha au-dessus du petit bac, qui mijotait sur son réchaud. Les vapeurs de mercure l'incommodaient bien un peu, mais il était trop impatient pour y prêter attention. Les façades les plus éloignées surgirent d'abord, tout au fond, comme une dentelle sombre sous le gris blafard du ciel. Sur la droite, la ligne du boulevard se dessina bientôt, amorçant un «s» entre une rangée de platanes, d'un côté, et une enfilade d'immeubles de hauteur inégale, de l'autre. Un gros volume blanc, à l'avant du cliché, l'inquiéta : et s'il allait rester flou ? Il se creusa enfin, laissant apparaître une maison à deux étages. Rien ne manquait : les lézardes courant sur les murs décrépits, les fissures des cheminées, les taches d'humidité sur le zinc des toits, la ligne torve des gouttières. Pour un peu, on aurait eu l'impression de discerner, derrière les vitres des fenêtres aux stores relevés, les habitants dans leurs appartements. Saisissant sa loupe, monsieur Daguerre entreprit de compter les pavés, de lire les enseignes : il y parvenait presque, et ne se tenait plus de joie. On distinguait même, sur les branches, les premières feuilles.

C'est à ce moment seulement qu'un détail l'arrêta : qu'était donc cette tache sombre, sur le trottoir, en avant des premiers arbres ? De nouveau inquiet, il crut un instant à un défaut de la plaque : la fine couche d'argent s'était peut-être détériorée en heurtant le sol, lors de l'accident avec la charrette. Reprenant sa loupe, il eut un petit cri de surprise : debout sur une jambe, appuyant l'autre sur un objet flou, coiffé d'un haut de forme, c'était bien un homme qui se tenait là. À ses pieds, une petite masse noire, recroquevillée, donnait la clé du mystère : un cireur de bottes, à n'en pas douter.

Monsieur Daguerre fut vaguement contrarié de cette présence inattendue. À l'exception de l'inconnu, le décor était d'un vide absolu : les badauds étaient passés trop vite devant l'objectif pour être gravés, et leurs courses éperdues vers leurs commerces, leurs amusements ou leurs amours les avaient précipités, irrémédiablement, dans l'anonymat et l'oubli. Seul de tous les passants, l'inconnu s'était accordé le luxe de l'immobilité, l'espace de quelques minutes, et sa silhouette était restée prisonnière des iodures d'argent, prise comme un poisson dans une nasse.

Monsieur Daguerre se souciait peu de l'absence de la foule, habituelle sur ses clichés : le plus souvent, c'est vers le moutonnement des toits et les monuments les plus hauts, purs de toute présence humaine, qu'il pointait son objectif. Il connaissait, lui qui avait commencé sa carrière comme peintre pour l'Opéra et l'Ambigu, l'effet imparable des ruines au clair de lune, des forêts ténébreuses ou des palais orientaux ; de ces décors qui faisaient rêver, avant même que les acteurs ne viennent évoluer devant. C'est ce goût des panoramas exotiques, exempts de tout personnage, qui lui avait inspiré, par la suite, l'idée des toiles translucides du Diorama. L'invention à laquelle il travaillait désormais visait simplement à produire en quelques minutes de belles fresques réalistes, sans avoir à peiner, des mois durant, le pinceau à la main.

De quel droit cet importun s'était-il invité dans son héliographie, en se permettant de flâner, au lieu de vaquer, comme tout le monde, à ses affaires ? L'intrus venait gâcher l'effet du spectacle, tel un machiniste surpris sur la scène au lever de rideau, et déclenchant l'hilarité de la salle.

À la vue de l'avenue déserte, on ne songeait plus à la prouesse de la lumière domptée, au miracle du paysage capturé malgré lui, mais à une calamité inédite et monstrueuse qui aurait, d'un coup, dépeuplé la ville. Vide plutôt que vierge, le boulevard faisait songer à une catastrophe à laquelle le badaud insouciant aurait, seul, survécu. Sur la rue privée de ses occupants planait un silence morbide et assourdissant, comme si les effluves de la mort venaient de tout effacer, de tout éteindre. Monsieur Daguerre songea, à nouveau, aux semaines terribles du choléra.

Fallait-il fixer cette épreuve déconcertante ? S'il se résolut, finalement, à la plonger comme les précédentes dans son bain d'iode, c'est qu'il répugnait à l'idée d'avoir sacrifié pour rien l'une de ses plaques, si onéreuses. Il regrettait presque d'avoir réussi à réduire la durée d'exposition : dans ses essais antérieurs, l'inconnu aurait eu le temps de disparaître, avec les autres. Or, tous ses efforts visaient à la diminuer encore : s'il y réussissait, il était à craindre que la foule au grand complet ne vienne battre le pavé sur ses héliographies, débordant, comme un mauvais sang enfiévré, des galetas crasseux, des bouchons enfumés et des ruelles insalubres. Ce flâneur intempestif, qu'il avait d'abord pris pour le fantassin attardé d'une troupe en déroute, était peut-être, tout au contraire, l'avant-garde de dangereux envahisseurs, l'éclaireur isolé de hordes menaçantes. La promptitude, décidément, était un problème.

Jérôme Vérain *est membre de la rédaction.*

Le vieux cireur de Times Square

Samuel R. Delany

Traduit de l'anglais par Jean Guiloineau

Au coin de la 42e Rue et de la 8e Avenue, Ben pose son matériel de cireur de chaussures, ses flacons de cirage et ses boîtes de couleur, ses brosses et ses chiffons, près de l'entrée du métro. Ce que j'ai d'abord remarqué chez lui dans les années 1970, c'est son côté provocateur. À une femme sur trois ou quatre qui passait dans la foule, qu'elle fût accompagnée ou non, c'était : « Hé, toi, t'es belle ! » ou « Mm ! Salut ma chérie ! » Jamais d'obscénités ni de mention à une partie du corps, sauf peut-être un « Quelle beauté ! » ou « Hé ! mademoiselle, magnifique ! ». La salutation est évidente mais il y a dans sa voix assez de sensualité et de sexualité pour surprendre pratiquement tout le monde, en particulier les femmes blanches à qui il reste une pointe de naïveté – ou les hommes qui les accompagnent, les vraies cibles de Ben, même si toute personne avec des chaussures de cuir fera l'affaire. Qui peut – pourrait – penser que ce Noir-là est en train de lui parler sur ce ton ? Parce que, lorsqu'une femme ou son petit ami sont surpris et qu'ils se retournent, lèvent les yeux ou la tête, le ton de Ben – doucement et naturellement – passe du flatteur au pasteur : « Vous êtes vraiment une très belle femme et c'est un plaisir de vous voir passer dans la rue ! Je suis vraiment content que des femmes comme vous soient sorties aujourd'hui ! » Ou : « Monsieur, votre femme est vraiment belle. Vous avez de la chance. Respectez-la et traitez-la bien ! » Et les gens sourient – les hommes *et* les femmes. (Peut-être qu'une personne sur cinq – les femmes en groupe ou alors celles qui sont seules – ne sourit pas.) Mais ce n'est pas méchant, c'est même charmant, non ? Avec son short et ses lunettes de soleil pour été indien, ce n'est que ce vieux cireur noir qui cire suffisamment de chaussures pour que, chaque année, sa femme et lui prennent l'avion pour aller passer Noël en Allemagne, dans sa famille à elle. « Écoute, si les femmes sourient, alors les hommes se font cirer leurs chaussures, pour montrer que ce sont de chics types et qu'ils prennent les choses du bon côté ; *et* pour me remettre un tout petit peu à ma place. C'est un jeu auquel je joue. C'est tout. J'ai des amis dans le monde entier que je me suis faits ici. Les gens reviennent chaque année, simplement pour me prendre en photo ! »

Pendant toutes ces années où j'ai observé les autres lui sourire ainsi que lui qui souriait avec les autres, quelque chose m'a troublé. (Ben dit qu'il a soixante-douze ans ; mais il a toujours les cheveux noirs. La plupart des gens ne lui donneraient pas soixante ans.) Ce n'est pas Ben. En franchissant ainsi la limite qui sépare le harcèlement de l'admiration, souvent quatre ou cinq fois en une minute, ses allers et retours sont un numéro de virtuose exécuté par un observateur astucieux du spectacle de la rue (à un moment, il lorgne avec tendresse une prostituée qui déambule dans le caniveau et, l'instant d'après, il regarde étonné le piédestal sur lequel son interpellation l'a placée si rapidement que la promenade est pour elle un moment d'attraction foraine) et dans une rue qui peut se vanter d'être la plus célèbre des États-Unis : la 42e.

Ce qui m'ennuie dans les habitudes de Ben, c'est l'endroit où se situe la limite. Ben ne la fixe pas. Mais est-ce que son numéro astucieux et légèrement troublant aide à la faire disparaître ? Ou est-ce que ce numéro l'inscrit encore plus profondément ? Honnêtement, je n'en sais rien. Peut-être les deux à la fois.

Extrait de *Times Square Red Times Square Blue*
Traduction inédite – Droits réservés

Samuel R. Delany *est un écrivain américain, né en 1942, auteur d'une vingtaine de romans de science-fiction dont un certain nombre ont été traduits en français* (Babel-17, L'Intersection Einstein). *Il a aussi écrit des essais et des recueils de nouvelles.* Times Square Red Times Square Blue *est un essai-récit sur la disparition du « vieux » Times Square.*

Deux poèmes

Marie-Claire Bancquart

L'invisible

Sur les vitres, les rideaux, les livres, campe l'invisible.
Minuscules corps et griffes. Des envies, des dégoûts.

Parfois s'opposent en bataille, parfois s'accouplent, fixent des rendez-vous amicaux.
Ils agrippent, caressent.
Dans ton bureau, parmi leur foule, tu célèbres une tranquillité d'aveugle.

Je

Je, formée d'un amas d'autres bêtes que Je.
Piquent, trépignent, marchent à l'extérieur de ma peau, et plus sournoisement dans mon interne saint-frusquin.
Des individus complets, aux couleurs et formes diverses. Vivent et meurent.
Je leur sers de cave, de grenier. Peut-être d'univers.
Même, peut-être de Dieu.

Quelquefois, l'une d'elles espère que je la remarquerai parmi les autres, et s'adonne à des mortifications

***Marie-Claire Bancquart** est professeur émérite à la Sorbonne ; auteur de nombreux essais critiques. Elle a publié une vingtaine de livres de poèmes. Les plus récents sont* : Avec la mort, quartier d'orange entre les dents, *Obsidiane, 2007,* Terre Énergumène, *Le Castor astral, 2009,* Explorer l'incertain, *L'Amourier, 2010. Un colloque lui a été consacré à Cerisy-la-Salle en 2011.*

Liberté, dignité

Cécile Oumhani

Dimanche 20 février 2011

Le paysage à la fenêtre se dilue dans une grisaille glacée. Je lui accorde à peine un regard. Voilà deux mois que les frontières entre le jour et la nuit sont tombées pour faire place à une longue veille. Seuls m'importent les visages qui déferlent par dizaines de milliers, d'heure en heure, ici, là. Des voix qui scandent les mêmes mots, sans peur et sans relâche. *C'était comme un mantra,* me dira mon ami poète à Tunis en septembre. Des visages et des voix venus démentir les certitudes et les défaites en insufflant au monde un goût d'inouï et d'inespéré… Après la Tunisie, l'Égypte et, la semaine dernière, la Libye.

La voix de l'homme sur Internet semble toute proche. Son angoisse se déverse à gros bouillons dans la pièce. Elle éclabousse le tapis, me cerne, avant de me happer pour de bon. *Un massacre à Benghazi. Un massacre… Pire que ce que vous pouvez imaginer… Des bombes, pas des balles… Des armes antiaériennes contre des civils. S'il vous plaît, envoyez ce message, le monde entier doit savoir ce qui se passe en Libye à Benghazi. Dans d'autres villes, à Misrata, ils sont en train de manifester.* Une voix sans visage et sans nom. Matière de la douleur, lave brûlante.

Je ne connais pas encore Najat, habitante de Misrata. Je ne la rencontrerai qu'en septembre, dans un hôpital de Tunis où, comme ailleurs dans le pays, on soigne les blessés de Libye. Je ne sais pas ce que fait Najat, dimanche 20 février 2011. Juste qu'on manifeste à Misrata. Son fils de quinze ans est-il dans la rue lui aussi, avec les quatre membres de sa famille qui mourront entre février et septembre, les armes à la main ? Tant de visages inconnus… Ils déferlent ici, là. Je les regarde. Je les écoute. J'entends la voix sans visage. Elle se brise. Brise les vitres entre les êtres. Brise ce qui glace et sépare. S'engouffre la vague.

Lundi 21 février 2011

Fontaine des Innocents, sous une pluie fine tombée d'un ciel de suie… Une centaine de personnes, quelques drapeaux et des photos de corps déchiquetés. Les lumières de la nuit dansent sur les visages et les bannières. Un des organisateurs prend la parole. *Anonymous, nous savons que vous êtes parmi nous ce soir et nous vous remercions de votre présence.* Je regarde autour de moi. Où est « Anonymous » ? Ont-ils revêtu pour l'occasion ce masque blafard au sourire sardonique qui est leur emblème ? Mais sans doute serait-ce déjà un signe de reconnaissance qui les sortirait de l'anonymat. Rien de mieux pour le garder que de se fondre dans la foule sous leur vrai visage… Déjà en janvier, ils s'étaient fait remarquer aux côtés des Tunisiens par des cyberattaques dirigées contre l'ancien gouvernement.

À quelques pas, un jeune homme glisse son portable dans sa poche. Ses épaules se recroquevillent, puis il s'effondre en pleurs, assis sur le trottoir luisant dans la nuit. Je n'ai pas vu son visage plongé dans l'ombre, seulement sa silhouette secouée de sanglots. *Un coup de fil de chez lui en Libye*, explique quelqu'un tout près de moi. Le cercle se referme autour de lui et de son chagrin.

Dam echchouhada ma yemchich ila lhiba. Le sang des martyrs ne sera pas versé en vain.

La clameur jaillit, puisée au tréfonds de l'audible, puis reprend aussitôt. Une mer grondante. Roulée sur le sable qui brûle les yeux, brouille les yeux. La force d'un cri où les noms se mêlent pour n'être plus qu'un.

Wahid. Wahid. Min el Maghreb ilal Bahrein. Unis. Unis. Du Maghreb jusqu'au Bahreïn.

Les regards se cherchent dans l'obscurité. D'inconnus, ils deviennent connus. Brillent d'une émotion partagée dans les syllabes scandées à l'unisson.

Jeudi 17 mars 2011

Nous roulons vers El Haouaria, à l'extrême nord du cap Bon en Tunisie. Ici comme dans d'autres villes et villages, les murs ne parlent que de la révolution. *Pouvoir au peuple ! RCD dégage !* Les entrailles noircies du local du parti RCD, du commissariat de police témoignent du passage de la foule en colère. Des véhicules militaires patrouillent sur la route côtière.

La pureté du ciel ne parvient pas à dissiper ce qui pèse sur les poitrines. Là-bas à l'est, un massacre se prépare à Benghazi. L'angoisse coule dans nos veines, un métal en fusion. Au restaurant, les yeux de tous, connus et inconnus, sont tournés vers l'écran de la télévision où Al Jazeera donne les dernières nouvelles. Les conversations se sont tues.

Les heures passent avec les paysages. Pourtant mon regard fuit obstinément vers l'est, comme vers une porte dont j'attendrais qu'elle s'ouvre enfin. Au café à Kelibia, un couple chuchote tout près de nous. Comment être touché par la beauté de la mer lors d'un rendez-vous amoureux, alors que le pire a déjà commencé ? La tombée du crépuscule ne m'apporte que des visions de mort et de déluges de feu en train de s'abattre sur les populations. B. arrive du rez-de-chaussée, fébrile. Le garçon installé devant la télévision vient de lui dire qu'une résolution sera peut-être votée ce soir. Contre toute attente. Je reprends mon souffle. Flot des visages inconnus là-bas dans la ville assiégée soudain baignés de lumière. Ainsi le pire pourrait encore être évité.

Jeudi 31 mars 2011

Immense salle des urgences à l'hôpital Henri-Mondor à Créteil… Elle est bondée. Plusieurs heures que j'attends. Il faisait encore clair quand les pompiers m'ont amenée, après une chute stupide dans la rue. On dit que les accidents sont stupides. Et je n'ai même pas cette consolation de penser que tomber aurait servi une quelconque cause. Je ne vois rien, même pas l'heure à ma montre. Mes lunettes sont cassées. J'entends toutes ces vies autour de moi. Des gens qui gémissent, d'autres qui réconfortent leurs proches, ou questionnent les infirmières. Des jeunes, des vieillards, des femmes, des hommes. Rien que des taches de couleur qui s'agitent autour de moi. La douleur sourde et lancinante monte du poignet que je maintiens avec le drap plié qu'on m'a donné, faute d'une attelle. Je le vois juste assez pour remarquer la chair affaissée, là où l'os s'est brisé. *Non, patience… Le chirurgien est encore au bloc.* Une phrase répétée sans relâche d'heure en heure. À moi, à B. venu me rejoindre. Les formes autour de mon brancard ont perdu leurs contours. Les couleurs dansent et les voix montent, sans que je sache d'où elles viennent. Je pense aux hôpitaux de Benghazi, aux médecins de Misrata débordés. Des hommes en larmes parce qu'ils ne pensaient pas qu'ils seraient amenés à soigner un jour de telles blessures. Un mois et demi que Najat vit la révolution à Misrata. Lesquels de ses quatre proches sont déjà morts en *chababs* ? Nous ne nous sommes pas encore rencontrées dans cet hôpital de Tunis, où elle est au chevet de son mari, un après-midi de septembre.

Samedi 9 avril 2011

Rassemblement de solidarité au parvis des Droits de l'homme, place du Trocadéro. Un jeune Syrien me demande en anglais si je veux bien tenir un drapeau de mon bras non plâtré. Je le prends de ma main valide et cale mon sac sous mon plâtre.

Zenga zenga dar dar erhal erhal ya Bachar !

Rue par rue, maison par maison – reprise ironique d'une phrase du tyran libyen –, dégage, dégage Bachar !

Les slogans fusent avec la jubilation de l'espoir. Lancés haut dans le ciel de printemps, ils ricochent sur la façade du palais de Chaillot et leurs rimes viennent taquiner l'écho. Le soleil exalte la houle des drapeaux où les couleurs se mêlent avec celles du CNT, quand la foule s'écarte pour accueillir le rassemblement libyen.

Echchaâb yurid isqat ennidhâm ! Le peuple veut la chute du régime.

Ubiquité de slogans répercutés de Tunis au Caire, de Benghazi à Damas et Sanaa. Il suffit de leur changer un nom, un mot… La vague déferle, irrésistible. Peu importe le prix à payer.

Houria ! Karama ! Liberté ! Dignité !

Cécile Oumhani *est l'auteur de plusieurs romans et recueils de poèmes. Ses recueils* Chant d'herbe vive, Demeures de mots et de nuit, Temps solaire *sont parus chez Voix d'encre. Ses romans* Le Café d'Yllka, Une odeur de henné *et* L'Atelier des Strésor *(à paraître) ont été publiés chez Elyzad.*

Le 14 Juillet [1]

Kurt Tucholsky

Traduit de l'allemand par Jérôme Vérain

Une ville qui danse ! Toute une ville qui danse !

Bien sûr, il ne faut pas s'emballer. Les tramways ne dansent pas, le métro fonctionne, et il est même si bondé que, croyez-moi si vous voulez, il menace d'éclater. Les grandes avenues sont vides et silencieuses. Mais on peut quand même dire que tout Paris est sur ses jambes.

La nouvelle de la prise de la Bastille, dont se souviennent encore les plus vieux abonnés de la *Vossische Zeitung* [2] pour l'année 1789, redevient d'actualité une fois par an à Paris.

Cette fois-ci, on a eu droit à de vraies petites vacances : la *semaine anglaise** [3] a commencé le soir du samedi 11. Dimanche était dimanche. Et comme mardi était le jour de la Fête nationale, on a *fait le pont** : lundi était donc jour chômé pour bien des métiers. Quant au mercredi... aucune raison de ne pas chômer aussi un mercredi.

Quatre jours, quatre jours de congé ! Ce fut le signal d'une sorte de transhumance populaire vers les alentours. Presque tout le monde ici possède une bicoque, un petit lopin, une cabane en bois quelque part, et celui qui n'en a pas trouve toujours dans sa famille un heureux propriétaire. Même en province, la moindre petite commune a eu son feu d'artifice, ses illuminations, sa fanfare de clairons ou son orchestre d'harmonicas... Mais le vrai centre de la fête, c'était Paris.

Tout a commencé dès le samedi soir. À de nombreux coins de rues, on avait aménagé ou improvisé des pistes de bal. Les orchestres étaient installés sous des abris en bois, dans les cafés ou au milieu de la rue. À Paris, tout se décline en quartiers : les consignes générales sont rares et, quand il en existe, pratiquement personne ne s'y plie. Le Français est *frondeur**. Les *quartiers** sont tous différents, comme autant de petites villes. Dans le quatorzième, les ouvriers dansent avec leurs petites amies. Dans le treizième, de toutes petites gens, des manœuvres et des boutiquiers. Dans une partie du cinquième, ce sont les provinciaux qui dansent en costume, selon leurs traditions régionales, sur des airs folkloriques. Dans le vingtième, c'est une petite bourgeoisie en ébullition. Dans le dix-huitième, toutes sortes de vendeurs à la sauvette, et aussi des gens à la peau basanée. Dans le seizième dansent les jeunes filles de la bonne société. Dans le septième, beaucoup de volets restent clos : la bonne société est partie à la campagne, à la plage, à la montagne... Les dames de la haute et les rentiers dansent rarement dans la rue.

Mais rue de la Montagne-Sainte-Geneviève, on danse. Il y a là des gens qui n'inspirent pas vraiment confiance, mais finalement, comme partout ailleurs, tout se passe bien. Celui qui viendrait chercher ici du « romantisme » irait au-devant de grandes déceptions. Rien de plus déconcertant que ces Parisiens transformés en foule latine exubérante, incapable de contrôler une marmaille qui hurle et lance des pétards. La ville est comme traversée d'un profond sentiment de civisme, jusque dans ses entrailles. Et un autre sentiment se laisse percevoir : l'allégresse.

On vient pourtant d'augmenter le tarif des transports en commun, ainsi que ceux du gaz, de l'eau, de l'électricité, de la poste ; les travailleurs, dont les salaires ne suivent pas, le savent bien. Mais personne ne désespère, on garde le moral. On se réjouit d'être en vie, et on profite de la trêve qui a été accordée. Ces petites fêtes populaires ne demandent rien de plus qu'un peu de musique, quelques verres de vin (on voit très peu d'ivrognes), un peu de danse, et cette atmosphère qui ne s'exporte pas… Elle fait un peu penser à l'air que l'on pouvait respirer dans les petites villes d'eau allemandes, avant la guerre, quand on s'y réunissait le soir. Ce n'était pas toute la ville qui y prenait part, mais on pouvait se promener en paix à travers les rues obscures. On entendait les échos d'un air de danse, dans une salle ; cela ne dérangeait personne. C'était une grande communauté calme, et aimant son bien-être. Ici, les jours de fête, les gens se comportent encore ainsi. Personne, sans exception, jusqu'au dernier mendiant, personne n'est triste. Voilà l'idée générale.

Donc, Paris danse. Les jeunes lycéens dansent, libérés : les *distributions de prix** ont déjà eu lieu, ces cérémonies scolaires de fin de semestre où un quelconque député, ministre ou responsable politique fait un beau discours (parmi les orateurs, cette année, l'ancien ministre de l'Instruction, François Albert[4], et même M. Herriot ; en prologue à la harangue de celui-ci, il fallut faire prendre l'air à une poignée de trublions réactionnaires). Et les petits orchestres font tourner les couples (ici on ne danse pas aussi bien qu'à Berlin, mais on danse avec plus de plaisir, à sa façon, en dilettante). Une moitié de la rue s'amuse à regarder danser l'autre. Les pompiers dansent dans leur caserne, près de la place de la Nation : on peut y entrer et s'y promener ; des soldats dansent, et aussi des vendeuses, des boulangères, et encore, à Montparnasse, des Suédois, des Norvégiens, des Polonais et toutes les variantes d'Américains.

Au-delà des faubourgs, les jambes des femmes se font plus torses, les couleurs plus bigarrées ; l'élégance, quand il y en a, est de seconde main. À Montrouge, les vétérans des jardins ouvriers arrosent leurs choux, et *se fichent** du 14 Juillet. Même ici, pourtant, d'autres gambillent dans les potagers.

Dans le quartier de la Villette les musiciens jouent *On fait une petite belote**, la dernière rengaine de Mistinguett : c'est une java que les gens ont transformée en valse pour pouvoir danser plus à leur aise. Toutes les fenêtres sont occupées : au premier étage, beaucoup de têtes d'enfants ; au second, un homme en chemise qui a posé ses avant-bras robustes sur la petite rambarde métallique ; au troisième, une grosse femme coiffée à la diable.

La foule s'agite sur les Champs-Élysées. La *course du Flambeau** vient de se terminer. Ruisselant de sueur, torche à la main, le vainqueur vient de passer. On s'est relayé dans la nuit depuis Verdun, où un vétéran de la Grande Guerre a allumé les torches. Le feu destiné à la tombe du soldat inconnu a parcouru, de relais en relais, les deux cent quarante kilomètres jusqu'à Paris. Le gagnant remonte maintenant la superbe avenue ; derrière lui, à deux cents mètres, le second. Le feu ? Un nouveau feu pour remplacer l'ancien ? Rien qu'une commémoration, il faut l'espérer.

Ici, on se promène. De vieux messieurs en gibus avec, bien entendu, un petit ruban à la boutonnière ; on les devine de la classe 1890[5] ; des gosses barbouillés qui vendent des fleurs ; des marmots[6] à petites sacoches et yeux pétillants ; des étrangers ; des petits-bourgeois parisiens ; des couples mariés qui flânent sans se presser. Un attroupement se forme autour de Guignol. Là, sur le trottoir, un homme joue du tambour, tout seul avec son tambour, sans orchestre. L'homme n'a qu'un seul bras : au moignon de l'autre, il a fixé une baguette, et il tambourine sans cesse sur la peau de veau, tel un symbole chargé d'éveiller les consciences ! À l'Étoile, les badauds s'agglutinent.

La nuit venue, la ville s'enflamme. On va et vient dans les allées de l'Exposition [7], les lumières se reflètent dans l'eau, une fusée monte dans le ciel, et une autre, et encore une autre : les artificiers s'amusent. En haut, vue de Montmartre, cette immensité d'immeubles semble être transformée par la magie des lumières : des points incandescents, des flammes, des arcs de lumière, des avenues de feu…

Devant la Chambre des députés, les flammèches des illuminations au gaz tremblotent : « RF ». Le vent joue avec les emblèmes de la République française. Même la tour Eiffel est illuminée, et comme on ne peut pas voir sa structure d'acier, les lumières semblent surgir de la noirceur de la nuit.

Tout un peuple est heureux, la vie est belle, *quand même**. Les gens sont aimables les uns avec les autres : nulle part un mot qui blesse, nulle part ou presque la moindre échauffourée. Pas la moindre réticence envers les étrangers, pas la moindre hostilité, même sourde, envers les Allemands. Ça n'intéresse personne, on veut vivre en paix.

La fête du 14 Juillet à Paris n'est pas une fête militariste, une fête impérialiste, une fête cocardière.

Il est d'usage de présenter ses vœux à un pays pour sa fête nationale.

Pour ma part, je souhaite au peuple français la paix avec l'Allemagne : la paix, la solidarité et la compréhension mutuelles.

***Kurt Tucholsky** (1890-1935), écrivain de la république de Weimar, est l'auteur de chansons de cabaret, de poèmes, de romans (*Rheinsberg, Le Château de Gripsholm*) et surtout d'innombrables chroniques sur la vie sociale, culturelle et politique de l'Allemagne de l'entre-deux-guerres. Fervent dénonciateur du militarisme, du conformisme et de la réaction, il fut interdit de publication et déchu de sa nationalité dès l'arrivée des nazis au pouvoir. La France, où il s'était d'abord réfugié, lui ayant refusé l'asile politique, il s'exila en Suède, où il finit par se suicider.*

1) Il s'agit du 14 juillet 1925. Tucholsky séjourne à Paris depuis le printemps 1924, en tant que correspondant de la *Weltbühne*, la revue de son ami Siegfried Jacobsohn, et du *Vossische Zeitung*, le grand quotidien libéral berlinois. Le texte fut publié dans ce dernier journal le 22 juillet 1925, sous le pseudonyme de Peter Panter.
2) Le *Vossische Zeitung* avait été fondé en 1721. Il sera interdit par les nazis en 1934.
3) Les mots et expressions en italique suivis d'un astérisque sont en français dans le texte.
4) François Albert (1877-1933), membre du Parti radical, ministre de l'Instruction publique du gouvernement d'Édouard Herriot, de juin 1924 à avril 1925. Ce gouvernement était issu de la victoire du Cartel des gauches sur le Bloc national aux élections de mai 1924.
5) Les conscrits français de 1890 furent mobilisés durant la Première Guerre mondiale mais, étant donné leur âge, furent le plus souvent affectés à l'arrière, dans les régiments de réserve des territoriaux.
6) En allemand : *Mehlwürme*, « vers de farine ».
7) L'Exposition internationale des Arts décoratifs et industriels modernes, qui se tint à Paris d'avril à octobre 1925, entre l'esplanade des Invalides et le Grand Palais.

Deux poèmes

Amina Saïd

quand fleurit dans le poème la main qui l'a écrit

c'est que nous sommes allés par-delà l'horizon
et l'ailleurs aux lieux des terres jeunes et vieilles
aux lieux des fleuves ensablés et des souffles houleux
et par les mers vers d'autres mers d'autres cieux
aux lieux de toutes choses périssables ou immortelles

quand fleurit dans le poème la main qui l'a écrit
c'est que nous qui avons si peu d'instants
avons cheminé par les bonheurs sombres de la vie
ses malheurs incandescents
à la rencontre de la foule noire des vivants
et des rires et des pleurs et des grandes érosions
et du temps et de la nuit et de la lumière voyageuse
et du jour qui s'enchante de ses aurores

quand fleurit dans le poème la main qui l'a écrit
c'est que attentifs aux signes aux présages
nous avons aperçu entre passé et avenir l'éternel
et transparent visage du présent

quand fleurit dans le poème la main qui l'a écrit
c'est que nous avons déposé au hasard des chemins
notre fatigue du monde
et accompli en des lieux mystérieux
et intacts nos rituels de vie et de mort

la mort lente de la lumière

nous pousse hors du cercle du jour
dans le cercle de l'ombre
et nous nous éveillons avec un sourire
en forme de couteau disent-ils

voici que le masque du ciel s'écarte
sur un astre fendu comme un miroir

que les étoiles sont égorgées
comme les enfants du sacrifice

voici que s'ouvre sous leurs pas l'abîme
vers lequel en chantant marchent les hommes
avec leurs noms et leurs visages d'hommes
sous le bras leurs linceuls de soleil et d'ombre

voici que les mères se détournent des seuils
infranchissables et dansent sur les places la danse
de leurs noms et de leurs visages de femmes

voici que le cœur trop lourd de la lumière
fait plier les corps avant que sous la contrainte
ils n'aient échangé leurs blessures

ceci est le feu qui calcine les regards
et ceci est l'eau pour raviver le feu disent-ils
nous sommes tous des enfants allant au sacrifice
sous nos bras nos linceuls de soleil et d'ombre

ceci disent-ils est la mort lente de la lumière
ceci est le printemps pendu au chanvre des saisons
et nous savons les noms des choses noires
qui tournent en cercles autour de nous

nous mastiquons d'amers morceaux de lunes
pétris de notre sang disent-ils
la vie a un goût de fer et de mort
nos villes sont nos déserts et le ciel
est rougi de soleils honteux

notre éternité ne pèse pas plus qu'une voyelle
sur le cri le plus long de notre langue
et nous mourons d'une mort jeune

***Amina Saïd**, écrivaine tunisienne d'expression française, réside à Paris depuis 1978. Elle a publié une quinzaine de recueils de poèmes et de contes, parmi lesquels* Les Saisons d'Aden *(Al-Manar, 2011) et* L'Absence l'inachevé *(La Différence, 2009), et a reçu en 1994 le prix Charles-Vidrac de la SGDL.*

Vous voilà, aujourd'hui

Daniel Pozner

Qu'est-ce que j'ai rêvé ! Et toute la journée. Légère tricherie. Ou alors, portraits : momie dans le métro, bonne vieille à la béquille, belle jeune fille en rouge curieusement fagotée ou celle-là, à la casquette à doublure fleurie cousue par sa grand-mère – des figures de conte.

•

Et pour vous jeune homme ce sera ? Une tête, une tête fraîche bien droite et embuée posée sur le menton.

•

Des roses sur les chevilles. Mais elle se barbe.

•

Mais lui encore n'y est pas, à terre. Seuls ses yeux. Épuisés très rouges. Et son crâne brun luit. Néon. Ailleurs c'est la joue sur la main ou le bref graffiti gravé rouillé. Enfin : indifférente elle se fait les ongles en attendant la fermeture.

•

Il lit, attentif. *Le yin : fruits frais, le yang : fruits secs, le yin : curry, le yang : ail.* (J'invente rien !) Il mâche un chewing-gum à la chlorophylle.

•

Une presque vieille dame assise dans un café mange avidement avec les doigts un gâteau s'emplit la bouche avant même de penser à la vider.

•

Au milieu d'une semi-foule, le chien rampe (géant baveux, triste, terrifiant) – et flaire la semelle du type qu'attend, de rien s'aperçoit, attend la gueule finale.

•

Manteau de fourrure, anneaux aux oreilles, cheveux cuivre comme faux, les yeux très maquillés, le gauche au beurre noir.

•

Très jeune fille encore, elle rit, un geste maladroit de sa main finie. L'élocution difficile, propos fins et malicieux et élégants. Le fauteuil roulant, c'est bien l'appareil le plus perfectionné de la ferme. Dans la cour ses petits-enfants jouent avec le chien.

•

Si elle tourne le dos à la porte, assise dans le coin, tête baissée : qu'elle pleure. Main sur le mouchoir, puis se redresse, et deux doigts sur le front.

•

Un petit chapeau vert, sac d'oranges à la main, la bonne mine brune, d'un bond le voilà. Un peu épais, et derrière, la vie froissée, exils, travaux, fatigue, mais l'épiderme seul est émoussé.

•

Pissotière automatique. Il paie, récupère la monnaie, la porte s'ouvre, il regarde sans entrer, jette la pièce dans les chiottes, gling ! Et s'en va.

•••

Tous tics, défauts, manies, masques, figés, tordus, en bois, en plâtre, en fer, papier mâché, en pleine chair, plastique rutilant, criard, fondu, craquelé, voilà déchirés, détendus, chiffonnés, honte bue, mécaniques, hystériques, endormis, mâchent, grognent, couinent, grincent, les grimaces, rires, un chant, une voix, toile, laine, fourrure, Tergal, usé, soigné, brossé, démange, plisse, casquette, chapeau rare, crâne nu, pellicules, la peau, desquame, et sèche, et rouge, et grise, grasse, peinte, recousue, tatouée, percée, pommadée, cuir piqué, marqué, tavelé, vérolé, varronné, et les nez, et les bouches, et cigares, cigarettes, bouffardes, sucettes, chewing-gums, dentiers, parfums, autres odeurs, serrés, soufflant, toussant, bâillant, soupir, murmure, menace, mascarade, vous voilà, aujourd'hui.

Daniel Pozner *est né en 1971. Il vit à Paris. Écrivain et poète, il a publié récemment* Pft ! *(Le Quartanier, 2009),* Les Animaux de Camin *(Derrière la salle de bains, 2009) et* Le géographe est ailleurs *(Passage d'encres, 2010).*

Paris en grève

Charles Dobzynski

1

Paris emmène son cheptel
de boulevards, de places et de ponts,
pour manifester
et pour protester
contre l'état des lieux,
contre l'étau des Dieux,
contre le taux de TVA
de l'hévéa,
la retraite anticipée dès le berceau,
le recto qui poignarde son verso,
la pollution sans solution,
l'impôt sur les piétons rageurs
et les ratons laveurs,
leur va-et-vient qui dure
et gêne tant les bennes à ordures.

Toutes les rues mal embouchées confluent
et se rencontrent dans leur flux,
les enfumées, les mal famées,
Banderoles et calicots claquent au vent,
les fenêtres standing ovation
applaudissent à toutes vitres.
De Montmartre à Montrouge
pas un Vélib ne bouge.
Les rames à l'arrêt mâchent du chewing-gum,
Les feux rouges trinquent avec du rhum.

Les réverbères forment des piquets de grève,
Les TGV regardent voler les mouches,
Les métros ont perdu leurs bouches.
Les bagnoles tétanisées
Laissent leurs conducteurs sur les Champs-Élysées
sortir de leur boîte à sardines
poursuivre leur route en colère,
en se chaussant de rollers.

la tour Eiffel enjambe la Seine
et prend la tête du cortège,
Des Invalides au Val-de-Grâce,
De la Grande Arche à Port-Royal,
La nuit lance des fumigènes
et la lune rentre au dépôt
pour changer de rêve et de peau.
Jamais, jamais la ville n'est plus belle
que rebelle,
quand se déploie et défile la foule,
qu'elle se gonfle et qu'elle roule,
déferlante, tête à l'envers,
pour rendre sens à l'univers.

Extrait du *Baladin de Paris*, à paraître au Temps des Cerises
Inédit –

Charles Dobzynski*, poète et écrivain français né à Varsovie en 1929, a été découvert par Paul Éluard et Aragon. Parmi ses livres :* Je est un juif, roman *(Orizons, 2011),* La Mort à vif *(L'Armourier, 2011). Parmi ses traductions, une grande* Anthologie de la poésie yiddish *(Poésie/Gallimard). Le prix Goncourt de poésie lui a été décerné en 2005.*

UNE JOURNÉE, ICI

Chantal Bizzini

Dans les bruits du matin, sa fraîcheur, l'oiseau,
un courant d'air, le ronronnement lointain du passage des voitures,
les hauts murs qui nous entourent sont
rayés d'ombres, plaqués de lumière,
les corniches grises, dorées de soleil,
les falaises de meulière et de brique,
accrochées par la poussière, des esses
et le bleu du ciel bien haut, qui devient transparent,
réceptacle et réservoir
de la lumière,
le puits d'ombre des cours intérieures donné au vol des pigeons…
Écrans vastes le soir,
plages et falaises le matin,
sonneries, bruits de construction,
peut-être un marché qui se monte,
et dehors, les visages
étranges, les costumes étonnants des passants,
ce bouleversement du matin : la rencontre du visage adverse, des premiers cris entendus, des alarmes sifflantes,
assourdies dans la chaleur d'une journée
qui sera belle,
un madrier chute, claquement d'une porte, bruit de pas, en dessous,
froissement de journaux,
désir d'ubiquité et, derrière ce matin-ci, celui d'une autre ville,
Londres. L'ombre s'est déplacée, c'est maintenant l'arête de l'immeuble
qui est couleur sable, le rose du revêtement s'illumine,
les bords disparaissent, les coulées noirâtres forment un dessin,
le grain particulier d'un pan de mur prend un sens par contraste
et l'avion, les câbles en métal, le coup d'aile, le moteur
indiquent des directions, tandis qu'une porte claque,
aboiement d'un petit chien,
paroles rapides en chinois,
c'est avant de prononcer une parole,
d'ouvrir un livre, papiers froissés, plastiques, plus proches,
un moteur démarre et s'arrête,
le chien aboie de nouveau ;
puis le soleil se cache.
Mais au fond de la mélancolie,
la source silencieuse ride la surface de l'eau.

De façon presque imperceptible,
minuscule, un courant se fait
et tend à emporter les feuilles sèches, les pétales tombés,
et promettre une nouvelle floraison.
Voici les visages, la floraison des
robes, ce samedi, sur le boulevard,
l'activité, la densité, la bousculade
des pieds, des pieds nus dans des sandales, auxquels un lacet fin
accroche une marguerite en plastique stylisée qui luit,
les cris, le désordre, fait de l'entrecroisement de toutes ces routes
barrées par des gens immobiles
et ces visages, gais, nerveux, inquiets,
crispés, provocateurs, menaçants,
perdus, aperçus vite. Et puis,
dans l'indistinction houleuse des couleurs
et la signification impossible à fixer,
les boutiques odorantes s'ouvrent comme des jardins,
au loin, le métro passe sur le pont aérien,
les feux rouges sont inutiles et les voitures qui bouchent toute l'avenue
n'avancent plus,
des boissons dans des seaux de glace qu'on propose à 1 euro,
des prix, des occases,
et ces froissements de chaque instant, les paroles
et les bruits de différents registres,
saisis par instants et reconnaissables alors
dans leur incomplétude, leur fragmentation,
comme une vague de la grande rumeur
vaine, cette démonstration de vie est joyeuse, la voir répare tout,
diversité heureuse, c'est la végétation qui renaît sur la rive calcinée,
la forme se refait, dans la soif d'être, de connaître,
ce qui luit au fond des yeux, ce qui vient au-devant de nous,
bouches toutes différentes, d'où sortent des paroles
et la bouche d'eau figure la fontaine de cette place villageoise
rêvée, autour y restent tout le jour la vieille femme qui quémande
sur sa chaise et le vendeur du bazar d'à côté
qui y rince le verre de thé, s'y rafraîchit les pieds,
et quelques touristes, égarés dans cette zone,
déploient leur plan de Paris.
Plus tard, dans la nuit, ce seront les hordes de malheureux,
avec leurs hurlements,
zigzaguant, hululant
sur le trottoir, oscillants, penchés vers le caniveau.
Mélancolie de cette perte,
dans les sirènes qui tournent par les rues

alentour et les nuages plus noirs que
la nuit qui tendent à recouvrir les parcelles
de ciel découpées par les toits,
un orage s'annonce,
les cris du soir dans les cours voisines
et ces bourrasques d'un vent plus froid
qui menacent de tout renverser,
un disque joue de l'orgue électrique,
aux sonorités rondes et dorées,
comme venues d'entrailles chaudes,
ce sont les cris artificiels du jeu et son rythme irriguant les corps
qui dessinent l'arborescence intérieure, comme
travaillée à l'eau-forte, les pigeons sont encore à roucouler
sur l'étai de fer, un avion passe,
l'attention se creuse, tout échappe,
un bruit d'ailes, la rumeur est atténuée,
il pleut maintenant et ce bruit couvre tout,
on ferme des fenêtres, la pluie augmente.

Foulements et refoulements
(Rue de la Santé)

Franck Évrard

> « Nous croyons avoir trouvé la bonne voie pour expliquer le phénomène fondamental de la psychologie des foules, à savoir l'absence de liberté qui caractérise les individus faisant partie d'une foule. »
> Sigmund Freud, *Psychologie collective et analyse du moi*, 1921

Romain Chassepot a toujours aimé les bains de foule. Depuis les manifestations féministes à la fin des années 1970 jusqu'aux dernières processions déprimées des enseignants, il a toujours apprécié se fondre dans les rassemblements bigarrés. Meeting politique fondateur, défilé contre le racisme, enterrement de Sartre, soirée d'ouverture du Salon du livre, match de gala au Stade de France, grande messe rock à la Fête de l'Humanité, technoparade : toute occasion de se mêler à la foule est bonne à prendre. Il croit deviner la cause de cette passion étrange dans son histoire familiale. Sa mère, secrétaire à la Ligue des droits de l'homme, qui l'a élevé dans une culture de gauche, lui a toujours interdit de se trouver dans ces endroits terribles où l'on ne peut s'enfuir ni être secouru en cas de panique. Par réaction, il n'a pas voulu être lui aussi malade de l'espace au point de passer à côté de la Grande Histoire quand elle s'écrivait fiévreusement dans la Ville lumière. Cloîtrée dans son angoisse, sa mère avait les mêmes mots durs que ceux qui détestent les foules. Elle parlait de troupeaux, de bandes, de hordes, de barbares comme ces écrivains méprisants du XIXe siècle qui décrivent des foules plébéiennes versatiles et imbéciles, toujours promptes à croquer un prolétaire grotesque ou une émeutière hystérique. Chassant toutes les fantasmagories apeurées, Romain Chassepot a appris à développer l'intuition d'une commune humanité. Il ne redoute ni le devenir animal ni le grouillement microbien qui menacerait, selon les pleutres de la bourgeoisie, tout rassemblement d'individus. Il nourrit l'illusion qu'en *y mettant du sien*, c'est-à-dire en estompant cette conscience trop prononcée qu'il a de lui-même, il pourrait retrouver un peu de l'âme collective. Faute de fusion généralisée, quelque chose passe et circule en ces moments intenses et provisoires. Des odeurs de graillon, de charcuterie, de bière, de sueur, des effleurements de corps anonymes, des saturations frénétiques de sonos, une vibration au niveau de l'épine dorsale qui le fait se retourner. Le plus souvent, il se contente de ces petites manifestations de familiarité, plus proches de l'érotique que du mystique. Mais un jour viendra peut-être où il assistera en direct à l'avènement joyeux de la foule en peuple…

En ce dernier dimanche de mars 2010, il est allé voir l'exposition « Crime et Châtiment » au musée d'Orsay. Sa femme ne l'a pas accompagné, elle refuse de participer à ces manifestations culturelles qui amènent le public en foule mais la laissent, elle, sur un sentiment de déception ou de frustration. Elle feint de ne pas comprendre ce qui attire son mari dans ces visions nécessairement écourtées et passives d'œuvres d'art. Elle sait que la foule a un pouvoir attractif sur lui. Sinon, pourquoi choisir un dimanche après-midi ? Elle n'est même pas jalouse.

Quand il est sorti de la station Glacière pour rejoindre son domicile rue de la Santé, il a entendu le tintamarre diffusé par une sono, un peu plus haut sur le boulevard Blanqui. Poussé par la simple curiosité, il est remonté jusqu'au carrefour de la rue de la Santé. Quand il a vu les voitures de police puis le camion-concert avec sa scène aménagée pour trois rappeurs tonitruants, et enfin une centaine de CRS disposés en cercle, oblitérant l'avenue et sa rue avec des grilles antiémeute, il a d'abord pensé à un film produit par Luc Besson ou à un clip d'un rappeur parisien. Le métro aérien se prête parfaitement au tournage de ce type de films. Puis il s'est dit qu'aucune boîte de production ne pouvait rétribuer cent figurants bottés, casqués et armés qui faisaient encore plus vrais que de vrais CRS. Il aurait pu assister douillettement à ce spectacle coloré du haut de son balcon qui donne sur le boulevard. Mais il n'est pas de ces observateurs distraits qui lisent la ville à distance. Pas de peuple en haut et de foule en bas qui tienne ! Il ne sait quelle mouche l'a piqué mais il s'est faufilé entre deux gardes mobiles pour entrer dans l'espace quadrillé et élire domicile au cœur de cette foule clairsemée, vaguement inquiétante. Échouant à comprendre la scène par la généralisation abstraite comme par l'analogie, il a laissé son regard se resserrer sur les visages. De la masse ont émergé des physionomies particulières. Il a repéré quelques balafres et beaucoup d'écharpes sombres. Là, il a commencé à mieux comprendre la teneur de l'événement. Il s'agissait d'une manifestation pour l'amélioration des conditions de vie en milieu carcéral. Et si la sono était si forte, c'était pour que les prisonniers de la Santé puissent entendre de leur cellule. Aux vociférations des trois rappeurs qui se demandaient où allait le monde et comment une moitié de la population pouvait « se complaire dans la haine raciale », le semblant de foule a fait écho en braillant et en levant un majeur vers le ciel. Le sort des taulards ne lui est pas indifférent, il accepte l'idée qu'on mette un peu de liberté et de dignité humaine en prison, mais il n'empêche qu'il ne s'est pas senti à sa place. Pas de syndicats, pas d'associations, pas de partis, que des individus ! Le sentiment du « tous égaux, semblables et anonymes » ne prend pas cette fois-ci. Quand il a voulu sortir du cercle trois minutes seulement après y être entré, un bouclier lui a barré le passage.

– Interdit de passer !

Romain Chassepot a demandé pourquoi avec cet air benoît à la limite de l'ahurissement qui est sa marque de fabrique.

– Désolé ! Vous ne pouvez pas sortir, monsieur. Vous faites partie de la manifestation.

Il n'a pas insisté car, fort de la sagesse des nations, il sait qu'on ne discute pas avec les autorités policières. Il a préféré aller tenter sa chance du côté diamétralement opposé à celui où il se trouvait. Le CRS, un Noir cette fois-ci, lui a répondu qu'il ne faisait qu'appliquer les consignes et les consignes étaient de ne laisser sortir personne. Pour montrer sa bonne foi, Romain Chassepot a dit qu'il était médiateur, pas médiateur de la République, mais médiateur quand même, dans un collège parisien, il fallait comprendre un père tranquille, qu'il revenait d'une exposition à Orsay, « Crime et Châtiment », qu'il n'avait plus le ticket d'entrée mais un livre acheté pour l'occasion, un Découvertes/Gallimard, que cela valait comme preuve, mais il s'est ravisé quand il s'est souvenu que l'ouvrage s'intitulait *Le Crime* et avait pour sous-titre *Entre horreur et fascination.* Le flic ne manquerait pas de penser qu'en plus, il se payait sa tête. Au bout de deux nouvelles tentatives infructueuses, il a compris qu'il était fait comme un rat. Surtout quand un badaud comme lui a voulu franchir le cordon en prétextant que la manifestation était autorisée et qu'un CRS l'a exhorté à manifester à l'extérieur…

Il attendrait donc la dispersion pour partir. Mais quand il a vu la rangée de CRS placée en face du camion ébaucher un pas en avant, il s'est mis à avoir franchement peur. Si je suis au milieu du cercle, pense-t-il, avec mon allure de traître, flic infiltré à assommer à coups de barre de fer ou activiste BCBG de ceux qui méritent le flashball, on ne me ratera pas. Il se sent lâche. Sans excuse si ce n'est que l'envie de mourir n'est pas assez forte en lui pour qu'il finisse en bavure de l'année. La seule issue qui se présente est de se placer raide comme un piquet entre deux gardes comme s'il faisait partie lui aussi de la Compagnie républicaine. Avec son chapeau, une imitation de Stetson, il fait un peu tache dans le paysage, mais le ridicule tue moins qu'un coup de matraque ou une canette de bière. Il se souvient des paroles de sa mère : « Je sais pourquoi tu y vas, c'est pour te donner en spectacle ! » Cela avait le don de l'irriter parce qu'il y avait un peu de vrai dans cette affirmation. Quand il avait seize ans, il avait défilé pour le droit à l'avortement, fier comme un paon – il faut reconnaître à sa décharge que le sexe mâle était peu représenté – et une manifestante ne l'avait pas raté : « Regardez celui-là, il a même mis une cravate ! » Est-ce qu'il n'a pas une légère tendance à parader ? Vers la fin, quand sa mère est tombée malade, il a concédé du terrain : « Tu sais, maman, tous les deux dans notre genre, on est bons pour être internés à Sainte-Anne ! » Avoir un asile psychiatrique et une prison dans sa rue, cela brouille les idées.

Les deux CRS dont il s'est approché n'ont pas abandonné leur pose hiératique quand il s'est incrusté dans le cordon. Il y est resté plusieurs longues minutes avec à ses pieds un long ruban rouge et blanc où est écrit « Interdit de franchissement ». Avec un peu de chance, dans le feu de l'action, si les hommes casqués recevaient l'ordre eux aussi d'avancer d'un mètre pour resserrer l'étreinte, lui, il ne bougerait pas et se trouverait de fait à l'extérieur de la quadrature. Heureusement, l'histoire s'est dénouée grâce à un gradé en civil qui a demandé à ses voisins CRS de libérer l'accès au « monsieur au chapeau », non fiché comme anarcho-autonome reconnu. Quand Romain Chassepot est sorti libre du corps de ballet, une femme parmi les badauds lui a lancé de façon déplaisante : « Eh oui ! mon petit monsieur, c'est ça un État policier ! » Il fallait en plus qu'il reçoive d'une pasionaria une leçon de lucidité citoyenne comme s'il était Oui-Oui au pays de Kafka ! Quelques jours plus tard, il apprendrait qu'à la fin de la manifestation, une manifestation autorisée car elle ne comportait pas de risques suffisants pour être annulée, cent dix individus avaient été appréhendés pour « participation en attroupement en vue de commettre des violences volontaires en groupe », embarqués dans des camionnettes banalisées ou des cars stationnés puis disséminés entre plusieurs commissariats et un sous-sol de parking. Dans les faits, deux fusées de détresse auraient été lancées en direction de la prison et l'une perdue se serait écrasée contre un immeuble. Si Romain Chassepot avait été le cent onzième interpellé et placé en garde à vue, il aurait eu à répondre à cette question bien embarrassante : « Êtes-vous d'accord avec la phrase du groupe K. Bane : "Faut-il brûler le système ?" » Sans doute aurait-il fait remarquer en bon logicien qu'on ne peut être en accord ou en désaccord avec une question dont la réponse n'a pas été formulée. On lui aurait rétorqué qu'il jouait avec les mots. Pour les livres d'histoire, la manifestation ferait date puisque c'était la première fois qu'était appliquée la loi promulguée le 2 mars 2010 sur les violences en bande. Pour l'histoire personnelle, même s'il habitait à un numéro impair, il quitterait dans les plus brefs délais une rue vilainement métonymique qui laisse si peu de place aux mouvements de foule.

Professeur de lettres modernes, docteur ès lettres et ès arts du spectacle, ***Franck Évrard*** *est chargé de cours à l'université de Paris-VII - Denis Diderot et animateur d'ateliers d'écriture. Responsable de la revue de littératures* Contre-Vox, *il a publié pour le théâtre (Actes Sud-Papiers, Le Laquet) et écrit une trentaine d'essais consacrés à la littérature dont* L'Humour *(Hachette Supérieur, 1996),* Faits divers et littérature *(Nathan, 1997),* De la fellation dans la littérature *(Le Castor Astral, 2002) et* L'Érotique du tennis *(Hermann, 2011).*

J'œil change les rêves

Quincy Troupe

(pour Joe Overstreet, Corrine Jennings et George Lewis)

Traduction de Chantal Bizzini

J'œil change les rêves à la 42e rue, times square

tandis que, tourbillonnants dans leurs attitudes technicolor, des gens foncent
à travers les jours affairés, portant des paroles qui mitraillent
à un rythme égalant celui dont ils détournent leurs regards
des cadres même singent avec des gestes vifs
une désinvolture affectée, tandis que d'habiles arnaqueurs roulent des yeux
comme des billes alentour, cherchant des coups, se lèchent les babines, l'affaire faite avec
un bouseux pas fute-fute et, les lèvres dégoulinantes de bave,
en mangeant des hot dogs payés avec des billets de cinquante dollars
au grand jour – ouais, tu m'étonnes, cousin –

des trottoirs roulants transportent tout
si vite que chacun pense que c'est ses pieds qui portent
    son corps, en dansant, sur une chanson différente
que, disons, à gloster, mississippi

où le temps est une tortue qui remue après qu'une inondation a reflué
à l'endroit même d'où elle était venue
t'entends pas d'appels ici
à gloster, nulle part de téléphones portables paniquer
seul le constant et lent bourdonnement du plané de moustiques bouffis
glissant à travers l'air pour se gorger de carnages de sang frais
        guidés vers leur cible par leur langue aérodynamique
        ils oscillent dans leur course en zigzag au-dessus d'iris

barbus qui agitent leurs feuilles en épée dans la brise
comme s'ils se préparaient à mener un juste combat contre n'importe qui ou quelque chose
comme les gens qui vivent dans la grosse pomme (leurs masques sinistres toujours ajustées –
qu'ils portent même aux toilettes, effrayés à mort qu'ils sont
de tomber sur un requin au sang froid
calculant, là, ce qu'ils tiennent personnellement pour leur territoire)
essaient de garder leurs rêves fluctuants en phase avec la vitesse

accélérant sans cesse & à chaque instant, dans midtown manhattan
    caméléons affolés
partout, ici, changent de visage en plein midi, disons,
au croisement de la 42e rue & de la 8e avenue, alors que des foules
claustrophobes dégoulinant de sueur, en août, verrou fermé sur la chair,
froids,
comme un type qui a eu triple perpét' à comstock –
les gens ici changent de vitesse, pour tenter d'esquiver la panique
    au milieu de ces rêves de bouffons & au centre de tout ça

un arnaqueur qui ressemble à lazare le rapide, feu l'agent d'hollywood,
rôde en rolls royce blanche, colportant des attrape-nigauds pour vieilles
    légendes à dentier,
qui ont l'air si bizarres en public dépourvues de leur épais maquillage –
comiques, même – sorties de leurs machines à rêve, à illusions –
mémentos en lambeaux que l'escroc colporte vers un bazar miteux
dans un taudis, une pièce avec des toiles d'araignées, où il revend
    les photographies décolorées de
zsa zsa gabor dans la fleur de l'âge, avant qu'elle ne commence à se décom-
poser
sous nos yeux, portant tout ce maquillage inquiétant et pittoresque ce
fond de teint blanc sur ses liftings éternellement changeants, masquant les
rêves
que nous portons nous-mêmes, en nos imaginations dérivantes, délirantes
nous ensorcelant ici alors que nous traversons times square
saturés par la charge énergétique des courants

électriques que j'œil imaginait que ce poème avait quand j'œil commença
d'abord à l'écrire
puis ayant à composer avec la manière dont il ralentissait à mi-course,
quand j'œil est tombé sur ce passage sur gloster, à un tiers de la page,
& a tenté d'éviter tous ces moustiques zigzagants
attaquant en piqué en vue d'un carnage de sang frais –
mon parcours s'étendant à la place entière après ça, réglant la focale,
de rythme, la manière dont mes vers idiots avaient commencé à s'organiser –
à ce moment même, ils ont commencé à l'inventer en entier
en avançant, comme différents musiciens improvisant
ce poème – comme le double de lazare le rapide colportant les merveilles
du vieil hollywood avant la chute, avant qu'elles ne deviennent des légendes
édentées,
avant qu'elles ne deviennent zsa zsa gabor

ce pilon verbal de spoutnik, une chose qui se mange
après tout – promet foutrement plus qu'il pourrait jamais donner

voyageant à la vitesse des parfaites conneries, qu'elles sont –

une attitude technicolorée de times square, sans rime,
arrivant à cheval sur un balai, écœuré & caustique,

avec le mal du pays pour cette énergie : la bonne vieille grosse pomme

Quincy Troupe *est un poète, performer et éditeur, né en 1939 à Saint Louis dans le Missouri. Parmi ses œuvres poétiques :* Transcircularities: New and Selected Poems *(Coffee House Press, 2002) ;* Choruses: Poems *(1999) ; Avalanche : Poems (1996). Il est aussi l'auteur de* Miles: The Autobiography *(1989), édité en français chez Le Castor Astral ;* James Baldwin: The Legacy *(1989) ; et* Miles and Me: A Memoir of Miles Davis (2000).

L'ivresse de la foule

Laurent Nadot

« Ce qui vient au monde pour ne rien troubler
ne mérite ni égards, ni patience. »
René Char

Je voulais voir la bête immonde de près pour la saigner de réflexions comme un rempart naïf à la Haine, sans Morale ni Vertu à exposer ne serait-ce que mes mots dérisoires et exsangues. Des mots à déverser dans le dédale de mes contorsions verbales, sans prosélytisme ni verbiage – un véritable « pèse-nerfs » –, loin de toute opposition binaire qui voudrait voir opposer, trop souvent, au « mal » de la haine de l'autre le trop récurrent « bien » des têtes pensantes et cosmopolites, ivres de bons sentiments et assurées d'être du bon côté, acharnées à éradiquer tout négatif, comme s'il suffisait d'une Cause juste à défendre, en se gargarisant d'un discours lénifiant, pour l'éradiquer sans l'analyser, comme si le négatif devait être expurgé d'office par un rejet massif et mis sous tutelle sous le « bien » en son empire prophylactique et homéopathique, sans être pris en compte et interprété par la littérature, alors qu'il n'y a pas d'art sans l'abject, la terreur, le démoniaque, la folie, l'innommable, l'insanité, la répulsion, l'infect, l'immoral, la perversion, l'inhumain, l'horreur, l'immonde, la souillure, la part du feu que l'humain porte en lui, comme le sel d'une influence nocturne, comme l'écume d'un printemps noir – un cautère.

Je me suis donc rendu dans un meeting d'un Parti politique fêtant la France revancharde et la fin de l'Europe des Grands, défendant le petit, la veuve et l'orphelin surtout très blancs et sans col, près de la blancheur immaculée d'un Dieu sans miséricorde ni amour si ce n'est dans l'amour des siens que chacun peut, d'ailleurs, reconnaître chaque dimanche dans l'effusion étouffante d'un lien fusionnel et sans compromissions entre gens bien éduqués, soumis à l'injonction inchoative, d'une part, d'une Mémoire saturée de complaisances et de soi-disant sacrifices, entre prières festives et douces onctions, et d'autre part, d'une bête à Croyances, toujours prête à secouer un corps étriqué de drames, d'échecs incessants, dans l'Idéologie massive d'une Jactance hyperpuissante, entre bon sens bien partagé et opinion tristement majoritaire, bien loin d'un consensus lénifiant sur une fraternité passe-partout et aveugle de sa bêtise démocratique, au melting-pot de sa tartufferie énigmatique et trop joyeuse – une taie sur la souffrance trop grande à conserver avec soi.

Je n'ai jamais connu de honte aussi grande ni de mots pour qualifier mon sort, bien que tiré à quatre épingles, le cœur en charpie, l'âme en sursis, la tête en lambeaux, le corps chargé d'une nouvelle pesanteur dans l'attente inédite d'un nouveau spectacle, loin du vaudeville lacunaire où la joie est facile sans être retorse, près de la tragédie et de sa circularité blessante, dans le charnier des mots et d'une mise à mort de l'existence démocratique qui se voit, avant son agonie, bafouée et retournée contre elle-même, rejointe dans la mort par une présence spectrale de la honte face à la montée de la foule contenue par le Discours de l'Orateur, en sa suffisance bestiale et névrotique, ouverte à sa nasse persiflante, la Rumeur pour seul repas et viatique. Je ne saurai dire combien de temps j'ai pu tenir avec l'audace et la honte pour seuls remparts mais j'ai vu la haine brute et sa cohorte déchaînée s'ouvrir à l'assaut d'une lessive noire boursouflée de mille bouches rejetant, d'une part l'empire de la raison et son prêchi-prêcha prémâché pour le vide inaugural d'une Voix qui, comme celle de Démosthène, souligne la force de l'Orateur puisée dans le caillou et la dent acerbe, faisant ainsi jour sur la supercherie politique et son injustice toujours plus grande, face à la misère du Labeur et, d'autre part, rejetant le cœur qui s'invective en ses trajectoires sentimentales, quand la cargaison de remords s'échoue sur la vie acculée à tant de pourquoi, lorsque se concentrent le poing et l'injure, plus aptes à répondre à l'urgence dans la Violence sanctifiée et consentie, plus farouche que le combat et la confrontation consensuelle des idées. Près d'une souffrance écarlate, mes mots revenaient en moi comme une litanie pour éviter la potence de l'oubli, et je voulais continuer à leur offrir une cuirasse suffisante pour ne pas être emporté par cette foule injuriant des responsables politiques de tout bord, consacrant les contours osseux du squelette démocratique et son peuple souverain, dans l'écorce de l'astre rouge et glacé aux éperons de cendre, près de la mort et de sa grimace en leur théorème fécond. Tenir ? Mais à quoi ? À la fraternité et son linceul, à la chimie des prothèses et leur domesticité toujours plus grande, à la démocratie et à son marché, à l'humain et à son cœur humilié et à sa raison doctrinale, au savoir et son université, au semblant et à ses artifices, à quel ordre ? Pouvais-je d'ailleurs crier et marteler ma honte ? Mais alors pourquoi assister à un tel Spectacle ? Pour voir le visage de l'anémique présent ? Pour saisir le négatif dans toute sa violence ? Pour voir ce que personne ne conçoit distinctement ?

La honte d'être un homme me prenait à la gorge et surchargeait mes épaules d'un poids terrible, dans le gargarisme de la répétition de soi, dans le minuscule réduit de mon âme, ultime murmure loin de toute gangue lente et calcinée d'asphyxies. Dans l'arête droite d'une blessure, j'ai entendu crier et injurier pendant que le Spectacle déroulait son jeu et que le seul acteur, sur les mouvantes humeurs, transpirait son fiel en attaques successives. Mais la Voix de l'Orateur se faisait lointaine sous les injures de la foule, ivre parmi le cénacle ou l'arène, où le destin resserre son étau sur la démocratie et de son idéal ventriloque, les mains figées dans le sang de son souvenir et dans l'effort inconsidéré d'y tenir encore, la tête cachée dans le programme de la journée, le front ravagé dans le pourpre d'un meurtre sauvage et fantasmatique qui venait, pourtant, d'avoir lieu. La parole décharnée se désolidarise alors du souffle dans le silence et fige des signes en moi-même pour remédier à l'intenable mais la foule scande le nom d'une future Nation et de son Chef, sous le rire horrible de l'astre, renouant ainsi avec la force de son Léviathan de circonstance dans la crosse de ses mains agitées d'où remontent les rancœurs froides des charges quotidiennes, dans l'illusion toujours plus asymptotique d'être fidèle à la misère et aux petits, dans l'inanité d'incarner les sans-voix, loin des Élites et de la Bourgeoisie ronflante réunies dans le triomphe de leur obsolescence et obésité larvées, possédants et nantis usurpant la place dévolue au Courage et à la Force, à la patience Grégaire d'être un Tout.

J'ai voulu pleurer pour retenir un peu d'humanité sur l'entame d'un soupir lorsque la cendre rumine la fraternité, près du masque hostile de la Haine quand suffoque l'Orateur, pris dans les filets de ses ombres que projette son jeu caricatural et outré. Mais j'ai perdu mon langage et j'ai voulu disparaître sous ces bouches hostiles s'enivrant du Discours de l'Orateur pour déverser leur fatras de salives enchevêtrées d'histoires mornes à l'origine d'un désarroi Bestial. Dans l'alentour vacillant, mes larmes n'auraient pas suffi à exercer une quelconque opposition sinon à me figer dans un espace indifférencié où tout un chacun attend de voir sa rage trouver un écho sordide et entier dans l'Idéologie dominante que charrie le Discours et que ses pauses installent pour combler des frustrations consenties, dans l'effort quotidien d'un travail usurpé et menacé d'extinction par la Technique, dans l'échec d'une vie frelatée et en miettes. Ma langue divague en moi-même, pleine de ratages où l'âpre mot retenu ne semble plus faire échec au Discours de l'Orateur, dans le vertige des paroles déconstruites lorsque beaucoup de visages se déforment dans l'anonymat de l'espace étranglé de la foule, jouissant du mot opportun et approprié, les yeux défaits dans le Miroir de leur identification stagnante. L'épine noire cerne ma solitude aux creux des tensions et sursauts de la foule obscène, plongée dans l'attente d'attaques incisives de l'Orateur, en son Discours salvateur et jouissif. Je ne suis qu'une flamme étouffée dans le silence heurté d'encres effarées lorsque le rictus de la foule installe mon mouroir de cristal, dans l'ourlet du tourment et dans l'entêtement de la fièvre soudaine. Où suis-je entré ? Dans la mort et ses mots affolés, au fiacre noir des remous ardents et glacés, où la Voix hallucinée étiole mon cœur évidé. Et mon oreille éclate sous le bruit fracassant de l'Orateur en lourds morceaux pour terrasser la main appuyée à la lenteur du jour lorsque la foule sordide et blême offre des caricatures d'asiles aux mots rejetés dans le non-sens. Et j'ai espéré une grâce soudaine à l'épave d'un rêve furtif mais sur le halo de ma lune décapitée une langue de confusions et d'adieux a chargé les ombres fugaces de sanglots mouillés et d'émaux spongieux. L'eau féroce d'un cœur semble se falsifier au thorax solitaire. Une vie souveraine doit expirer vers l'afflux de formes inhabituelles. Il est possible que la profondeur d'un puits soit le chiffre de mes yeux ensanglantés où la rumeur écrase les mots contre le souffle de l'Orateur lorsque la tristesse piétine mon âme telle une chevauchée d'os rouges, telle une courroie enveloppée de foudre. Il y a mon cimetière sous le silence de la foule où des tombes plongent mes défunts dans une résonance ouverte. Il y a des ombres qui pétrissent mon corps. Je vois des cercueils évidés et portés par la foule, un dédale de poignards épris de fossoyeurs. Je vois des mâchoires retournées contre les serments. Des canaux instables sous le fracas de la Voix finissent d'installer les mourants. Et des mains ont forgé le caveau, et une Matrice de cendre couvre ma voix. Il n'y a plus de gestes lents pour tisser la cohésion des rapports devant le Métal et la Pierre avec des étages de drames et de larmes englouties. Mais je veux que l'os conserve, dans un ultime adieu, le harcèlement du sang.

Les mains d'Helena

Vénus Khoury-Ghata

Facteur Yussuf n'a pas la conscience tranquille, il t'a révélé la moitié du drame d'Helena mais a gardé l'autre moitié pour lui. La jeune fille n'avait aucune envie de mourir. Elle serait encore en vie à narguer le soleil de ses yeux pâles si sa mère ne l'avait pendue. Les cris de la petite remplissaient la vallée, buttaient sur les parois de la falaise, retombaient sur la tête de sa mère devenue son bourreau. Elle la suppliait de lui pardonner, embrassait ses pieds, promettait de ne pas recommencer, de ne jamais s'allonger sous le garçon, de ne faire confiance à aucun homme.

Devenue aussi sourde que son puits, Helena l'avait hissée jusqu'au figuier, une corde autour du cou, avant de donner un coup de pied à la chaise. Le vrai coupable parti pour l'Australie, elle avait retourné sa rage contre sa fille. Quelqu'un devait payer.

Sa tâche accomplie, son youyou ameuta tous les habitants de la vallée. Les premiers arrivés n'ont pas vu du sang mais une blancheur étincelante suspendue à l'arbre. On aurait dit du cristal ou une cascade d'eau gelée. Écartés ceux qui essayaient de la dépendre, seule sa mère avait le droit de la toucher. Elle l'a allongée sur la margelle du puits, puis lavée comme on lave un bébé, dans tous ses plis. Arrivée au pubis, elle a frotté avec rage la goutte de sang gelée de la taille d'un rubis.

Pas de linceul ni de cercueil pour la fille déshonorée mais un drap fraîchement repassé et un carton, la fille sous le bras de sa mère aussi légère qu'un panier pour aller à l'herbe.

Helena croyait porter une morte alors qu'elle en portait deux. Son cœur plus mort que sa fille.

La petite enterrée dans un trou de son jardin, la mère dormit à plat ventre sur la terre retournée pour mieux écouter la respiration de la morte.

Trois tourterelles l'attendaient sur son seuil à son réveil. Leur chant brutal était une accusation : « ho-ho-ho-ho » sans cesse recommencé avec un « ho » final interrogatif alors qu'elle n'avait pas la réponse.

– Taisez-vous, sales bêtes.

Helena leur a crié dessus avant d'épauler son fusil et de tirer. Les plumes déchiquetées tournoyaient dans l'air avant de se poser sur le puits. Son eau, depuis ce jour, a le goût rouge du sang. Mais Helena n'est pas pressée de nettoyer. Chaque chose en son temps. Elle nettoiera une fois qu'elle aura tué le violeur.

Elle l'attend depuis tant d'années, quand le diable était en culotte courte. Passé les dix premières, Yussuf n'a plus compté. Une lettre au maire annonce son retour. Elle traîne depuis trois jours dans sa sacoche. Il attend le septième jour pour la lui remettre. On lui conseillait de tourner la langue sept fois dans sa bouche avant de parler.

C'était à Rébibia, précise-t-il nostalgique.

Helena sait-elle qu'il va revenir ? Elle l'a su avant la lettre, aux fissures apparues autour de la petite tombe. Inutile de les boucher, elles revenaient dès qu'elle avait le dos tourné. C'est comme si sa fille voulait sortir pour donner sa version des faits. Trente ans sous terre à broyer du noir dans le silence, elle a eu tout son temps pour grandir et réfléchir. Son témoignage risque de peser lourd si sa mère la laisse parler et si elle accepte de l'écouter. Or seules les pierres n'écoutent pas, les pierres n'ont pas d'oreilles.

Est-ce la canicule ou la honte d'accaparer la lettre de l'Australien qui colore le visage du facteur en rouge ?

Sorti de prison, Yussuf a juré de devenir exemplaire. Sa sacoche de facteur à l'épaule et sa casquette sur la tête, il fait sa tournée même s'il n'a pas de courrier à distribuer. Les montées exténuantes, nourrir les chats sans maître, sont sa punition. Il expie la mort des élèves, celle de la chèvre. La chèvre, dit-il, revient dans tous ses rêves. Ses bêlements désespérés le réveillent en sueur. Il lui a même écrit un poème dans sa tête puisqu'il ne sait pas écrire.

Une main sur le cœur, une autre pointée vers le plafond. Debout, les pieds joints, Facteur Yussuf récite d'une voix brisée :

Légère comme fleur d'amandier soufflée par le printemps
Blanche comme pluie sur le désert
Comme colombe venue du ciel
Ta vie continue dans mon cœur
La tua vita, la tua vita.

Sa main tombe d'elle-même à la fin du poème. Il dit avoir expié. Nourrir les chats affamés, protéger les cinglés de son espèce et aider Helena à venger sa fille l'ont blanchi.

– Car seules les mains d'Helena tueront, précise-t-il. Pas son cœur. Elle a tellement tapé dessus comme sur un tambour qu'il n'émet plus aucun son.

***Vénus Khoury-Ghata**, écrivain français d'origine libanaise, née à Bcharré, vit à Paris depuis 1972. Romancière :* La fille que marchait dans le désert *(Mercure de France, 2010), et poète :* Les Obscurcis *(Mercure de France, 2008),* Où vont les arbres ? *(Mercure de France, 2011), elle a reçu le prix Goncourt de poésie en 2011.*

Azazel

(Extrait)

Youssef Zeidan

Traduit de l'arabe (Égypte) par Firas Riché

La tension monta au fil des jours jusqu'au funeste dimanche. Funeste, dans le sens le plus profond du terme. Le matin de ce jour-là, le patriarche Cyrille, qui avait l'air triste, sortit de son compartiment pour prononcer son sermon hebdomadaire devant la foule. Il ne regarda pas ses auditeurs comme d'habitude, l'air satisfait de sa communauté. Il resta silencieux pendant une longue minute, puis il posa son sceptre d'or contre le mur de son compartiment et leva les mains vers le ciel, laissant tomber ses larges manches et apparaître ses maigres bras. Ses doigts se dressèrent dans l'air comme les dents d'une fourche à foin. Et d'une voix forte et retentissante il se mit à lire la prière citée dans l'Évangile de Matthieu : « Notre Père, qui êtes aux cieux. Que votre nom soit sanctifié. Que votre règne arrive. Que votre volonté soit faite sur la terre comme au ciel… »

Il récita la prière jusqu'à ce que les gens se mettent à sangloter en la répétant après lui. Puis sa voix s'enflamma en leur disant : « Ô enfants de Dieu ! Ô aimés de Jésus le vivant ! Votre ville est bien la majestueuse ville de Dieu ! Ici s'est installé Marc l'apôtre. Sur sa terre les Pères de l'Église ont vécu, le sang des martyrs a coulé et les fondements de la religion se sont bâtis ! Nous l'avons nettoyée des Juifs, les bannis. Dieu nous a aidés à les expulser et à en épurer sa ville. Mais les derniers païens impurs ne cessent de fomenter la révolte dans nos maisons. Ils sèment la corruption et l'hérésie dans le pays, mêlent leurs sarcasmes aux secrets de notre Église, se moquent de ce qu'ils ne connaissent pas et se jouent des questions sérieuses pour troubler votre solide foi. Ils veulent reconstruire le panthéon qui a été détruit sur leurs têtes il y a des années ainsi que leur école abandonnée. Celle qui répandait l'erreur dans les esprits. Ils songent à faire revenir les Juifs de leur campement à l'intérieur des murailles de votre ville. Mais Dieu, Ô soldats de Dieu ! Il n'acceptera jamais cela. Il aura raison de leurs efforts ignobles, dissipera leurs rêves malades et élèvera la valeur de cette majestueuse ville avec vos propres bras tant que vous resterez justement soldats de Dieu, soldats de la vérité. Notre Dieu Jésus-Christ avait raison lorsqu'il a prononcé ces paroles de lumière : "Vous vous êtes purifiés en obéissant à la vérité !" Purifiez-vous donc, ô enfants de Dieu ! Purifiez votre terre de l'impureté des païens. Coupez la langue à ceux qui profèrent le mal. Jetez-les avec leurs péchés dans la mer et lavez-y les graves scélératesses. Sachez que notre Dieu Jésus-Christ s'adressait à nous, ses fils de tout temps, lorsqu'il a dit : "Je ne suis pas venu apporter la paix, mais l'épée !" »

La foule agitée se transporta jusqu'à ce que l'échauffement atteigne presque son but. Cyrille se mit à répéter les paroles du Christ avec enthousiasme, d'une voix grave et envoûtante : « Je ne suis pas venu apporter la paix, mais l'épée ! » Alors, l'agitation augmenta et atteint presque les limites de la folie furieuse. Les gens commencèrent à répéter cette phrase après lui sans arrêt avant que cet homme corpulent, qui était habitué à terminer les discours flamboyants du dimanche, interrompe cette répétition d'un cri strident. Je parle de Pierre le lecteur de l'Évangile au Césareum, qui explosa au milieu de la foule en criant : « Nous allons purifier la terre de Dieu des partisans du diable. » Le patriarche se tut, les gens se calmèrent aussi, sauf Pierre le lecteur. Puis certains d'entre eux se mirent à répéter sa phrase et l'un d'eux lui ajouta un chant effrayant : « Au nom de Dieu vivant, nous détruirons le panthéon et nous construirons une nouvelle maison de Dieu. Avec l'aide du ciel nous purifierons la terre de Dieu des partisans du diable. Au nom de Dieu vivant nous détruirons le panthéon. »

Le patriarche se retourna, reprit son sceptre et le leva en l'air en faisant le signe de croix. Alors, la folie de la foule envahit l'église ; les acclamations retentirent et s'entremêlèrent, les esprits devinrent aveugles et un chaos se répandit dans les cœurs, laissant présager un événement grave. Pierre était le premier à se diriger vers le portail, la foule le suivait par petits groupes en scandant sa nouvelle formule : « Avec l'aide de Dieu nous purifierons la terre de Dieu. »

Le parvis de l'église était presque vide et on entendait les voix des acclamateurs qui suivaient Pierre monter de l'extérieur des remparts. Ensuite, l'évêque se retira du balcon derrière ses prêtres et je ne sus pas à ce moment où il faudrait que je parte. Devrais-je revenir à ma cellule et fermer la porte derrière moi, comme je faisais d'habitude ? Devrais-je rester sur le parvis de l'église jusqu'à ce que la volonté de Dieu se révèle à moi ? Ou bien devrais-je suivre la foule ? Et sans aucun discernement de ma part ou alors, si j'en fis preuve, cela m'échappa, je sortis, poussé par ma prémonition, et rattrapai la foule. Mais évidemment, je ne répétai pas leurs acclamations.

Pierre, le meneur de la foule, se dirigeait vers la grande voie de Canope avec des centaines d'acclamateurs derrière lui. Le soleil de midi était brûlant, l'humidité suffocante. Les maisons tremblaient sous l'agitation des croyants et leurs cris stridents. Certaines avaient les fenêtres et les portes fermées. Quant aux autres, leurs habitants y étaient sur les toits, brandissant des croix. La poussière s'éleva, les anges cléments fuirent le ciel et mon cœur me dit qu'un événement épouvantable allait se produire. J'errais, attiré par ce qui se passait autour de moi, comme si je vivais l'une des visions d'Habacuc qui présageaient l'anéantissement du monde.

Quelque temps après, le nombre d'acclamateurs diminua et ils se dispersèrent dans les rues tout au long de leur marche dans les coins de la ville. Ils formèrent alors des groupes de dizaines de personnes répartis sur plusieurs rues et marchèrent en criant les mêmes acclamations. À un moment, je crus que le but de ce tumulte était de montrer que les chrétiens étaient les plus visibles et les plus forts dans la ville. C'était donc un message implicite envers le préfet et un avertissement franc adressé à tous les habitants. Mais l'affaire prit une tournure plus profonde et horrifiante.

La température s'éleva ainsi que l'humidité de l'air jusqu'à ce je m'essouffle en suivant le groupe des acclamateurs qui restait derrière Pierre le lecteur. Je serais retourné vers l'église, mon bastion imprenable, si je n'avais pas aperçu un homme maigre à la tête allongée qui arrivait au bout de la rue en courant et en criant à Pierre et ses accompagnateurs : « La mécréante est montée dans sa voiture sans gardes. »

Mon cœur battit fort et une peur surprenante s'empara de moi lorsque je vis Pierre crier en courant dans la direction que montrait l'homme à la tête allongée, suivi par les autres. Je courus derrière eux et plût à Dieu que ne je l'eusse pas fait ! À côté de la petite église située au milieu de la grande voie qui reliait le grand théâtre au port oriental, apparut la voiture à deux chevaux d'Hypatie, celle que j'avais vue il y a trois ans, la même voiture, les mêmes chevaux. Il n'y avait que moi qui aie changé ! Pierre le lecteur, avec sa forte corpulence, se lança à la poursuite de la voiture en criant, comme ses partisans, des paroles indéchiffrables. Quelques mètres avant de l'atteindre, il s'arrêta soudain et se retourna. Alors quelqu'un s'élança vers lui en poussant un cri effrayant et il sortit de dessous sa robe ecclésiastique un grand couteau. Le couteau était rouillé lui aussi.

*

Je n'écrirai pas une seule lettre ! Non !

*

Ô Dieu ! Immobilise ma main ! Emmène-moi chez toi ! Prends-moi en pitié !

*

Je déchirerai les parchemins. Je les mettrai dans l'eau. Je…

– Écris Hïba. Écris au nom de la vérité en toi.

– Ô Azazel ! Je ne peux pas !

– Écris et n'aie pas peur. Ce que tu as vu de tes propres yeux, personne d'autre que toi ne l'écrira et personne ne le saura si tu le caches.

– Je l'ai raconté à Nestorius à Jérusalem il y a des années !

– Hïba, ce jour-là tu en as raconté une partie. Aujourd'hui, écris-le entièrement. Écris tout maintenant.

*

Oh ! lorsque Pierre attrapa le grand couteau rouillé, le conducteur de la voiture d'Hypatie le vit. Il sauta alors comme un rat, se faufila en hâte entre les murs des maisons et disparut. Il aurait accéléré avec ses deux chevaux sur la grande voie que personne n'aurait pu suivre la voiture. Mais il s'enfuit et personne n'essaya de le poursuivre ! Les chevaux continuèrent avec hésitation jusqu'au moment où ils furent arrêtés par Pierre qui brandissait le couteau. Hypatie montra, à la fenêtre de la voiture, son visage à l'allure royale. Ses yeux étaient effrayés par ce qu'elle voyait autour d'elle. Elle fronça les sourcils et aurait dit quelque chose si Pierre ne lui avait pas hurlé : « Nous sommes venus à toi, garce, ennemie de Dieu. »

Sa main menaçante ainsi que d'autres menaçantes, elles aussi, se levèrent toutes vers Hypatie au-dessus de leurs bras dressés, vers les nuages. Ainsi la terreur commença en plein jour. Les mains étaient levées comme des lames. Certaines d'entre elles ouvrirent la porte de la voiture, d'autres tirèrent le bas de la robe en soie et d'autres encore tirèrent Hypatie par le bras et la jetèrent à terre. Ses longs cheveux, enroulés en couronne sur sa tête, se défirent. Pierre y enfonça les doigts et entortilla les mèches autour de son poignet. Alors elle poussa un cri et il hurla : « Au nom de Dieu, nous purifierons la terre de Dieu. »

Entouré par ses partisans qui exultaient, Pierre la traîna par les cheveux jusqu'au milieu de la rue. Elle essaya de se lever, mais quelqu'un lui assena un coup de pied au flanc la jetant à terre comme un sac, incapable de crier. Pierre l'étendit sur le sol et, de sa main agrippée à ses longs cheveux, la tira avec force, lui arrachant des mèches. Alors il secoua les mains pour se débarrasser des cheveux et glissa le couteau sous la ceinture qui lui entourait la taille. Il la saisit à nouveau par les cheveux avec ses deux poignets et la traîna derrière lui là où les soldats de Dieu se mettaient à répéter ses acclamations, jubilant de le voir traîner son offrande.

À cet instant, j'étais sur le trottoir comme un clou rouillé. Lorsqu'ils arrivèrent en face de moi, Pierre, avec son énorme gueule d'hyène, regarda dans ma direction et exulta en disant : « Ô moine béni ! Aujourd'hui, nous purifions la terre de Dieu. » Alors qu'Hypatie chancelait derrière lui sur le sol, elle se renversa et son visage se tourna vers moi. Elle me regarda d'un œil sidéré et le sang allait presque exploser sur ses traits congestionnés. À cet instant, elle me fixa et me reconnut bien que je fusse en costume ecclésiastique ! Alors elle tendit les bras vers moi en appelant au secours : « Ô frère ! » Je fis deux pas vers elle, mes doigts touchaient les siens.

Pierre haletait avec exaltation en tirant son butin vers la mer et les autres se rassemblaient autour de leur proie comme les loups autour d'un faon de lait !

Les doigts d'Hypatie allaient presque saisir ma main, lorsqu'une autre s'est tendue et agrippa sa manche. La sienne se rejeta loin de moi et sa robe se déchira dans cette main menaçante. L'agresseur leva le morceau déchiré et le brandit en criant la formule de Pierre : « Au nom de Dieu, nous purifierons… » La formule qui devint ce jour-là hymne à la gloire indigne.

Alors que nous nous approchions de la mer, une femme effrayée, accourait tête nue vers nous en criant : « Ô sœur ! Ô soldats romains ! Au secours Sérapis ! » Sa robe et ses cheveux battaient derrière elle. Elle s'approcha de la foule et se jeta sur Hypatie, croyant la protéger. Alors il se passa ce à quoi on s'attendait. Les mains se glissèrent sous son corps, l'écartèrent d'Hypatie et la jetèrent sans ménagement au bord de la route. Sa tête heurta le trottoir, son visage s'y écorcha, maculé de sang et de poussière. Elle essaya de se lever et quelqu'un lui assena alors un coup d'une barre de bois cloutée à son extrémité. Elle tituba et tomba immédiatement sur le dos, devant moi. Du sang gicla de son nez et de sa bouche. En la voyant tomber, je criai, horrifié. Je la reconnus, mais elle ne me vit pas. Elle trembla un moment avant de rendre son dernier souffle. Ainsi Octavie mourut, le jour de la terreur, à mes pieds, sans me voir.

Je reculai de quelques pas jusqu'à ce que mon dos ait touché le mur d'une vieille maison, sans que je puisse quitter le cadavre d'Octavie du regard. Son sang fit monter encore la clameur de la foule. La frénésie des soldats de Dieu s'accentua comme celle des loups lorsqu'ils attrapent une proie ; leurs yeux exorbités ressemblaient à ceux des fous enragés, jubilant d'un féroce désir de sang. Ils se rassemblèrent autour d'Hypatie lorsque Pierre s'arrêta pour reprendre son souffle. D'abord, une main crochue se tendit vers son buste pour attraper sa robe déchirée, tachée de sang et de poussière, suivie par d'autres mains. Elles attrapèrent le bout de la robe brodée et le tirèrent violemment mais en vain. Pierre faillit tomber sur Hypatie, surpris par la force du tirage, mais il reprit rapidement son équilibre et repartit vers l'avant en traînant son offrande derrière lui ; ses partisans se penchaient pour saisir la robe d'Hypatie. Hypatie, la maîtresse de tous les temps, la pure, la sainte, la déesse qui endura les souffrances suprêmes du martyre.

Au sommet de la route qui longeait la mer, une vieille femme aux cheveux noirs striés de blanc cria en brandissant une croix : « Limez cette garce ! », comme si elle avait donné un ordre divin. Pierre s'arrêta soudain tout comme ses partisans, puis ils poussèrent des cris perçants. Stupéfait, je laissai le cadavre d'Octavie derrière moi et les suivis, espérant qu'Hypatie leur échapperait, que les soldats du préfet viendraient la sauver de la foule ou qu'un miracle tomberait du ciel ou… Je n'étais ni loin ni proche d'eux. Je vis donc le résultat de ce que la vieille avait dit. Je vis les bras s'abattre sur Hypatie déchirer sa robe en soie, l'arracher et ôter ce qui dessous enveloppait parfaitement son corps. Ils jouissaient de déchirer à belles dents ses sous-vêtements en hurlant. La vieille, comme une mordue, leur criait : « Limez-la ! » Alors qu'Hypatie les implorait : « Ô habitants d'Alexandrie ! » Et ceux qui ne pouvaient toucher son corps hurlaient : « La garce ! La sorcière ! » Moi seul restai muet.

Hypatie était complètement nue, recroquevillée sur elle-même pour cacher sa nudité, désespérant d'une délivrance et humiliée. Je ne sus pas d'où ils avaient amené la corde grossière qu'ils enroulèrent autour de son poignet, lui donnant du mou de deux ou trois mètres ; ils se mirent à la tirer par les poignets. Alors je sus, ce jour-là, ce que signifiait le mot « limage » dont la femme avait parlé à Pierre le lecteur et ses partisans.

Les rues d'Alexandrie sont revêtues de pavés de pierre qui protègent les routes de la boue qu'amène la pluie en hiver. Les pavés sont juxtaposés, mais ils ne sont pas jointoyés. Leurs bords sont tranchants. Si on tirait une chose dessus, ils la déchireraient, si elle était couverte d'une peau, ils l'éplucheraient, et si c'était un être humain, ils l'écorcheraient ! Ainsi ils limèrent Hypatie qui était suspendue à leur rude corde et allongée par terre jusqu'à ce que sa peau s'écorche et sa chair s'ulcère.

Au milieu des roches éparpillées sur la rive du port oriental, derrière le Césareum qui fut un temple avant de devenir la maison de Dieu où Pierre lisait l'Évangile chaque jour, il y avait un amas de coquilles. Je ne vis pas le premier en ramasser une et revenir vers Hypatie. Je vis de nombreuses personnes toutes munies de coquilles s'abattre sur Hypatie et commencer à la dépouiller de sa peau. Ses hurlements retentirent jusqu'à faire résonner leurs échos dans le ciel de la misérable capitale, la majestueuse capitale de Dieu, la capitale de sel et de cruauté.

Les loups reprirent la corde de la main de Pierre en hurlant et traînèrent Hypatie réduite en morceaux de chair rouge et lacérée. Au portail du temple abandonné, à la limite du quartier royal Albercion, ils la jetèrent sur un grand amas de bois et mirent le feu à son corps inanimé. Les flammes s'élevèrent, les étincelles s'envolèrent et les cris d'Hypatie cessèrent après que ses sanglots eurent atteint les régions du ciel, celles où Dieu, les anges et Satan regardaient sans rien faire.

– Hïba ! Qu'est-ce que tu écris ?
– Tais-toi, Azazel ! Tais-toi, ô maudit !

Né en 1958 à Sohag, en Égypte, ***Youssef Zeidan*** *est le directeur du centre et du musée des Manuscrits affiliés à la bibliothèque d'Alexandrie. Il est spécialiste de la pensée islamique et du soufisme. Il est l'auteur d'une cinquantaine de livres dans différents domaines.*
Azazel *(Éd. Dar Al-Shourouq, Le Caire, 2008), qui a obtenu l'International Prize for Arabic Fiction (prix international de la Fiction arabe) en mars 2009, est construit comme les Mémoires d'un moine originaire de la Haute-Égypte qui part en voyage, quête au cours de laquelle il se trouve pris dans les tumultes religieux entre différents courants du christianisme d'un côté, et entre l'Église dominante et les néoplatoniciens de l'autre.*

Firas Riché *est doctorant en littérature arabe contemporaine à l'université Paris-III - Sorbonne nouvelle.*